Die Unterdrückten als A

D1388829

Europäische Hochschulschriften

Publications Universitaires Européennes
European University Studies

Reihe I

Deutsche Sprache und Literatur

Série I   Series I

Langue et littérature allemandes
German Language and Literature

Bd./Vol.460

PETER LANG
Frankfurt am Main · Bern

Beatrice Sellinger

Die Unterdrückten als Anti-Helden

Zum Widerstreit kultureller Traditionen in den Erzählwelten Kafkas

PETER LANG
Frankfurt am Main · Bern

CIP-Kurztitelaufnahme der Deutschen Bibliothek

Sellinger, Beatrice:

Die Unterdrückten als Anti-Helden : zum Wider=
streit kultureller Traditionen in d. Erzähl=
welten Kafkas / Beatrice Sellinger. — Frankfurt
am Main ; Bern : Lang, 1982.
  (Europäische Hochschulschriften : Reihe 1,
  Dt. Sprache u. Literatur ; Bd. 460)
  ISBN 3-8204-5957-X
NE: Europäische Hochschulschriften /01

ISBN 3-8204-5957-X
©Verlag Peter Lang GmbH, Frankfurt am Main 1982
Druck und Bindung: fotokop wilhelm weihert KG, darmstadt

Meinen Eltern

Vorwort

Angesichts des Ausmaßes der Literatur zu Kafka scheint
es angebracht, eine Rechtfertigung für einen weiteren Kaf-
ka-Versuch zu geben. Dazu soll sowohl die persönliche Mo-
tivierung als auch die Forschungssituation im allgemeinen
kurz bedacht werden.

Unmittelbarer Anlaß für die nähere Auseinandersetzung
mit dem Werk Kafkas war im Studienjahr 1976/77 die Ein-
ladung von Prof. M. Enrica D'Agostini (Universität Parma),
in einer ergänzenden Lehrveranstaltung zu ihrer Vorlesung
Kafka zu behandeln. Für den Vertrauensvorschuß, den sie
mir damals gab, will ich ihr hier recht herzlich danken.

Im Laufe der eingehenden Lektüre verlegte sich der Untersuchungsschwerpunkt auf die bei Kafka zentrale Thematik der Organisation des gesellschaftlichen Zusammenlebens, wobei mich besonders die Gestaltung der Bestürzung
und Verzweiflung der Kafkaschen "Helden" über die Inhaltslosigkeit und Willkür der fiktiven Ordnungen als Analyse
der Aspekte von Herrschaft beeindruckte. Diese Veranschaulichung von Herrschaftsmechanismen in der Fiktion stellte
zudem im besonderen die Frage nach der Mimesis gesellschaftlicher Erfahrungen sowie den jeweiligen kulturellen
Voraussetzungen.

II

Entscheidend war ferner, daß ich durch meinen Mann
mit einem bei ihm vorwiegend spekulativen Interesse für
die geistige Tradition des Judentums konfrontiert war,
das aufzugreifen, zu vertiefen und weiterzuführen gerade
im Rahmen einer Untersuchung der im Werk Kafkas dargestellten gesellschaftlichen Wertvorstellungen naheligend
war. Ich will ihm hier für diese wertvolle Anregung ganz
besonders danken.

Anhand des Materials zum kulturellen und geschichtlichen Hintergrund der literarischen Produktion Kafkas er-
gaben sich nun, wie mir schien, neue Aspekte für eine Interpretation der "negativen" Erzählwelten Kafkas: Es ließ
sich die dieser Arbeit zugrundeliegende Hypothese der Darstellung von Bewußtseinskonflikten aufstellen, die mir,
da sie in dieser Form noch nicht formuliert worden war,
eine Untersuchung wert schien.

Eine wesentliche Voraussetzung für das Gelingen dieser
Arbeit waren die strengen Anforderungen an Wissenschaftlich-
keit sowie die methodische Disziplin, die ich in meinem
Studium bei Prof. Weiss lernen konnte. Ihm sei hier auch
besonders für die Bereitschaft zu Diskussion und Kritik
gedankt, mit der ich bei der Abfassung meiner Arbeit immer
wieder rechnen konnte.

Danken will ich ganz besonders auch Frau Bogalin für
ihre Umsicht und Geduld, mit der sie die Schreibarbeiten
besorgte.

                                        Beatrice Sellinger

Parma, August 1981

III

Inhaltsverzeichnis

Problemstellung

Das Untersuchungsinteresse gilt der Widersprüchlichkeit, die ein Großteil der Kafka-Forschung übereinstim-
mend als Aufbauprinzip der literarischen Texte Kafkas
gelten läßt.[1] Der kritische Beitrag, den zu leisten die
vorliegende Arbeit bestrebt ist, beruht im wesentlichen
auf der grundlegenden Arbeitshypothese, daß sich die Widersprüche in Kafkas Werk auf den Konflikt zwischen kulturellen Traditionen zurückführen lassen.

Diese Problemstellung erweist sich im Fall der literarischen Produktion Kafkas insofern als berechtigt, als
diese in die schwerwiegende Krise des politisch gesellschaftlichen Systems der Habsburg-Monarchie fällt, in
der, da umfassende gesellschaftliche Veränderungen im
Gang waren, die gegensätzlichsten Werte aufeinandertrafen.
Dazu kommt, daß diese allgemeine Identitätskrise von der
jüdischen Bevölkerung umso stärker wahrgenommen wurde,

---

1 Sokel, Walter: Franz Kafka. Tragik und Ironie, Frankfurt 1976, S. 29: "Trotz der Unterschiede ..., stimmen Emrich und Politzer darin überein, daß sie Kafkas
Erzählkunst als ein gegeneinander Ausspielen und ge-
genseitiges Sich-Aufheben seiner Aussagen ansehen.
Alle Aussagen werden von ihm relativiert, indem jede
bestimmte Aussage durch eine Gegenaussage ungültig gemacht oder wieder zurückgenommen wird."

als sie mit der kritischen Phase der Assimilation zusam-
menfiel, in der sich nach einer anfangs eher liberalen Phase, in der im Zusammenhang mit den ökonomischen Umwälzungen (Konsolidierung des Kapitalismus) auch die letzten
Reste einer Diskriminierung der Juden zumindest formal
überwunden worden waren,[1] massive antisemitische Abwehr-
reaktionen[2] bemerkbar machten:

> "Es [antisemitische Propaganda] war für Österreich,
> wo die Juden als kapitalistisches Ferment eine so
> bedeutende Rolle gespielt hatten, eine schlagarti-
> ge Erklärung der Wirtschaftskrise ..." 3

Tatsächlich zwang diese besondere Situation die Juden
zu einer Problematisierung ihrer eigenen jüdischen Werte,
die sie zunächst in Anbetracht der Chance, sich unter
den veränderten ökonomischen Bedingungen endgültig inte-
grieren zu können,[4] eher verdrängt hatten.[5] Problemati-
siert wurden jetzt aber auch die fremden Werte, seien

---

1 Vgl. Stölzl, Christoph: Kafkas böses Böhmen. Zur Sozial-
geschichte eines Prager Juden, München 1975, S. 31:
"... als 1849 ... Franz Joseph den Thron bestieg und
einer zentralistischen Bürokratie die Macht in Österreich zugefallen war, gewährte die oktroyierte 1849-
er Reichsverfassung die volle Emanzipation [der Juden].
Das 'Neuösterreich' wollte den ökonomischen Vorsprung
der westeuropäischen Staaten aufholen und bedurfte der
Mobilität der Juden."

2 Vgl. ebda., S. 44 ff.

3 Ebda., S. 46.

4 Was diese einzigartige Chance betrifft, die der Kapita-
lismus in diesem Sinn für die Juden bedeutete, stellt
Stölzl fest: ebda., S. 21: "Diese enge Beziehung von
Judentum und Kapitalismus war keine zufällige Verbin-
dung; die Grundprinzipien der modernen kapitalistischen
Wirtschaft, die Auflösung der Produktion in Technik und
Kommerz trafen sich sozusagen spiegelbildlich mit den
Ausnahmegesetzen, vermittels welcher Juden das 'ehrbare
Handwerk' der Städte verschlossen war, ebenso wie die
Landwirtschaft auf eigenem Grund und Boden."

5 Vgl. dazu Elbogen, Ismar: Ein Jahrhundert jüdischen Lebens, Frankfurt 1967, S. 1o2: "Sie [die Juden] vermein-
ten, sich von dem Gepäck, das die Väter durch Jahrhunderte geschleppt hatten, befreien zu müssen, und erkannten zu spät, wie viele und welch hohe Werte sie damit
preisgaben."

es die feudal-traditionalistischen Ordnungsvorstellungen
der Habsburger Monarchie oder die neuen Gesetze des Kapitalismus. Aus dieser geschichtlichen Situation dürfte m.
E. die Entstehung der kulturellen Bewegungen des Judentums, der Zionismus oder auch der Mystizismus Martin Bu-
bers zu erklären sein:

> "Ora il misticismo buberiano ... era anche una ben
> determinata posizione culturale che si proponeva di
> risolvere l'angoscioso problema della assimilazione
> e della dispersione dell'anima ebraica cercando di
> enucleare dalle sovrastrutture tedesche e occiden-
> tali quell 'irriducibile resto' di ebraismo che re-
> staurasse una concezione squisitamente ebraica del-
> la vita e del mondo." 1

Neben diesen allgemeinen geschichtlich kulturellen Voraussetzungen, die von einem Widerstreit zwischen zwei
und mehr Kulturen zeugen, wird die Annahme eines sozusagen doppelten Bewußtseins nicht zuletzt auch durch
folgende Tagebuchstelle Kafkas bestätigt,[2] in der ausdrücklich diese Problematik der begrifflichen Kollision
aufgezeigt wird:

> "Gestern fiel mir ein, daß ich die Mutter nur des-
> halb nicht so geliebt habe ..., weil mich die deut-
> sche Sprache darin gehindert hat. Die jüdische Mut-
> ter ist keine 'Mutter', ..., wir geben einer jüdi-
> schen Frau den Namen deutsche Mutter, vergessen aber
> den Widerspruch, der desto schwerer sich ins Gefühl
> einsenkt." 3

---

1 Baioni, Giuliano: Kafka, romanzo e parabola, Milano
  1976, S. 149.

2 Vgl. u.a. folgende Stelle aus einem offenen Brief von
  Dr. Ludwig Singer in der zionistischen Zeitschrift
  "Selbstwehr", Nr. 2 vom 12. Jänner 1912, S. 1: "Wenn
  man ... berichtet hat, daß die große Menge der Juden
  bei uns [in Böhmen] bewußt unjüdisch sei und zwischen
  Tschechentum und Deutschtum schwanke (...), so ist ...
  zu bemerken, daß dieses Schwanken zwischen den Sprachen
  eben daher kommt, daß das Hauptmoment in der nationa-
  len Psychologie der Juden das j ü d i s c h e Bewußtsein ist; ob sie aber die Sprache des einen oder des
  anderen sie umschließenden Volkes sprechen, ist für
  sie in nationaler Hinsicht von zurücktretender Bedeutung."

Dieser spezifische Erfahrungshintergrund soll nun in der
vorliegenden Werkanalyse insofern berücksichtigt werden,
als das immer wieder im Zusammenhang mit Kafka zitierte
"Paradoxe" in die dafür bestimmenden kulturellen Faktoren
zerlegt wird bzw. die den Aufbau der fiktiven Welten bestimmenden Widersprüche als Überlagerungen von gegensätzlichen Bewußtseinsinhalten verstanden werden. Damit distanziert sich das vorliegende Untersuchungsprojekt von
all jenen Interpretationsansätzen, die - wie Krusche aufzeigt - "die hochgradige Abschließung der erzählten Welt
Kafkas von der zeitgenössischen Außen- und Mitwelt"[1] an-
nehmen, und schließt sich vielmehr folgenden Überlegungen
Richters an:

> "Kafkas künstlerische Wirklichkeit ist ... weder
> unabhängig von der Wirklichkeit des Lebens noch ein
> Ausweichen von ihr, sondern ein eigentümlicher Aus-
> druck des Inhalts und der Form von Kafkas Umwelts-
> verhältnis ... sie ist daher auch nur dann richtig
> zu interpretieren, wenn man von dem Realitätsgehalt
> der Bilder ausgeht und sich die Frage stellt, wel-
> ches Erlebnis und welche Empfindungen vorausgesetzt
> werden müssen, damit die gegebene Bildgestaltung
> realisiert werden konnte." [2]

In diesem Sinn wird hier versucht, die dargestellten
Bewußtseinskonflikte in ihrer geschichtlich-kulturellen
Dimension interpretativ zu verwerten; das scheint am
besten eine Analyse der gesellschaftlichen Kategorien ge-
währleisten zu können, da diese am unmittelbarsten von
den gesellschaftlichen Umwälzungen betroffen sind. Dabei
wird, wie eingangs in der grundlegenden Arbeitshypothese

---

3 Kafka, Franz: Tagebücher 1910 - 1923, Frankfurt 1973,
  S. 74. (Eintragung vom 24. Oktober 1911.)

1 Krusche, Dietrich: Kafka und Kafa-Deutung. Die problematisierte Interaktion, München 1974, S. 122.

2 Richter, Helmut: Franz Kafka. Werk und Entwurf, Berlin
  (DDR) 1962, S. 293.

bereits angedeutet, davon ausgegangen, daß die gesellschaftlichen Kategorien für einen Großteil der Juden jener Zeit sozusagen doppelt (bzw. mehrfach) gefaßt waren,
und zwar in dem Sinn, daß der überlieferte, traditionelle
Inhalt gemäß der jüdischen Lebensform[1] auf die entsprechenden Größen der modernen Gesellschaften und im besonderen der im wesentlichen noch feudalistischen Prinzipien
verhafteten Habsburg-Monarchie projiziert wurde oder zumindest im entscheidenden Moment politischer Instabilität
vergleichsweise herangezogen wurde.[2]

Weiters gilt es zu bedenken, daß die hier postulierten
begrifflichen Überlagerungen durch das beiden gesellschaftlichen Traditionen gemeinsame Prinzip des patriarchalischen Aufbaus wesentlich begünstigt erscheinen. Tatsächlich zeigt die Autoritätsfigur der antiken jüdischen Gemeinde, der Rabbiner als oberste Autorität des theokratischen Systems,durchaus Berührungspunkte mit dem Aspekt
des Volkskaisers in der Tradition des Josefinismus, der
gleichsam als patriarchalische Autorität die Angelegenheiten des Volkes aufs Beste regelt;[3] das besondere Verhältnis der Juden zum Kaiser, ihr vielfach unbedingtes Ver-

---

1 Vgl. Stölzl, Christoph: a.a.O., S. 26: "Sprache und
  Habitus, die wichtigsten Bausteine des kulturell sozialen Musters einer Gesellschaft waren andere in den jüdischen Ghettos als in den christlichen Städten."

2 Dabei scheint diese Annahme des Zurückgreifens auf die
  antike, jüdische Gesellschaftsordnung auch durch jene
  Stellen in Kafkas Werk bestätigt zu werden, in denen
  von "früher", von "Sagen" und "Legenden", "aus alten
  Zeiten" gesprochen wird und damit zugleich auf andere
  Verhältnisse, auf andere Bedingungen verwiesen wird.

3 Kürnberger, Ferdinand: Österreichs Grillparzer, in: Literarische Herzenssachen, Reflexionen und Kritiken, Wien
  1877, S. 282: "Österreich hatte sich unter Maria There-
  sia und Josef fünfzig Jahre lang gut regiert gesehen ...
  Das dynastische Gefühl, das patriarchalische Verhältniß
  stand auf der Höhe seiner classischen Blüthe. Das Band
  zwischen Fürst und Volk war das innigste, theilnehmend-
  ste; das Ideal, daß Fürst und Volk eine Familie bilden
  sollen, der Wirklichkeit so nahe, als Ideal und Wirklichkeit sein können."

trauen in ihn,[1] erklärt sich m.E. nicht zuletzt aus dieser entscheidenden Gemeinsamkeit. Diese Gleichschaltung
von Kaiser mit oberster Autorität beinhaltet jedoch unweigerlich auch ein schwerwiegendes Mißverständnis, ähnlich
jenem, das wir in Kafkas Werk immer wieder thematisiert
finden: Das Schmerzliche dieses Mißverständnisses liegt
im wesentlichen darin, daß sich der patriarchalische Mo-
narch zugleich und vor allem als Herrscher herausstellt,
daß er eben nicht der Autorität des gesetzeskundigen
und gelehrten Ersten der Gemeinde entspricht.

Um nun diese Darstellung von widerstreitenden Wertvorstellungen für eine semantische Analyse verwerten zu können, scheint es zunächst angebracht, die fiktiven gesellschaftlichen Konfigurationen in die sie bestimmenden Gegensätze zu zerlegen. Dazu setzt die Arbeit auf der Ebene der Begrifflichkeit ein, wobei im besonderen die gesellschaftlichen Kategorien der Herrschaft und der Gerechtigkeit sowie die entsprechenden Subkategorien Berücksichtigung finden. Diese Träger der fiktiven Ordnung werden einerseits in ihrer denotativen Bedeutung (z.B.: Kaiser,
Untertan, Beamter) erfaßt und im folgenden den aufgrund
der fiktiven Kontextuierungen ihnen assoziierten wertenden Komponenten gegenübergestellt.[2] Dabei konzentriert

---

1 Vgl. u.a. Sperber, Manès: Die Wasserträger Gottes. All
das Vergangene, München 1978, S. 9o: "Kaiser Franz Joseph bedeutete für alle Städtel-Bewohner der Monarchie
weit mehr als für andere Untertanen, denn sie sahen in
ihm den Garanten ihrer staatsbürgerlichen Rechte, den
Beschützer gegen Willkür und Haß."

2 Dabei entspricht diese methodische Trennung des begrifflichen Inhaltes von den diesem assoziierten Wertvorstellungen folgender Unterscheidung bei Erdmann, Karl Otto:
Die Bedeutung des Wortes. Aufsätze aus dem Grenzgebiet
der Sprachpsychologie und Logik, Leipzig 1922, S. 1o5:
"Es ist demnach ... zwischen dem begrifflichen Inhalt
und der Gesamtbedeutung des Wortes zu unterscheiden;
zwischen dem begrifflichen Inhalt, der alle objektiven
Merkmale einschließt, und der allgemeinen Wortbedeutung,
die außer dem Begriff noch alle anderen Werte enthält,

sich die Untersuchung auf die sich ergebenden divergie-
renden Wertungen der gesellschaftlichen Rollen, die als
kulturelle Konnotationen verstanden werden, d.h. als Ausdruck gesellschaftlichen Bewußtseins, das als solches
letztlich bestimmte gesellschaftliche Erfahrungen reflektiert.[1] Es handelt sich folglich um einen Versuch,
die komplizierten Vermittlungen zwischen Sprache, Bewußtsein und gesellschaftlichen Erfahrungen, die im "künstlerischen Modell"[2] ihren Niederschlag finden, für eine
semantische Analyse heranzuziehen. Dementsprechend interessiert Sprache nicht als "fertiges Zeichensystem",
sondern als "ein Erzeugnis ausgesprochen gesellschaftlichen Charakters",[3] als Ausdruck von Bewußtseinsinhalten
und Werten.

Diese Präzisierung macht es notwendig, kurz auf das

---

die das Wort zum Ausdruck bringt. Diese Werte sondere
ich also von der Wortbedeutung ab, stelle sie dem Begriff gegenüber und fixiere sie sprachlich als 'Neben-
sinn' und 'Gefühlswert' ..."

1 Vgl. dazu Erdmann, Karl Otto: a.a.O., S. 116: "An manche Wörter knüpfen sich mehrfache, genau entgegenge-
setzte Wertgefühle; eine Tatsache, die sich entweder
auf die Vieldeutigkeit des fraglichen Ausdrucks gründet oder auf die Verschiedenheit des Standpunktes, von
dem aus man den durch jenen Ausdruck bezeichneten Vorstellungen gegenübertreten kann."

2 Lotman, Jurij M.: Die Struktur literarischer Texte,
München 1971, S. 34 f: "Die Sprache eines künstlerischen Textes ist ihrem ganzen Wesen nach ein bestimmtes künstlerisches Modell der Welt und gehört in diesem Sinne mit ihrer ganzen Struktur zum 'Inhalt', d.h.
sie trägt Information ... Somit erfahren wir bei der
Untersuchung der künstlerischen Sprache eines Kunstwerks nicht nur eine gewisse individuelle Norm ästheti-
scher Kommunikation, sondern reproduzieren auch ein
Weltmodell in seinen allgemeinsten Umrissen."

3 Schaff, Adam: Sprache und Erkenntnis, Wien - Frankfurt -
Zürich 1964, S. 163: "... dieses für unsere Erkenntnis
so wesentliche System [fertiges Zeichensystem] ist doch
selber ... ein Erzeugnis ausgesprochen gesellschaftlichen Charakters." Vgl. auch ebda., S. 164: "Daß eine
gewisse menschliche Gemeinschaft ... [bestimmte] Unterschiede in ihrem Wortschatz berücksichtigte, ist keineswegs ein Werk der Konvention. Dies war ein Gebot der
Lebenspraxis."

Verhältnis zu semiotischen Theorien im allgemeinen einzugehen. Bezieht man sich dazu auf das von Eco aufge-
stellte Modell der Dekodierung einer poetischen Nachricht,
so bewegt sich die vorliegende Arbeit in dem als "Ideolo-
gie des Autors" definierten Teil, wobei im konkreten Fall
"der Kontext der Erkenntnisse, auf den sich Codes und Subcodes beziehen",[1] für eine geschichtliche Deutung der
Werksemantik herangezogen werden soll. Die hier vorge-
legte Analyse der Kafka-Werke bleibt folglich auf einen
Teilbereich dieses Dekodierungsmodells beschränkt, überschreitet jedoch in diesem Teilbereich aufgrund einer
unterschiedlichen Einschätzung der Konventionalität die
von Eco festgesetzten Grenzen einer Semiotik: Während Eco
die Ansicht vertritt, eine semiotische Studie habe bei
der geschichtlich und gesellschaftlich festgelegten Konventionalität der verschiedenen Codes und Subcodes einzusetzen,[2] soll hier versucht werden, auf der Grundlage
materialistischer Erkenntnistheorie den implizit kognitiven Aspekt der konventionell bzw. traditionell festgelegten Codes für eine semiotische Interpretation zu verwerten; es geht folglich darum, die kulturellen Konnotationen im Zurückgreifen auf die sie bestimmenden Erfahrungen und Erkenntnisse in ihrer semantischen Funktion
zu erschließen. Dies erscheint insofern möglich, als die
in den literarischen Texten verwendeten sprachlichen Zei-

---

1 Eco, Umberto: La struttura assente, Milano 1968, S.
  1oo, wo der Teilbereich "ideologia dell'autore" wie
  folgt definiert wird: "contesto di conoscenze a cui
  si riferiscono codici e sottocodici".

2 Vgl. ebda., S. 45: "... nel momento in cui la semiolo-
  gia stabilisce l'esistenza di un codice, il signi-
  ficato non è più una entità psichica o ontologica o
  sociologica: è un fenomeno di cultura che viene des-
  critto dal sistema di relazioni che il codice definis-
  ce come accettato da un certo gruppo in un certo tem-
  po."

chen einerseits für Begriffe stehen, die als solche auf
Erkenntnis beruhen, ein bestimmtes Wissen mitteilen:[1]
Es handelt sich dabei um den Aspekt der Sprache, der in
der linguistischen Terminologie als Denotat[2] bezeichnet
wird. Andererseits kommt aber im fiktiven Kontext die
konnotative Bedeutung[3] verstärkt zum Tragen: Sie resultiert aus der Anordnung bestimmter Werte um einen Begriff, welche ihrerseits Aspekte gesellschaftlicher Praxis reflektieren. Eine Möglichkeit, den gerade auf dieser
Kombination kontrastierender Bewußtseinsinhalte in der
Fiktion beruhenden spezifischen Erkenntnisbeitrag des
Kunstwerks zu erschließen, scheint nun dadurch gegeben,
daß man die damit ausgelösten Begriffsüberlagerungen in
die ihnen zugrundeliegenden gesellschaftlichen Erfahrungen zerlegt. Wichtig dabei ist, daß dieses Vorgehen sowohl
den autonomen Systemcharakter der Literatur bedenkt als
auch folgendem Verhältnis zwischen natürlicher und künst-
lerischer Sprache gerecht wird:

> "Die Literatur spricht in einer besonderen Sprache,
> die als sekundäres System auf und über der natür-
> lichen Sprache errichtet wird." 4

---

1 Vgl. folgende Definition des sprachlichen Zeichens bei
  Klaus, Georg: Semiotik und Erkenntnistheorie, Berlin
  (DDR) 1963, S. 47: "Nur solche materiellen Objekte, die
  innerhalb einer natürlichen, Fach- oder künstlichen
  Sprache materielle Träger eines bestimmten Sinnes sind,
  die also geeignet sind, ein bestimmtes Wissen, einen
  bestimmten Bewußtseinsinhalt mitzuteilen."

2 Vgl. Lewandowski, Theodor: Linguistisches Wörterbuch,
  Heidelberg 1973, I, S. 138:"Die denotative Bedeutung
  ist der rational-begriffliche Kern der Wortbedeutung,
  ihr kognitiver Gehalt, im Gegensatz zur konnotativen
  oder emotiven Bedeutung."

3 Ebda., S. 345, wo konnotative Bedeutung wie folgt definiert wird: "Neben dem begrifflichen Kern der Wortbedeutung ... die assoziativen emotionalen und wertenden
  Komponenten..."

4 Lotman, Jurij M.: a.a.O., S. 39.

Zur Methode

Wie bereits aus der Problemstellung hervorgeht, ist
die Arbeit im Bereich der Mimesis und Semantik angesie-
delt, betrifft das Dargestellte als Ausdruck der gesellschaftlichen Verhältnisse sowie als Auseinandersetzung
damit, als intellektuelle, kulturelle Arbeit. In diesem
Sinn geht es darum, geschichtliches Bedingtsein sowie gesellschaftliche Vermittlungen der Erzählstrukturen zu erschließen, um auf dieser Basis einen Zugang zur spezifischen Bedeutung der Kafka-Texte zu schaffen. Dazu ist
ein methodisches Vorgehen notwendig, das nicht auf "Er-
weckung des Bewußtseins in den lebendigen, sondern auf
Ansiedlung des Wissens ... in den abgestorbenen"[1] Werken
abzielt. Es handelt sich folglich nicht um "Einfühlung"
in eine an sich autonome und universale Sinnstruktur,
sondern zunächst um eine Auflösung der literarischen Ob-
jektivation in die sie bestimmenden kulturellen Faktoren,
um auf diesem Umweg "den Zusammenhang von literarischen
Objektivationen und gesellschaftlichen Verhältnissen erforschbar zu machen".[2]

---

1 Benjamin, Walter: Ursprung des deutschen Trauerspiels,
  in: Gesammelte Schriften, I.1, Frankfurt 1978, S. 357.

2 Bürger, Peter: Für eine kritische Literaturwissenschaft,
  in: Neue Rundschau 85, 2, 1974, S. 411: "In der Litera-

In diesen knappen Überlegungen zum methodischen Vorgehen steckt bereits die Entscheidung für eine kritische
Hermeneutik, deren wesentlicher Unterschied zur tradi-
tionellen darin besteht, daß sie das Problem des herme-
neutischen Zirkels in einer Neubestimmung des Verhältnisses von Kritiker und Untersuchungsgegenstand zu lösen
versucht, das nicht mehr als unmittelbare Übereinstimmung außerhalb von Raum und Zeit aufgefaßt wird.[1] Das Auf-
gehobensein des Verstehens in der Tradition erscheint
vielmehr unterbrochen durch die kritische Reflexion des
gesellschaftlichen Kontextes. Das bedeutet nichts anderes, als daß versucht wird, den Universalitätsanspruch
der Tradition zu relativieren, indem man den Zusammenhang
ihrer Entstehungsbedingungen aufzeigt, sie in Bezug setzt
zu "Arbeit" und "Herrschaft"[2] und damit das von Habermas
aufgezeigte Vorurteil überwindet: "Historiker und Philo-
logen haben es nicht mit einem objektiven Zusammenhang
von Ereignissen zu tun."[3] Demgegenüber versteht eine kritische Hermeneutik ihren Untersuchungsgegenstand als un-
bewußten und vermittelten Ausdruck einer gesellschaftlichen
Entwicklung, der nur mit Hilfe eines entsprechenden Bezugs-
systems erschlossen werden kann:

> "Ein solches Bezugssystem dürfte Tradition nicht
> mehr als das Umgreifende unbestimmt lassen, sondern
> Tradition als solche und in ihrem Verhältnis zu an-

---

turwissenschaft ist ... die Frage wichtig, ob die Kategorien so beschaffen sind, daß sie den Zusammenhang von
literarischen Objektivationen und gesellschaftlichen
Verhältnissen erforschbar machen."

1 Vgl. z.B. Masini, Ferruccio: Brecht e Benjamin. Scienza
della letteratura e ermeneutica materialista, Bari 1977,
S. 9o: "... la relazione soggetto-oggetto cessa di essere una relazione astratta, appoggiata all'ipostasi
qualitativa dell'Erlebnis estetico, per divenire una relazione concreta, vale a dire mediata dall'analisi critica del contesto sociale e dell'oggettivazione dialet-
tica delle sue contraddizioni."

2 Habermas, Jürgen: Zur Logik der Sozialwissenschaften,
Frankfurt 197o, S. 289.

3 Ebda., S. 185.

deren Momenten des gesellschaftlichen Lebenszusam-
menhangs begreiflich machen ..." 1

Dabei geht es hauptsächlich darum, das geschlossene Gefüge der Tradition aufzubrechen und in seine Bestandteile
zu zerlegen, wodurch ein Zugang zur Abhängigkeit des sym-
bolischen Zusammenhangs von faktischen Verhältnissen ge-
schaffen wird.[2]

Auf diesen Überlegungen beruht nun der Versuch dieser
Arbeit, die Kluft zwischen "Interpret" und "Interpretan-
dum" mit Wissen um die jeweils gegebenen geschichtlich-ge-
sellschaftlichen Voraussetzungen auszufüllen, derart daß
diese zum Verständnis der in der fiktiven Sinnstruktur auf-
gefundenen Traditionselemente herangezogen werden können.
In diesem Sinn wird auf dem Umweg über geschichtsphilosophische und religionsphilosophische Definitionen sowie
Auszüge aus Zeitdokumenten und geschichtlichen Darstel-
lungen sozusagen eine historische Dekodierung der dargestellten gesellschaftlichen Konfigurationen vorgenommen,
die folgenden Überlegungen Masinis zu einem Modell kritischer Hermeneutik folgt:

> "Il testo letterario si configura dunque, ...
> come un campo sperimentale capace di generare
> molteplici ipotesi ermeneutiche la cui incidenza
> nella 'verità' del testo tanto più è decisiva quanto
> più a fondo sono state attraversate le stratifica-
> zioni della realtà implicate nel testo stesso." 3

Als ein entscheidender Wegbereiter für ein derartiges
Interpretationsverfahren erscheint Benjamin, dessen "historische Kodifikation"[4] im wesentlichen auf einem derartigen "Durchlaufen der jeweils implizierten Wirklichkeits-

---

1 Habermas, Jürgen: a.a.O., S. 289.
2 Ebda., S. 287.
3 Masini, Ferruccio: a.a.O., S. 1oo.
4 Benjamin, Walter: Ursprung des deutschen Trauerspiels,
  S. 2o7.

zur Aufgabe.[1] Benjamins Sprachverständnis zufolge läßt
sich dieses Ziel nur auf dem Umweg über ein Zerlegen der
Konfiguration dinglicher Elemente im Begriff erreichen,
da in dieser eben zugleich die Idee zur Darstellung gelangt.[2]
Dazu drängt sich ihm nun das von ihm untersuchte allegorische Verfahren als geeignete Methode gleichsam auf,
insofern es erlaubt, Begriffe in die jeweils reflektierten "dinglichen Elemente" zu zerlegen[3] und die so erhal-
tenen bloßen Dinge bzw. Phänomene den Ideen, die in den
Begriffen zur Darstellung kommen, gegenüberzustellen: Entscheidend dabei ist, daß diese für die Allegorisierung
kennzeichnende Trennung zwischen dem Gegenständlichen und
der Bedeutung ein erneutes Überdenken des Verhältnisses
von Begriff und konkretem Sachverhalt auslöst:

> "Wird der Gegenstand ... allegorisch ..., so liegt
> er vor dem Allegoriker, auf Gnade und Ungade ihm
> überliefert. Das heißt: eine Bedeutung, einen Sinn
> auszustrahlen, ist er von nun an ganz unfähig; an
> Bedeutung kommt ihm das zu, was der Allegoriker ihm
> verleiht ... In seiner Hand wird das Ding zu etwas
> anderem, er redet dadurch von etwas anderem und es
> wird ihm ein Schlüssel zum Bereiche verborgenen
> Wissens ..." 4

Derart wird also "Sprache zerbrochen, um in ihren Bruch-
stücken sich einem veränderten und gesteigerten Ausdruck
zu leihen",[5] d.h. in der Allegorie wird die bloß mittei-

---

6 Benjamin, Walter: Ursprung des deutschen Trauerspiels,
  S. 2o9.

1 Ebda., S. 217.

2 Zu diesen Definitionen vgl. folgende Stelle der erkennt-
  niskritischen Vorrede des Trauerspielbuches, ebda., S.
  214: "Denn nicht an sich selbst, sondern einzig und allein in einer Zuordnung dinglicher Elemente im Begriff
  stellen die Ideen sich dar. Und zwar tun sie es als deren Konfiguration."

3 Ebda., S. 362: "Als Stückwerk aber starren aus dem allegorischen Gebild die Dinge."

4 Ebda., S. 359.

5 Ebda., S. 382.

lende Funktion der Sprache durchbrochen und damit ein
Einblick in die faktischen Zusammenhänge gewährt, der
aus der Sicht des Allegorikers die ursprüngliche Benen-
nung gewissermaßen "erinnert".

Auf der Grundlage dieses allegorischen Prinzips hat
Benjamin die für ihn charakteristische Verwendung des
Zitats entwickelt,[1] dessen "Kraft", wie er im Karl-Kaus-
Essay betont, darin liegt, "aus dem Zusammenhang zu reißen, zu zerstören"[2] und dadurch das Vergangene aus dem
hergebrachten, institutionalisierten Sinnzusammenhang
herauszuschlagen und in einem neuen, durch das Wissen
des Allegorikers bzw. Kritikers vermittelten Kontext zu
reflektieren, der es erlaubt, eine einmalige und "authen-
tische Erfahrung"[3] mit dem Vergangenen herzustellen und
es auf diese Weise für die Gegenwart zu "retten".

Es läßt sich somit feststellen, daß Benjamin in seiner
Untersuchung der Allegorie diese aufgrund seiner sprach-
philosophischen Position zu einem "Methodeninstrument"[4]
entwickeln konnte, das seinem Anspruch an "historischer
Kodifikation" von Sinnstrukturen gerecht wird:

> "Und zwar erschließt Ursprüngliches schlechthin sich
> einzig und allein der doppelten Einsicht, die es als
> Restauration der Offenbarung einerseits erkennt und
> als in eben dieser mit Notwendigkeit unabgeschlosse-
> nen andrerseits." 5

---

1 Auf diesen Zusammenhang weist Witte, Bernd: Walter Benjamin. Der Intellektuelle als Kritiker, Stuttgart 1976,
  S. 125 ff.

2 Benjamin, Walter: Karl Kraus (Essay), in: Illuminationen, Frankfurt 1961, S. 4o5.

3 Benjamin, Walter: Eduard Fuchs, der Sammler und der Historiker, II, 2, S. 478, wo er betont, daß "das destruk-
  tive Moment" (vgl. allegorische Zerstückelung) im methodischen Verfahren entscheidend ist, um eine authenti-
  sche Erfahrung sicherzustellen.

4 Vgl. Witte, Bernd: a.a.O., S. 125.

5 Benjamin, Walter: Erstfassung des Trauerspielbuches, in:
  Gesammelte Schriften, I, 3, S. 935.

Im Fall des vorliegenden Interpretationsprojektes erscheint nun die Entscheidung für dieses methodische Verfahren der allegorischen Zerstückelung sowohl vom Untersuchungsgegenstand als auch vom Untersuchungsschwerpunkt
bestimmt: Einerseits wird der "spezifischen künstlerischen Sprache"[1] bzw. ästhetischen Organisation der Werke
Kafkas Rechnung getragen und im besonderen jene allegorische Grundhaltung des "Grüblers"[2] berücksichtigt, die im
bestimmenden Aufbauprinzip der Gegenüberstellung verschiedener Vorstellungen und Meinungen zum Ausdruck kommt. Andererseits erlaubt gerade dieses allegorische Verfahren,
die innere Dialektik der allegorischen Strukturen aufzulösen und die damit verbundene Problematisierung von Bedeutung interpretativ zu verwerten. Damit erweist sich
die vom allegorischen Prinzip bestimmte Benjaminsche Zi-
tierweise als geeignete Methode, die hier postulierten Begriffsüberlagerungen in den fiktiven Welten Kafkas in ihrer jeweiligen Traditionsbestimmtheit zu erforschen: Dazu
werden die widerstreitenden Wertungen der gesellschaftlichen Rollen im einzelnen herausgestellt und mit Wissens-
material zu den beiden aufgrund der aufgezeigten gesellschaftlichen Verhältnisse in Frage kommenden kulturellen
Matrizen sowie zur geschichtlich gesellschaftlichen Situation im allgemeinen konfrontiert, um auf diese Weise eine neue, signifikante Kontextuierung zu schaffen und damit die im Werk bereits angelegte, implizite Kritik her-
auzutreiben.

---

1 Zu diesem Begriff vgl. Lotman, Jurij M.: a.a.O., zit.
  S. 7, Anm. 2.
2 Vgl. dazu folgende Definition des Allegorikers bei Benjamin, Walter: Zentralpark, I,2, S. 676: "Der Grübler,
  dessen Blick, aufschreckt, auf das Bruchstück in seiner
  Hand fällt, wird zum Allegoriker." Abgesehen davon,
  daß sich Kafka nur unschwer in diesem "Grübler" wiedererkennen läßt, ist zu betonen, daß wir bei ihm diesen Typ immer wieder thematisiert finden: Tatsächlich
  macht dieses unentwegte Forschen den Kafkaschen Anti-
  Helden aus.

In diesem Zerlegen und Zusammenfügen, in diesem Verstehen aus der Distanz des Wissens bzw. der Reflexion der kulturellen und gesellschaftlichen Implikationen liegt der Interpretationsansatz dieser Arbeit.

AUSWAHL DER WERKE

Wie aus den vorangestellten methodischen Ausführungen
hervorgeht, gilt das Interesse den gesellschaftlichen Konstellationen im Werk Kafkas. Eine derartige Eingrenzung
der Problemstellung scheint insofern zulässig, als die
Thematisierung gesellschaftlicher Fragen in Variationen
wiederkehrt, ja gleichsam als Grundmotiv Kafkas gelten
kann, wie dies auch Beicken betont:

> "Kafka ist wesentlich beherrscht von einem Welt-
> entwurf, dessen Denken in sozialen Kategorien sich
> vollzieht ..." 1

In Übereinstimmung mit diesem Untersuchungsschwerpunkt
werden im besonderen jene Werke berücksichtigt, in denen
die gesellschaftliche Thematik eindeutig vorherrschend
ist, da diese die sichersten Ansatzpunkte für die hier be-
absichtigte Darstellung gesellschaftlicher Rollen gewähren.
Die unter diesem Gesichtspunkt getroffene Auswahl der Wer-

---

1 Beicken, Peter U.: Franz Kafka. Eine kritische Einfüh-
rung in die Forschung, Frankfurt 1974, S. 19o, wo es
weiter heißt: "..., obwohl ein großer Teil der Vorstellungen und Begriffe der theologischen Sphäre entwendet
ist." Dabei ist zu bemerken, daß das "Obwohl" dieses
Nachsatzes angesichts der jüdischen Tradition, für die
die Gestaltung der menschlichen Gemeinschaft als wesentliche religiöse Aufgabe gilt, besser durch ein
"Wobei" ersetzt würde.

ke scheint dabei insofern eine gewisse Repräsentativität
für sich in Anspruch nehmen zu können, als in einem Großteil der Kafkaschen Werke das gesellschaftliche Zusammenleben und die damit verbundene Frage der Gestaltung dieser Gemeinschaft thematisiert sind oder zumindest indirekt
anklingen: Dies gilt im besonderen für die Produktion ab
1912, d.h. ausgenommen BESCHREIBUNG EINES KAMPFES, BE-
TRACHTUNG und HOCHZEITSVORBEREITUNGEN AUF DEM LANDE;[1] in
diesen frühen Werken steht das Individuum mit seinen ganz
persönlichen Kommunikationsproblemen im Mittelpunkt, wobei auch hier bereits die Frage der menschlichen Gemeinschaft aufkommt, jedoch weitgehend im Individuellen verharrt. Erst mit dem Landarztzyklus wird der Schritt zum
Gesellschaftlich-Allgemeinen getan, wie er sich formal
in der Tendenz zur Parabel und Allegorie ausdrückt.[2] Aus
diesem Zyklus werden die Erzählungen EIN ALTES BLATT,
EINE KAISERLICHE BOTSCHAFT und VOR DEM GESETZ in Einzelanalysen erfaßt; dazu kommen die Erzählungen aus dem Umkreis von BEIM BAU DER CHINESISCHEN MAUER (DIE ABWEISUNG,
DIE TRUPPENAUSHEBUNG und ZUR FRAGE DER GESETZE), die zusammen mit den zwei Romanen DER PROZESS und DAS SCHLOSS
die Untersuchungsgrundlage bilden.

---

1 Zur Datierung vgl. Pasley, Macolm, und Klaus Wagenbach:
  Versuch einer Datierung sämtlicher Texte Franz Kafkas,
  in: DVjs 38 (1964), S. 149-167.

2 Vgl. Beicken, Peter U.: a.a.O., S. 295, wo er zum Landarztzyklus festhält: "Bezeichnend für die Struktur der
  Sammlung ist die Komprimierung aufs Wesentliche, was
  sich auch an der Aufnahme einiger Stücke aus größeren
  epischen Zusammenhängen erweist ... Die verstärkten Ver-
  allgemeinerungstendenzen erbringen eine Zusammenschau
  des Alten und Neuen, die Kontraktion des Privaten und
  Überindividuellen zu gleichnishaften Aussagen. ... Die
  Titelgeschichte 'Ein Landarzt' verwendet allerdings
  noch das Inventar früherer, persönlich bedingter Konstellationen, ..., hat noch nicht die Dichte der para-
  bolischen Reflexion, obwohl es ihr an Symboldichte
  nicht mangelt."

Es werden also jene Werke im einzelnen herausgegriffen, in denen Gesetz und gesellschaftliche Ordnung den thematischen Schwerpunkt ausmachen, ja die Konfigurationen der fiktiven Welten insgesamt bestimmen.[1] Diese Werkauswahl beruht auf der Überlegung, daß gerade an Gesetz und Ordnung jene gesellschaftlichen Wertvorstellungen und deren Überlagerungen, wie sie für die Generation Kafkas hier angenommen werden, beispielhaft transparent werden. Neben einer Analyse der dargestellten Herrschaftsverhältnisse läßt sich an diesen Erzählungen auch die Frage der Gerechtigkeit im Werk Kafkas erfassen, wozu ergänzend auch die Erzählung IN DER STRAFKOLONIE herangezogen wird.

Weiters schien es im Rahmen des gegebenen Untersuchungsinteresses angebracht, den Standort der Vatergestalt innerhalb der dargestellten gesellschaftlichen Konstellationen zu bestimmen, wobei sich die Analyse der Erzählungen DAS URTEIL und DIE VERWANDLUNG auf diesen speziellen Aspekt beschränkt.

Darüber hinaus werden vereinzelt Verweise auf andere Werke eingefügt, um den Zusammenhang zur übrigen literarischen Produktion Kafkas herzustellen.

---

1 Da das in dieser Ausschließlichkeit nicht für den Roman AMERIKA gilt, wird er nur teilweise im entsprechenden Zusammenhang vergleichsweise herangezogen; andererseits wird JOSEFINE ODER DAS VOLK DER MÄUSE aus der Sammlung EIN HUNGERKÜNSTLER in die konkrete Untersuchung einbezogen, da sie hier als Thematisierung einer besonderen Gesellschaftsform interessiert (vgl. Untersuchungsteil B., I. Die Autorität der Ordnung).

A. HERRSCHAFT

Dieses erste Großkapitel ist der Untersuchung der Kategorie der "Herrschaft" als grundlegendem gesellschaftlichem Ordnungsfaktor[1] gewidmet. In diesem Sinn umschließt diese Kategorie sowohl die Herrschaftsposition als auch die Beherrschten; dabei werden die beiden Pole der fiktiven Herrschaftsstrukturen mit den allegorischen Überbegriffen "Untertan" und "Kaiser" umschrieben, die der Erzählung EINE KAISERLICHE BOTSCHAFT entnommen sind.

Die Untersuchung dieser gesellschaftlichen Rollen erfolgt jeweils in Funktion der Konfiguration der beiden Handlungspole "Kaiser" und "Untertan", die, in poetischen Variationen, in den Erzählwelten der dieser Arbeit zugrundegelegten Werke wiederkehren. Es interessiert folglich der "jämmerliche Untertan" (bzw. ein ganzes Volk von Unterdrückten) inmitten eines Machtsystems ("Kaiser"), dessen Ordnung und Gesetzmäßigkeiten zu kennen und zu verstehen ihm weder Gelegenheit gegeben wird, noch die geeigneten Mittel zur Verfügung stehen:[2] Dieser Untertan mißt, wie im Verlauf der Untersuchung gezeigt werden wird,

---

1 Vgl. Hofmann, Werner: Grundelemente der Wirtschaftsgesellschaft, Reinbek bei Hamburg 1969, S. 31, wo "Herrschaft ... als elementar sozio-ökonomischer Sachverhalt" definiert wird.

2 Vgl. dazu vor allem das Motiv des Nicht-Verstehen-Könnens der Sprache, deren sich die Ordnung bedient: So sprechen z.B. in DIE ABWEISUNG "die Soldaten" einen dem Volk "ganz unverständlichen Dialekt", vgl. a. P, S. 56 f., wo es von Josef K. heißt: "... er verstand sie [die Gerichtsbeamten] nicht, er hörte nur den Lärm, der alles erfüllte ... 'Lauter', flüsterte er ... und schämte sich, denn er wußte, daß sie laut genug, wenn auch für ihn unverständlich gesprochen hatten."

mit einem anderen Maßstab, der, in einer autoritätsorien-
tierten Ordnung entwickelt, für das Erkennen der Prinzipien eines machtgesteuerten Systems[1] unbrauchbar ist und
ihn zwangsläufig unterliegen läßt. Gemeinsamkeiten sowie
Varianten dieses Untertanendaseins werden in den Einzelanalysen der Werke erarbeitet, wobei vor allem aufgezeigt
wird, wie der "Untertan" die herrschenden Prinzipien verkennt, indem er an seinen eigenen festhält. Auf ein derartiges Zusammenstoßen kontrastierender Begriffskonzeptio-
nen weist auch Krusche hin:

> "Während K. 'Gericht', 'Recht', 'Gesetz', 'Untersu-
> chung', 'Angeklagter' und alle die anderen Vokabeln
> der Gerichtssprache ... immer im umgangssprachlich
> üblichen Sinn versteht, der einen objektivierbaren
> Rechtsbegriff, einen kontrollierbaren Gerichtsappa-
> rat voraussetzt, nehmen alle anderen Figuren die
> Worte so, wie sie der Welt der Dachbodengerichtsbar-
> keit entsprechen." 2

Hauptanliegen dieser Untersuchung ist es, dieses Verstehen "im umgangssprachlich üblichen Sinn" zu problematisieren; dazu wird versucht, die mit dem jeweiligen Verstehen verbundenen Bewußtseinsinhalte/Werte in Zitaten
aus philosophischen und historischen Studien herauszu-

---

1 Zur Definition von "Macht" und "Autorität" vgl. Hofmann,
Werner: a.a.O., S. 29: "Kennzeichen von Autorität ist,
daß sie einer Kontrolle des Erfolgs unterliegt und daher verlorengehen kann ... Die Anerkennung der Autorität bestimmter Personen findet ihren Ausdruck in einer
freiwilligen Unterordnung der sachlich weniger Kompe-
tenten, auch dann wenn kein Weisungs- und Gehorsamsver-
hältnis gegeben ist." Ebenda, S. 3o: "Der Ausübung von
Macht entspricht auf seiten der Unterlegenen nicht oder
nicht allein (wie bei der Geltendmachung von Autorität)
Anerkennung, sondern vielmehr Gehorsam, ein Sich-Fügen
..."; in diesem Zusammenhang sei bereits hier auf die
wesentliche Funktion des Autoritätsprinzips in der jüdischen Tradition verwiesen, wovon nicht zuletzt auch
die Talmudstudien als immer erneutes In-Frage-Stellen
der Schrift zeugen (vgl. Scholem, Gershom: Über einige
Grundbegriffe des Judentums, Frankfurt 1976, S. 119).

2 Krusche, Dietrich: a.a.O., S. 41.

stellen: Es soll die von Krusche angedeutete "gestörte
Kommunikation zwischen K. und seiner Mitwelt"[1] im Hinblick
auf kulturelle Matrizen und Wertsysteme untersucht werden.
Auf diese Weise wird mit dem Kapitel "Untertan" auch die
daran anschließende Analyse der Machtposition ("Kaiser")
entscheidend vorbereitet, derart, daß in diesem zweiten
Kapitel auf weitere umfassende Einzelanalysen verzichtet
werden kann und vielmehr versucht wird, bereits erarbei-
tete Aspekte anhand weiterer Werke (besonders des Romanes
DAS SCHLOSS) zu vertiefen und zu ergänzen.

Während die Kategorie "Untertan" als im wesentlichen
einheitliche gesellschaftliche Rolle keine weiteren Unterteilungen notwendig macht, ist es im Fall der Herrschaftsposition angebracht, eine Gliederung vorzunehmen, die der
hierarchischen Abstufung der fiktiven Ordnungen Rechnung
trägt (vgl. die Unterkapitel: Die Handlanger der Macht
oder Die Frauengestalten: Ihre Verbindungen zu den Mächtigen); dazu kommt, daß sich aufgrund der gegebenen Erzählperspektive, die aus der Sicht der Untertanen gestaltet ist,[2] nur äußerst knappe, ungenaue Hinweise auf das
jeweilige Zentrum der Ordnung finden, das im weiteren allein auf dem Umweg über die Handlanger der Macht zu erschließen ist.

---

1 Krusche, Dietrich: a.a.O., S. 4o, Anmerkung 53.
2 Ebenda, S. 29 f., wo betont wird, daß die Helden mei-
stens auch zugleich den "perspektivischen Mittelpunkt"
ausmachen, alles aus ihrer Sicht dargestellt ist, sodaß "... nichts Erzähltes jenseits ihrer Erfahrung und
Erkenntnis (und somit jenseits der in ihr als Charakter angelegten Erfahrungs- und Erkenntnismöglichkeit)
liegen kann ...".

I. UNTERTAN

Gemeinsam ist den "Helden" Kafkas, und im besonderen
den Protagonisten der hier untersuchten Werke, eine im
wesentlichen negative Handlungsperspektive aufgrund äußerster Unterdrückung und/oder Isolierung.[1] Abgeschnit-
ten vom Zentrum der fiktiven Ordnung, bleibt ihnen auf
jeden Fall die Möglichkeit zur aktiven Beteiligung an der
Organisation der Gesellschaft versagt: Diese ihre negative Grundsituation bringt es mit sich, daß sie entweder
ohnmächtig einer massiven und zudem für sie unerreichbaren Herrschaftsposition ausgeliefert sind oder aber zu
passivem Teilhaben am fiktiven Geschehen verurteilt sind.
Im groben Widerspruch zu diesem prinzipiellen Ausgeschlossensein aus den Vorgängen im Machtbereich steht die unentwegte geistige Auseinandersetzung mit der Ordnung seitens der Protagonisten, ihr ausgeprägtes gesellschaftliches Verantwortungsgefühl.[2]

---

1 Wie sehr diese beiden negativen Interaktionsaspekte für
  die Helden Kafkas bestimmend sind, beweist nicht zuletzt
  folgende Parallele im Schluß der beiden Erzählungen EIN
  HUNGERKÜNSTLER und DIE VERWANDLUNG; die im übrigen eher
  ungleichen Protagonisten finden das gleiche Ende, das
  mit den Worten "Nun macht aber Ordnung!" seitens des Auf-
  sehers (E, S. 171) einerseits und andererseits mit der
  Ankündigung der Bedienerin "Es ist schon in Ordnung"
  (sie hat das "Zeug" bereits weggeschafft, E, S. 99) be-
  gleitet wird.- Vgl. a. Althaus, Horst: Zwischen Monarchie und Republik, Schnitzler, Kafka, Hofmannsthal, Mu-
  sil, S. 14o, wo er ausdrücklich auf die zentrale Stellung der "Paria-Thematik" in Kafkas Werk hinweist.

Im Rahmen der vorliegenden Arbeit interessiert vorwiegend der Interaktionsaspekt der Unterdrückung, dem ein Großteil der Einzelanalysen gewidmet ist: Besonders das Kapitel "Die Unterdrückten als Anti-Helden" erfaßt jene typische Situation der Kafkaschen "Helden", in der sie als Beherrschte erscheinen, diese Rolle jedoch aufgrund anderer eigener Prinzipien weder verstehen können, noch hinnehmen wollen, sodaß sie zu einem verzweifelten, weil aussichtslosen, vorwiegend intellektuellen Kampf gezwungen sind, der, getragen von der Idee der unbedingten Autorität der Ordnung,[1] in den gegebenen Herrschaftsverhältnissen fehl am Platz ist und im Extremfall sogar mit brutaler Überwältigung von seiten der Machtposition endet, wie im Fall der Hinrichtung Josef Ks.

Entscheidend für das von Lukács betonte durchgehende Gefühl der "Ohnmacht" scheint somit das Fehlen eines adäquaten Parameters;[2] daraus folgt jedoch noch nicht, daß Maßstäbe und Werte überhaupt fehlen und das "wesentlichste Prinzip der Gestaltung ... doch ... die Welt als Allegorie eines transzendenten Nichts" ist, wie Lukács schließt.[3]

---

2 Vgl. u.a.: SCH, S. 145, wo K. ausdrücklich betont: "Meine Angelegenheiten mit den Behörden in Ordnung zu bringen, ist mein höchster, eigentlich mein einziger Wunsch."

1 In diesem Zusammenhang ist auf die Erzählung JOSEFINE ODER DAS VOLK DER MÄUSE zu verweisen, in der diese grundlegende Vorstellung von der Autorität der Ordnung ausnahmsweise eine positive Gestaltung erfährt (vgl. das Kapitel "Die Autorität der Ordnung" im Untersuchungsteil B.).

2 Vgl. u.a. IN DER STRAFKOLONIE, E, S. 117, wenn der Reisende erklärt: "... ich sagte schon, ich kann diese Blätter [des Strafpparates] nicht lesen."

3 Lukács, Georg: Wider den mißverstandenen Realismus, Hamburg 1958, S. 56. Vgl. dagegen: Adorno, Theodor W.: Aufzeichnungen zu Kafka, in: Prismen, Frankfurt 1976, S. 3o2: "Als ob es der Sisyphusarbeit Kafkas bedurft hätte ..., wenn er nichts anderes sagte, als daß dem Men-

Es liegt darin m.E. vielmehr eine Bestätigung für die Annahme, daß Kafkas Werk Ausdruck einer akuten Wertkrise ist,
wobei nicht außer acht gelassen werden darf, daß das ver-
gebliche Streben dieser Untertanengruppe von ganz bestimmten, wiederkehrenden Werten getragen ist: Es sind dies vor
allem Wissen, Gerechtigkeit und Gemeinschaft als konstruktive Zusammenarbeit; es handelt sich dabei jedoch um Werte, die in den dargestellten Herrschaftsverhältnissen grob
vernachlässigt sind und vor allem auch mit der Position
des Untertanen unvereinbar sind.

---

schen das Heil verloren, der Weg zum Absoluten ver-
stellt, daß sein Leben dunkel, verworren oder ...
ins Nichts gehalten sei, und daß ihm nichts anderes
bleibe, als ... einer Gemeinschaft sich einzufügen, die
genau dies erwartet und die Kafka nicht hätte vor den
Kopf zu stoßen brauchen, wenn er darin mit ihr eines
Sinnes gewesen wäre."

1. Die Unterdrückten als Anti-Helden

Die konkrete Untersuchung der einzelnen Werke geht nun davon aus, die Widersprüche bzw. Kontraste zwischen der fiktiven Ordnung und dem Verhalten der "Helden" anhand der jeweiligen Kontextuierungen aufzuzeigen, um anschließend die implizierten Wertvorstellungen/Bewußtseinsinhalte im entsprechenden Traditionszusammenhang zu reflektieren, was gerade
dann berechtigt erscheint, wenn man folgende Feststellung
Beickens zum spezifisch mimetischen Charakter der Kafka-Werke berücksichtigt:

> "Einfache Spiegelung der empirischen Realität findet in
> Kafkas Werk nicht statt ... Äußere Realität wird aber
> durch das Wirklichkeitsverständnis, das den Kafkaschen
> Hauptgestalten eignet, reflektiert." 1

---

1 Beicken, Peter U.: Franz Kafka. Eine kritische Einfüh-
rung in die Forschung, Frankfurt 1974, S. 163; dies er-
fordert zugleich eine kritische Stellungnahme zu Hiebel,
Hans H.: Antihermeneutik und Exegese, Kafkas ästhetische
Figur der Unbestimmtheit, in: DVjs 52 (1978), S. 1o8, wo
es heißt: "Das sinnlich reflexive Spiel setzt die Inhalte als sein Material ein", was zu besagen scheint, daß es
sich um Konstellationen gegebener Bewußtseinsinhalte handelt; dem widerspricht aber m.E. das folgende: "Nicht
steht ein signifiant dem signifié (der Welt) gegenüber -
wie Mimesis und Theorie dem Faktum gegenüberstehen -, sondern das signifiant ist Moment und Movens der Welt." Im
Gegensatz dazu wird hier angenommen, daß zwar signifiant
und signifié nicht unmittelbar einander gegenüberstehen,
daß aber denotative Bedeutung bzw. kognitiver Inhalt Voraussetzung für jedes "Spiel mit Inhalten" (d.h. Bewußtseinsinhalten) sind; vgl. dazu u.a.: Della Volpe, Galvano:
Critica del gusto, Milano 1971, S. 59, wo er ausdrücklich
betont, daß es "keine poetischen Bilder gibt ohne allgemeine lexikalische Bezeichnungen" ("non essendovi ...

Im folgenden wird nun, beginnend mit der Erzählung EINE
KAISERLICHE BOTSCHAFT, der, wie bereits erwähnt, die grundlegenden Untersuchungskategorien entnommen sind, die Analyse
der Konnotationen des "Untertan" so durchgeführt, daß die im
fiktiven Geschehen determinierte Position der "Unterdrückung"
mit dem Interaktionsverständnis des "Helden" und seiner sich
darauf begründenden Reaktionen, Handlungen und Erwartungen
(vgl. S. 3o: Werte, die den Kampf der Kafkaschen Helden bestimmen) verglichen wird.

Aufgrund der - u.a. auch in Anmerkung 1, S. 31 - kurz dar-
gelegten theoretischen Überlegungen scheint es unumgänglich,
auch die mit dem jeweiligen Verständnis der gesellschaftlichen Rolle verbundenen kognitiven Inhalte in Erwägung zu ziehen, besonders wenn man, wie im vorliegenden Fall, annimmt,
daß Konnotationen, aber auch Metaphern letztlich auf denotati-
ver Bedeutung beruhen[1]und somit letztlich Ausdruck bestimmter
Erkenntnisse sowie Erfahrungen sind. Eine Möglichkeit, diesem
komplexen Vermittlungscharakter der semiotischen Struktur literarischer Texte gerecht zu werden, scheint dadurch gegeben,
daß man versucht, die Konnotationen nach denotativen Aspekten zu ordnen. Dies soll hier mit Hilfe von philosophischen
Definitionen, Zeitdokumenten und geschichtlichen Darstellun-
gen versucht werden.

EINE KAISERLICHE BOTSCHAFT

Einleitend ist es angebracht, darauf hinzuweisen, daß

---

immagini poetiche senza communi denominatori lessicali"),
die ihrerseits wiederum zugleich "auch Begrifflichkeit
vermitteln" ("essendo, questi, veicoli anche di concet-
ti").

1 Eco, Umberto: La struttura assente, S. 38: "Quindi la con-
notazione si stabilisce non sulla base del semplice significante, ma del significante e del signifacto denotativo
uniti."

diese Erzählung als solche aus dem "größeren epischen Zusammenhang"[1] der Erzählung BEIM BAU DER CHINESISCHEN MAUER, in dem ihr parabolische Funktion zukommt, entnommen ist und erstmals in der jüdischen Zeitschrift "Selbstwehr"[2] gedruckt wurde.[3] Mit diesen Angaben zum Kommunikationszusammenhang ist sozusagen eine erste Orientierungshilfe für die Wahl bestimmter kultureller Matrizen für die Dekodierung gegeben.[4] In diesem Zusammenhang soll auf Eco verwiesen sein, der am Beispiel eines nicht eindeutigen Satzes die Problematik wie folgt darstellt:

> "Devo ricorrere, per decodificare l'enunciato a lessici connotativi ... E mi accorgo che posso usare due lessici connotativi [vgl. hier: kulturelle Matrizen] diversi che ... si riferiscono a due situazioni culturali e a due posizioni ideologiche diverse." [5]

Ähnliches ergibt sich auch im konkreten Fall für EINE KAISERLICHE BOTSCHAFT sowie im allgemeinen für die Kafka-Werke, nur daß gerade dieses Vorhandensein zweier verschiedener kultureller Matrizen thematisiert zu sein scheint, was auch durch den übergreifenden Verständigungskontext ("circostanza") in gewissem Sinn bestätigt wird: So stand, wie Binder in seinem Aufsatz aufzeigt, der Name der Zeitschrift "Selbstwehr"

---

1 Beicken, Peter U.: a.a.O., S. 195, spricht von "der Aufnahme einiger Stücke aus größeren epischen Zusammenhängen" (so z.B. a. VOR DEM GESETZ und EIN TRAUM) in den Landarztzyklus.

2 Selbstwehr, "Unabhängige jüdische Wochenschrift", 19o7 - 1922, Erscheinungsort: Prag; vgl. dazu Binder, Hartmut: Franz Kafka und die Wochenschrift "Selbstwehr", in: DVjs 41 (1967), S. 283-3o4.

3 Vgl. Heller, Erich, und Joachim Beug (Hrsg.): Franz Kafka, Der Dichter über sein Werk, München 1977, S. 94, wo es im Überblick über die Erstdrucke der in der Sammlung EIN LANDARZT aufgenommenen Stücke heißt: "EINE KAISERLICHE BOTSCHAFT in 'Selbstwehr', Prag, 24. September 1919".

4 Eco, Umberto: a.a.O., S. 56: "... la circostanza di communicazione può orientare il destinatario..."

5 Ebda., S. 55.

für die "Selbstbesinnung des Judentums in Zeiten äußerer An-
feindung",[1] war also kultureller Ausdruck des Sich-Konzentrie-
rens auf die überlieferten Werte, des Sich-Einsetzens für die
"Belebung der jüdischen Idee", worunter man "Zusammengehörig-
keitsgefühl mit den Ahnen",[2] d.h. Traditionsgebundenheit
(vgl. S. 5) verstand; die "Selbstwehr" war somit vor allem
das publizistische Organ einer kulturellen Bewegung,[3] der es
darum ging, die eigenen, vielfach verdrängten ("überlagerten")
Werte wieder aufzufinden und gegenüber der Gesellschaftsordnung des "Gastvolkes"[4] zu behaupten, die also mit folgender
Auffassung von Judentum, wie sie Kafka Janouch gegenüber ver-
treten hat, übereinstimmte:

> "Judentum ist ja nicht nur eine Sache des Glaubens,
> sondern vor allem die Sache der Lebenspraxis einer
> durch den Glauben bestimmten Gemeinschaft." 5

Diese Angaben zur spezifischen Kommunkationssituation
sind nun im Sinne Ecos richtungweisend für das Verständnis
des Textes, vor allem in bezug auf die implizierten Wertvorstellungen: Tatsächlich scheint die Erzählung jenen Widerstreit von gesellschaftlichen Werten, der unter den aufgezeigten Bedingungen für jenen historischen Moment charakteristisch war, zu reflektieren: Auf der Ebene der begrifflichen Konzeption liegt der Widerspruch darin, daß sich der
"jämmerliche Untertan", der "durch Jahrtausende" von der
Machtposition ("Kaiser") getrennt ist, "wenn der Abend kommt,
eine kaiserliche Botschaft" erträumt.[6] Dieser Wunsch wider-

---

1 Binder, Hartmut: Franz Kafka und die Wochenschrift "Selbstwehr", S. 283.

2 Ebda., S. 284.

3 Vgl. ebda., S. 283, wo Binder vor allem den "Verein jüdi-
  scher Hochschüler 'Bar Kochba'" hervorhebt.

4 Vgl. Brude-Firnau, Gisela (Hrsg.): Vision und Politik. Die
  Tagebücher Theodor Herzls, Frankfurt 1976, S. 286: "Die
  ständige Bedrohung aller Juden, auch der weitgehend assi-
  milierten, durch das jeweilige Gastvolk, war die zentrale
  These des Herzlschen Zionismus."

5 Janouch, Gustav: Gespräche mit Kafka, Frankfurt 1968,
  S. 151.

spricht der dargestellten Ordnung, fällt aus ihr heraus, ja
ist mit dem Begriff "Untertan" unvereinbar, insofern der
kognitive Gehalt die Position des Beherrschten in feudalen
Verhältnissen reflektiert und besonders die "Unterdrückung"
aufgrund hierarchischer Abstufung betont,[1] wie sie übrigens
auch im Aufbau der fiktiven Welt zum Ausdruck kommt: Die
hierarchische Gliederung, der unüberwindliche Abstand zwischen
der Position des Herrschenden und der des Untertanen wird im
poetischen Kontext vor allem durch die Konstellation der übrigen Träger der fiktiven Ordnung gestaltet, so stellen z.B.
die "Großen des Reiches", die "im Ring" um den Kaiser "stehen", eine bildliche Assoziation dar, die sich durchaus mit
dem kognitiven Inhalt der Begriffe "Kaiser", "Bote" und "Untertan" verträgt, ja dazu beiträgt, einen eindeutig feudalen
Ordnungszusammenhang zu evozieren,[2] und den nötigen Kontext
schafft, die unendliche Folge von "Palästen" und "Höfen",
die der Bote überwinden sollte, als Metapher der um den Kaiser, den Mittelpunkt, von dem selbst die Sonne ausgeht,[3] kon-
zentrierten Macht zu verstehen oder vielmehr einer Ordnung,

---

6 Vgl. dazu Sperber, Manés: a.a.O., S. 9o, wo er aus seiner Kindheit berichtet: "Ich malte mir gerne aus, daß
  der Kaiser mich zusammen mit anderen jüdischen Jünglin-
  gen zu einer Mahlzeit in die Burg einladen werde."

1 Zur Verwendung des Begriffes "feudal" vgl. folgende drei
  Unterscheidungen in: Fasoli, Gina: Castello e feudo, in:
  Storia d'Italia, V., Torino 1973, S. 266: "... in senso
  stretto un preciso tipo di struttura politica, amministra-
  tiva e sociale; in senso lato per indicare genericamente la
  struttura economica e sociale dell'età precapitalistica;
  in senso traslato per indicare qualsiasi tipo di rapporto
  sociale caratterizzato dalla prepotenza dispotica di una
  parte e dalla supina obbedienza dell'altra parte." In der
  vorliegenden Untersuchung wird der Begriff nicht im engen,
  sondern im weiten Sinn, d.h. zur Charakterisierung ideologischer Überreste des Feudalismus als ökonomische Struktur
  sowie auch in dem von Fasoli aufgezeigten übertragenen
  Sinn (senso traslato) verwendet.

2 Vgl. dazu Fasoli, Gina: a.a.O., S. 3o5: "Nell'età moderna
  la feudalità sembra aver perduto i vecchi artigli ... il
  centro di gravità della vita politica è il principe, ed
  intorno a lui la feudalitè è in prima piano ..."

3 Vgl. EINE KAISERLICHE BOTSCHAFT in Kafka, E, S. 138: "...
  dem jämmerlichen Untertanen, dem winzig vor der kaiserlichen Sonne in die fernste Ferne geflüchteten Schatten ..."

36

in der sich alles um den Kaiser dreht, der zudem im Sterben
liegt, was im Sinne des von Magris herausgearbeiteten Habs-
burg-Mythos[1] darauf hinzuweisen scheint, daß es sich um eine
geschichtlich überholte, zum Untergang verurteilte Ordnung
handelt.

Im Rahmen dieses Erzählkontextes ergibt sich für den Untertanen eine Position, die im wesentlichen dadurch gekennzeichnet ist, daß der Untertan von den Vorgängen im Machtbereich ausgeschlossen bleibt, getrennt durch eine unüberwindliche Hürde von Gemächern, Treppen, Höfen, Palästen "und wieder Treppen und Höfe;... durch Jahrtausende" (E, S. 139), die
die besondere Form der Unterdrückung bildlich festlegen; in
einem solchen Kontext erweist sich nun die Idee einer Botschaft an ihn, den "Einzelnen, ... jämmerlichen Untertanen"
als undurchführbar ("... - aber niemals, niemals kann es geschehen -..."), ist vielmehr eine Redensart ("so heißt es"),
die dem Ton nach an das "An meine Völker" Kaiser Franz Jo-
sephs erinnert, jedoch keineswegs zur Erwartung einer effek-
tiven Mitteilung, zur Annahme einer tatsächlichen Kontaktauf-
nahme berechtigt.

Diese Erwartung am Schluß der Parabel relativiert den gesamten begrifflichen Zusammenhang des literarischen Kontextes, zwingt zur Revidierung der dargestellten Ordnung; die
Vorstellung, als Interaktionspartner vom Kaiser bedacht zu
werden, ist Ausdruck von Bewußtseinsinhalten, die letztlich
ganz andere gesellschaftliche Verhältnisse reflektieren. Um
diesem mit den dargestellten Herrschaftsverhältnissen unvereinbaren Aspekt gerecht zu werden, wird es unumgänglich, jene
kulturelle Matrix oder Tradition ausfindig zu machen, die der
durch den Wunsch des Untertanen eingeführte Maßstab mit sich
bringt; zunächst einmal erweist sich so gesehen die durch die oben aufgezeigten Konnotationen bestimmte Konfiguration als unhalt-

---

1 Magris, Claudio: Il mito absburgico nella letteratura
  austriaca moderna, Torino 1976, bes. S. 18 ff.

bar: Die "assoziative Komponente"[1] der Mitbeteiligung widerspricht dem kognitiven Kern des Begriffes "Untertan" und scheint vielmehr der Idee[2] eines "Mitgliedes der Gemeinschaft" verpflichtet zu sein, womit eine Einordnung in den jüdischen Traditionszusammenhang - unter Berücksichtigung der allgemeinen geschichtlichen Bedingungen sowie auch des unmittelbaren Kontextes der Zeitschrift "Selbstwehr" - naheliegend ist, vor allem wenn man bedenkt, daß sich die jüdischen Gemeinden, als sie noch als "politische Körper"[3] galten, durch eine äußerst demokratische Gesellschaftsordnung auszeichneten, was beispielsweise aus folgendem Auszug aus den Statuten der jüdischen Gemeinden in Mähren hervorgeht:

> "Als haben wir ... einhelliglich beschlossen, daß eine jede Gemeinde schuldig ist, eine Ordnung ..., unter sich zu machen habe. Und so sie sich in solchem nicht vergleichen könnten, so ist der Spruch des Creyß-Aeltesten mit einem Rabiner dißfalls abzuwarten ... Es soll aber eine jede Gemeinde einen wahrhafften Mann, so im Gemeinen Weesen ehrlich handlet, und deren Gelder nicht verschwendet, auch der in allen Vorfallenheiten die Gemeinde vertretten kan, zu erwählen bedacht seyn." 4

---

1 Vgl. S. 9: Definition von "Konnotation" nach Lewandowski, Theodor: a.a.O.

2 Vgl. dazu Benjamin, Walter: Ursprung des deutschen Trauerspiels, Gesammelte Schriften, I. 1, S. 216: Die Idee ist ein Sprachliches, und zwar im Wesen des Wortes jeweils dasjenige Moment, in welchem es Symbol ist."

3 Gerson, Wolf: Zur Culturgeschichte in Österreich-Ungarn, Wien 1888, S. 34, wo eine "Staatschrift vom 18. November 1849" zitiert wird, in der ausdrücklich von der im Zuge der Gleichberechtigung notwendigen "Auflösung der Judengemeinden als selbständige politische Körper" gesprochen wird.

4 Gerson, Wolf: Die alten Statuten der jüdischen Gemeinden in Mähren sammt den nachfolgenden Synodalbeschlüssen, Wien 188o, S. 52. Es handelt sich dabei um Statuten der Gemeindeordnung aus dem Jahre 1651, die, wie der Herausgeber betont, um so wichtiger sind, "da sie als Tradition noch im Volke lebend, theilweise bis auf die neueste Zeit noch praktische Bedeutung hatten, und manche derselben speciell auf synagogalem Gebiete noch heute Geltung haben..." S. IV (Einleitung).

Ähnliche gesellschaftliche Erfahrungen scheinen jenem Wertmaßstab zugrundezuliegen, der das Streben der Kafkaschen Helden bestimmt, wobei die Erwartung des Untertanen aus EINE KAISERLICHE BOTSCHAFT als Variante jenes Grundwertes der "Gemeinschaft als konstruktive Zusammenarbeit" (vgl. S. 3o) erscheint, vor allem wenn man den übergreifenden Erzählkontext BEIM BAU DER CHINESISCHEN MAUER miteinbezieht, wo dieser Aspekt einer idealen menschlichen Gemeinschaft als Beteiligung aller an der Organisation des Ganzen gezeichnet wird (vgl. "Mauerbau").[1] Es liegt darin zugleich jener in gewissem Sinn "positive" Aspekt der Erzählstrukturen Kafkas, sozusagen eine Art "Hoffnung", die sich aber immer als illusorisch erweist oder, wie Magris es formuliert, als "Utopie der Vergangenheit":

> "Per Roth ... come per Kafka ... esso [Ghetto] diviene un'utopia, utopia di un passato che si pone come implicita contestazione del modo sbagliato col quale il presente ha cercato di risolvere e superare quel passato stesso. ... l'evocazione dello 'shtetl' diviene valida come negazione del presente e riaffermazione di valori certo proiettati arbitrariamente nello 'shtetl' ma altrettanto certamente assenti nella storia contemporanea." [2]

Die "Ambivalenz"[3] der Kafkaschen Erzählwelt liegt nun m. E. darin, daß das Aufeinandertreffen zweier unvereinbarer Sehweisen, die ganz bestimmte kulturelle Codes/Bewußtseinsformen voraussetzen und letztlich Ausdruck unterschiedlicher

---

1 Beicken, Peter U.: a.a.O., S. 312, wo er ausdrücklich betont, daß sich BEIM BAU DER CHINESISCHEN MAUER dem Prinzip "der gesellschaftlichen Organisation und gemeinsamen Arbeit" widmet.

2 Magris, Claudio: Lontano da dove, Torino 1971, S. 21; wobei hier hingegen dokumentiert werden soll, daß es sich durchaus nicht um eine "willkürliche Projizierung von Werten" handelt.

3 Sokel, Walter, Franz Kafka, Tragik und Ironie, S. 153: "Kafka ... war es in der mittleren Periode seines Schaffens darum zu tun, die Ambivalenz erstens tragisch zu gestalten und zweitens das Unbewußte an ihr, den Konflikt zwischen Oberflächenbewußtsein und Verdrängtem, mit den Mitteln der Verfremdung zu behandeln ..."

gesellschaftlicher Erfahrungen sind, Begriffsüberlagerungen
bedingt, die, darin den Allegorien im Benjaminschen Sinn
vergleichbar, grundsätzlich verschiedene Erfahrungswerte
schematisch und vorübergehend (im fiktiven Kontext) verbinden. Die begriffliche Dissonanz läßt die jeweils implizierten Sachverhalte klarer hervortreten; im konkreten Fall läßt
die Gleichschaltung von "Untertan" und "Mitglied der Gemeinschaft" die fundamentalen Unterschiede der faktischen Zusammenhänge umso bewußter werden, nicht zuletzt deshalb, weil
der den Rahmen der dargestellten Ordnung sprengende Wunsch
des Untertanen Begriffsverschiebungen bzw. Überlagerungen
auslöst, die ein Reflektieren der tatsächlichen Verhältnisse notwendig mit sich bringen, sodaß sich letztlich zwei
gesellschaftliche "Wirklichkeiten" gegenüberstehen: In der
ambivalenten Darstellung, die den Untertanen einerseits tatsächlich als den letzten in der Hierarchie des Machtapparates, von der Herrschaftsposition aus - selbst wenn man wollte
(Bemühungen des Boten) - unmöglich Erreichbaren zeigt, aber
zugleich auch als "Mitglied einer Gemeinschaft", das als solches natürlich damit rechnen kann, daß man sich an ihn wen-
det, wird bewußt, welche Voraussetzungen dem Untertanen fehlen, um gleichberechtigtes, vollwertiges Mitglied der Gemeinschaft zu sein: Diese ließen sich in etwa umschreiben als
Einbezogenwerden, als Teilhaben an der Organisation/Ordnung
und somit als Wissen um die Vorgänge.

In diesem Sinn erweist sich die Literatur Kafkas als Ausdruck von Bewußtseinskonflikten, oder vielmehr jener akuten
Wertkrise, die, in der allgemeinen geschichtlichen Situation gesellschaftlicher Umwälzungen begründet, für die jüdische Bevölkerung entsprechend komplexer war, als für sie
die Komponente ihrer eigenen Tradition, ihrer besonderen
Wertvorstellungen noch dazukam (vgl. Problemstellung). Diese
ihre kulturelle Eigenständigkeit war ihnen aber andererseits
insofern von Vorteil, als sie dadurch über einen Wertmaß-

stab verfügten, die "fremden" Werte, seien es die weitgehend
noch feudalistischen der untergehenden Donaumonarchie oder
jene des Kapitalismus, kritisch, aus der Distanz darzustellen.[1]

Allgemein läßt sich als steuerndes Prinzip der Kafkaschen
Erzählstrukturen das Problematisieren von Bewußtseinsinhalten feststellen, oder, wie Benjamin formuliert, seine "Beschreibung" von "Verschiebungen" erweist sich als "nichts
anderes als Untersuchung", somit als kritische Auseinandersetzung mit "den neuen Ordnungen";[2] als Demaskierung der jeweiligen gesellschaftlichen Implikationen sind sie Anstoß
zur kritischen Reflexion: Auch Kafka selbst betont in seinen
"Aufzeichnungen zur Literatur der kleinen Nationen"[3] die bewußtmachende Funktion der Literatur, nennt als "Vorteile der
literarischen Arbeit" "die Bewegung der Geister ..., die detaillierte Vergeistigung des großflächigen öffentlichen Lebens ...".[4] Kafka bringt damit deutlich zum Ausdruck, daß
Literatur gesellschaftliche Zusammenhänge analysiert; so ist

---

1 Dies gilt u.a. z.B. auch für Josef Roth: Vgl. folgende
  heftige Kritik der Assimilanten, in: Werke, III, Köln
  - Berlin 1956, besonders S. 639: "Sie ['Westjuden'-As-
  similanten] werden Tempeljuden ... Jeder Protestant,
  der sich in einen jüdischen Tempel verirrt, muß zuge-
  ben, daß der Unterschied zwischen Jud und Christ gar
  nicht groß ist und daß man eigentlich aufhören müßte,
  ein Antisemit zu sein, wenn die jüdische Geschäftskon-
  kurrenz nicht gar so gefährlich wäre. Die Großväter
  kämpften noch verzweifelt mit Jehova ... Die Enkel sind
  westlich geworden ... Und darauf sind sie stolz! Sie
  sind Leutnant in der Reserve und ihr Gott ist der Vorge-
  setzte eines Hofkaplans und just jener Gott, von dessen
  Gnade die Könige herrschten." Vgl. a. Deutscher, Isaac:
  The non Jewish Jew, Oxford 1968, S. 27: "Each of them
  was in society and yet not in it, of it and yet not of
  it. It was this that enabled them [die Juden] to rise
  in thought above their societies above their nations ..."

2 Benjamin, Walter: Franz Kafka, Beim Bau der chinesischen
  Mauer, in: Gesammelte Schriften, II, 2, S. 678.

3 Kafka, Franz: Tagebücher 1910 - 1923, Frankfurt 1973, S.
  129 ff.

4 Ebda., S. 129.

41

denn auch in seinen Werken der Untersuchungscharakter[1] vorherrschend, während Gesellschaftskritik im Sinne von konstruktiven Lösungsvorschlägen fehlt, oder, vielleicht besser
gesagt, angesichts der eben aufgezeigten Definition fehlen
muß, weil das "Tagebuchführen einer Nation"[2] eben primär dem
Erfassen und Darlegen der gegebenen Bedingungen gilt:[3] Auch

---

1 Tatsächlich findet sich dieser Aspekt des Untersuchens,
des Erforschens in zahlreichen Werken thematisiert, so geht
es z.b. den Helden der beiden Romane PROZESS und SCHLOSS
darum, das System auszukundschaften, von den Erzählungen
sind u.a. zu nennen: Beim BAU DER CHINESISCHEN MAUER -
im Prinzip eine Studie "vergleichender Völkergeschichte"
(E, S. 294), ja der Erzähler spricht sogar ausdrücklich
von historischer Untersuchung (E. S. 293), weiters sind
anzuführen FORSCHUNGEN EINES HUNDES, EIN HUNGERKÜNSTLER,
DER BAU und schließlich auch BLUMFIELD, EIN ÄLTERER JUNG-
GESELLE, der die Logik der Bällchen zu erforschen sucht.
Zu einem ähnlichen Ergebnis kommen auch Deleuze - Guattari, wenn sie betonen, nur an Experimente Kafkas zu glauben: vgl. Deleuze, Gilles, und Félix Guattari: Kafka.
Per una letteratura minore, Milano 1975: "Crediamo solo
a una sperimentazione di Kafka: non interpretazione o
significanza ma protocolli d'esperienza": Dabei liegt in
dem Nachsatz "weder Interpretation- noch Signifikanz/
Sinngebung, sondern Erfahrungsprotokolle", ein Widerspruch, der letztlich in einem philosophischen Idealismus
begründet zu sein scheint, demzufolge ein "intensiver und
asignifikanter Gebrauch der Sprache"(a.a.O., S. 37, "...
un uso intensivo asignificante della lingua") denkbar ist
(vgl. a. Kritik an Hans Hiebel, S. 31, der sich in seinem Artikel u.a. auf diese Arbeit von Deleuze - Guattari
bezieht); diese philosophische Position wird im folgenden
noch deutlicher, wenn zwischen der ursprünglichen Funktion
der Sprache (a.a.O., S. 39: "la lingua vernacolare, ma-
terna o territoriale ...") und "der Sprache des Sinnes und
der Kultur" (a.a.O., S. 39: "la lingua referenziale, lingua del senso e della cultura, operatrice di riterrito-
rializzazione culturale") unterschieden wird, wodurch es
möglich wird, "Erfahrungsprotokolle" einer "Signifikanz/
Sinngebung" kontrastierend gegenüberzustellen, anstatt jene Erfahrungsprotokolle als spezifischen Kulturausdruck
zu begreifen und als solchen in seiner historischen Bestimmtheit zu erschließen.

2 Kafka, Franz: Tagebücher 191o - 1923, S. 129 (25. Dez. 1911).

3 Diese wesentliche Unterscheidung entgeht einer Lukácsschen Literaturkritik, deren umfassende Kategorien, der
Dialektik von Erscheinung und Wesen gelten und folglich
nur einen konkreten Erkenntnisbeitrag, ein Ergebnis, ein

EINE KAISERLICHE BOTSCHAFT bricht ab, sobald die Reflexion
der dargestellten Ordnung hinreichend vorbereitet ist. Der
abschließende Wunsch des Untertanen bringt unwillkürlich
Fragen mit sich wie: Ob es u.U. möglich wäre, was anderes
sein müßte, damit es möglich wäre usf. Daraus ergibt sich
jene begriffliche Problematisierung, von der die gesamte
fiktive Ordnung in gleicher Weise betroffen wird, sodaß z.
B. der "Kaiser" im veränderten assoziativen Feld vom unbedingten (selbst der Tod ändert nichts daran) und unerreichbaren Herrscher zur Autorität wird, mit der sich die Idee
einer direkten, zwischenmenschlichen Beziehung verbinden
läßt (vgl. Definition n. Hofmann, S. 26).[1] - Zudem stellt
dieses Vorherrschen des reflektiven Momentes in der Literatur Kafkas, das vor allem im Zusammenbringen von Widersprüchen begründet liegt, eine weitere Verbindung zur geistigen Tradition des Judentums her, dessen wichtigstes kul-
turelles Dokument, der Talmud, im wesentlichen eine Darstellung widersprechender Meinungen ist:

> "Die Talmudisten haben keine abschließende These über
> die Einheit dieser Widersprüche [der verschiedenen
> Schulen] über das dialektische Verhältnis innerhalb
> der Tradition aufgestellt." 2

Resultat erfassen können, jedoch angesichts der Darstellung einer Vielfalt von Erfahrungswerten, deren Gegenüberstellung im allegorischen Verfahren die Diskrepan-
zen im Bewußtseinsbereich erfaßt, nur die "Allegorie eines transzendenten Nichts" (zit. S. 29) feststellt -
darin paradoxerweise den Ergebnissen von Deleuze - Guattari nahe, die jedoch aufgrund ihrer theoretischen Aus-
gangsposition positiv formulieren: Deleuze, G., und F.
Guattari: a.a.O., S. 43: "Si farà una sintassi del gri-
do, che si unirà alla sintassi rigida di questo tedesco dissecato. Lo si spingerà sino a una deterritorializzazione che non sarà più compensata dalla cultura
o dal mito, una deterritorializzazione assoluta ..."

1 Zur genaueren Untersuchung dieses Aspektes ist auf das
zweite Großkapitel des ersten Untersuchungsteiles, der
der Herrschaft gilt (II: Kaiser) sowie auf das Kapitel
"Die Autorität der Ordnung" des zweiten Teiles zu verweisen.

Auch Benjamin verweist auf diesen kulturellen Zusammenhang, wenn er die Erzählweise Kafkas mit jenen "Geschichten
und Anekdoten des rabbinischen Schrifttums" vergleicht, "die
der Erklärung und Bestätigung der Lehre - der Halacha - dienen",[1] und bemerkt:

> "Wie die haggadischen Teile des Talmud so sind auch
> diese Bücher Erzählungen, eine Haggadah, die immer-
> fort innehält, in den ausführlichsten Beschreibungen
> sich verweilt ..." [2]

BEIM BAU DER CHINESISCHEN MAUER

Erstreckt man nun diese Untersuchung der kontrastieren-
den Begrifflichkeit auf den übergreifenden Erzählkontext,
so ergibt sich, daß auch BEIM BAU DER CHINESISCHEN MAUER

---

2 Scholem, Gershom: Über einige Grundbegriffe des Judentums,
Frankfurt 1976, S. 1o3; Scholem betont im folgenden ausdrücklich die zentrale Bedeutung der Reflexion, S. 1o5:
"Im Judentum wird die Tradition das reflektive Moment,
das sich zwischen das Absolutum des göttlichen Wortes ...
und dessen Empfänger stellt."

1 Benjamin, Walter: Franz Kafka: Beim Bau der chinesischen
Mauer, in: Gesammelte Schriften, II, 2, S. 679.- Vgl. dazu folgende Definition des Verhältnisses von Aggada (oder
Haggadah) zu Halacha (Lehre, Satz), in: Bialik, Chajim
Nachman: Halacha und Aggada, in: Der Jude, Jg. 4 (1919),
S. 62: "So sind ... Halacha und Agada in Wahrheit zwei Dinge, die eines sind, zwei Gesichter e i n e s Wesens. Ihr
Verhältnis zueinander ist wie das des Wortes zum Gedanken
und Gefühl, oder wie das der Tat und sinnlichen Gestalt
zum Worte. Die Halacha ist die Kristallisation, das letz-
te und notwendige Ergebnis der Aggada, die Aggada die wieder flüssig gewordene Halacha." Dabei ist zu bemerken, daß
Benjamin auf diese Studie in seinen Briefen hinweist: Benjamin, Walter: Briefe, II, S. 617 (Brief an Gerhard (Gershom) Scholem, der diesen Artikel aus dem Hebräischen ins
Deutsche übersetzt hatte): "Einige dringende Bitten voraus: 1) wenn irgend möglich mir 'Hagadah und Halacha' von
Bialik baldigst zugänglich machen; ich benötige die Lektüre ..."

2 Benjamin, Walter: Beim Bau der chinesischen Mauer, S. 679.

in ganz ähnlicher Weise Darstellung von gegensätzlichen
Auffassungen und Wertungen ist.

Was nun jenen Pol des fiktiven Geschehens betrifft, der
hier als "Untertan" untersucht wird, so ist zunächst zu sagen, daß diese Position gespalten ist: Der Erzähler ist zugleich einer ("Ich", E, S. 29o) jenes Volkes ("Wir", E, S.
289)[1] von Unterdrückten, deren Bedingungen er untersucht.
Dabei wird die Unterdrückung auch hier wiederum als tota-
les Ausgeschlossensein von den Vorgängen im Machtbereich
dargestellt, so etwa wenn es heißt, daß dieses Volk nicht
weiß, "welcher Kaiser regiert, und selbst über den Namen der
Dynastie bestehen Zweifel" (E, S. 296). Diese und ähnlich
denotative sowie konnotative Elemente[2] geben den nötigen
Kontext, um das darauffolgende Bild der unumgänglichen Unterdrückung als Metapher der dargestellten Interaktionsbedingungen zu verstehen:

> "Kommt einmal, einmal in einem Menschenalter, ein kai-
> serlicher Beamter,...,zufällig in unser Dorf, stellt
> im Namen der Regierenden irgendwelche Forderungen,
> prüft die Steuerlisten, wohnt dem Schulunterricht bei,
> befragt den Priester über unser Tun und Treiben, und
> faßt dann alles,...,in langen Ermahnungen an die her-
> beigetriebene Gemeinde zusammen, dann geht ein Lächeln
> über alle Gesichter ... Wie, denkt man ..., dieser
> Kaiser ist doch schon längst gestorben ... Ernstlich
> gehorchen aber werden wir nur unserem gegenwärtigen
> Herrn ... Und hinter der davoneilenden Sänfte des Beam-
> ten steigt irgendein willkürlich aus schon zerfallener
> Urne Gehobener aufstampfend als Herr des Dorfes auf."
> (E, S. 297)

Ähnlich wie in der "Sage" kommt auch hier wiederum die
unüberbrückbare Distanz zum Ausdruck, die jegliche Verstän-

---

1 Vgl. a. Richter, Helmut: Franz Kafka, Werk und Entwurf,
  S. 223: "Ein einfacher Bürger des Landes erzählt seine
  Beobachtungen und Gedanken beim Bau der Großen Mauer."

2 Z.B.: die "Sage" selbst sowie die übrige Charakterisierung der Situation des Volkes: "Wie aber sollten wir davon erfahren - Tausende Meilen im Süden - ... Außerdem
  aber käme jede Nachricht, selbst wenn sie uns erreichte,
  viel zu spät, wäre längst veraltet." (E, S. 295)

digung zwischen der "Führerschaft" bzw. dem "Kaiserreich"
und den Untertanen unmöglich macht, sodaß die Grundsituation
dieser Ausgeschlossenen, Nicht-Informierten, Beherrschten
im wesentlichen durch Unterdrückung gekennzeichnet ist, was
zur Folge hat, daß ihre Handlungsperspektive eine negative
ist, ihre Handlungen im wesentlichen "Reaktionen auf grenzenlose Macht"[1] sind, die jedoch insofern ihre relative Autonomie bewahren, als sie einem Wertmaßstab verpflichtet sind,
der einen grundlegend anderen Ordnungszusammenhang impli-
ziert: Dadurch wird es möglich, daß die an sich statisch
konzipierten, übermächtig und erdrückend dargestellten
Herrschaftsverhältnisse, zumindest auf der Ebene der Begrifflichkeit, relativiert werden: So ist z.B. im gegebenen
Fall der eben zitierten Stelle die Position der Leute des
Volkes dadurch bestimmt, daß sie "wie Zu-spät-Gekommene"
(E, S. 295) von dem, was vor sich geht, nichts wissen,[2]
dieser Rolle widerspricht jedoch ihre kritische Skepsis dem
kaiserlichen Beamten gegenüber, der, im Namen einer von ihnen totgeglaubten Autorität, Forderungen stellt etc. (vgl.
Zitat). Diese Reaktion ist Ausdruck eines Verantwortungsgefühls und damit einer geistigen Aktivität, die als assoziative Komponente den Kontext der "Unterdrückung und Bevormundung" sprengen und einen anderen begrifflichen Zusammenhang miteinbringen, der eine Verbindung sowohl zu jener Idee
des Volkes als Stützen des Kaisertums (E, S. 295, die
als solche befragt werden sollten), herstellt, als auch
zu jener begrifflichen Gleichschaltung des "Untertanen" mit
"Mitglied der Gemeinschaft", wie es sich aus der semantischen Ambivalenz der "Sage" ergibt. Wie in EINE KAISERLICHE
BOTSCHAFT liegt auch hier wiederum der Konflikt in ihrer

---

1 Adorno, Th. W.: Aufzeichnungen zu Kafka, in: Prismen,
  S. 318.

2 E, S. 295: "Von diesen Kämpfen und Leiden [im Machtbereich]
  wird das Volk nie erfahren..."

Grundbedingung der räumlichen Trennung, die "eine eigentüm-
liche zeitliche Unwirklichkeit"[1] bedingt und sie sozusagen
außerhalb der Geschichte ansiedelt, was zwar einerseits ein
"gewissermaßen freies, unbeherrschtes Leben..." bedeutet,
"das unter keinem gegenwärtigen Gesetze steht und nur der
Weisung ... gehorcht, die aus alten Zeiten ... herüberreicht"
(E, S. 298), aber andererseits immer wieder zum Opfer der
herrschenden Mechanismen werden läßt, da ihnen die nötigen
Mittel fehlen, diese zu durchschauen, sodaß sie z.B. während
sie sich in Bedenken über die Rechtmäßigkeit der Forderungen
des Beamten verweilen, bereits "irgendein ... Herr des Dorfes"[2] unterdrückt. Auch hier (wie in EINE KAISERLICHE BOT-
SCHAFT) ist es wiederum ihr Standort außerhalb des gesellschaftlichen Zentrums (Peking/Kaiser), d.h. außerhalb der
geschichtlichen Zusammenhänge ("So bereit ist man bei uns,
die Gegenwart auszulöschen", E, S. 298), der ihre Auffassung
hinsichtlich des Kaisers (E, S. 298) bestimmt und auch ihre
"Schwäche der Vorstellungs- oder Glaubenskraft..." (E, S.
298) ausmacht, die sie dazu verurteilt, immer wieder zu unterliegen, nie aufzukommen, außerstande, "... das Kaisertum
aus der Pekinger Versunkenheit in aller Lebendigkeit ... an
[die] Untertanenbrust zu ziehen ..." (E, S. 299). Andererseits ist diese ihre besondere Stellung außerhalb der Geschichte aber auch "geradezu der Boden, auf dem wir leben"
(E, S. 299), d.h. ihre Tradition, auf die sich ihre kritischen Überlegungen und Untersuchungen stützen.

---

1 Richter, Helmut: Franz Kafka. Werk und Entwurf, S. 223.

2 Dabei kommt in diesem Bild genau jene Hierarchie einer
feudalen Ordnung zum Ausdruck, wie sie in theoretischen
Arbeiten zu dieser Gesellschaftsordnung hervorgehoben
werden; vgl. z.B. Fasoli, Gina: a.a.O., S. 3o6, wo die
"hierarchische" Abstufung von "... sovrano" (der im Text
durch den kaiserlichen Beamten vertreten ist) über "feu-
datorio" (Feudalherr, dem "irgendein ... HERR des Dorfes" im Text entspricht), bis hin zu den Menschen die im
Lehen wohnen, aufgezeigt wird: "Il feudo è comunque un
bene che implica il giuramento di fedeltà prestato ...
al sovrano e che comporta il giuramento di fedeltà al
feudatario da parte degli uomini residenti nel feudo ..."

Ähnlich wird in einem Artikel der "Selbstwehr" das Verhältnis der Juden zur Geschichte und den im geschichtlichen
Zusammenhang geltenden Werten definiert:

> "Aber die Juden sind fertig in die Geschichte einge-
> treten, mit ihrer Sprache, Literatur, Verfassung, mit
> einer ganzen Weltanschauung, einem Komplex von Sitten
> und Gebräuchen. Deshalb entstanden die Schmerzen der
> Assimilation. Deshalb behaupten wir, die Assimilation
> ist nicht möglich." 1

Ähnlich wie die Juden bestimmte Werte in die moderne Gesellschaft eingebracht haben, relativieren auch in dieser Erzählung jene Werte, die der "Weisung und Warnung ... aus alten Zeiten" (E, S. 298) verpflichtet sind, die dargestellte
Ordnung, wobei im wesentlichen folgende drei Aspekte hervor-
zuheben sind: zunächst einmal das Verlangen nach Wissen um
die gesellschaftlichen Vorgänge,[2] ferner eine Auffassung
von Arbeit als konstruktive Zusammenarbeit, wie sie im Teil
des Mauerbaus immer wieder anklingt ("dauerndes Gefühl der
persönlichen Verantwortung der Bauenden [war] ... unumgäng-
liche Voraussetzung für die Arbeit", E, S. 289), und eng mit
diesen beiden Werten verbunden schließlich eine Vorstellung
von oberster gesellschaftlicher Instanz als Autorität und
nicht als anonyme - weil unerreichbare - Herrschaftsposition:
Auf diesem prinzipiellen Unterschied beruht auch folgende
Gegenüberstellung im Text: "Der Kaiser als solcher ... wiederum groß durch alle Stockwerke der Welt. Der lebendige
Kaiser aber, ein Mensch wie wir..." (E, S. 295).

Es erscheint nun angebracht, diese aus der unterschiedlichen Konzeption der gesellschaftlichen Rollen sich ergebenden semantischen Inkongruenzen in den entsprechenden kulturellen Traditionszusammenhang zu stellen, d.h. eine histo-

---

1 Eine zionistische Massenversammlung in Prag. Vortrag Dr.
  Schemarya Lewin.- In: Selbstwehr, Nr. 43 v. 25.1o.1912,
  S. 2 f.

2 "Wir waren freilich ... immer bestrebt, irgend etwas ...
  zu erfahren, aber so merkwürdig es klingt, es war kaum
  möglich, etwas zu erfahren", E, S. 295 - wobei zugleich
  die Unvereinbarkeit der althergebrachten Werte mit der
  herrschenden Ordnung deutlich wird.

rische Dekodierung unter Zuhilfenahme der jeweiligen kulturellen Matrizen zu versuchen, wobei es unumgänglich ist,
auch jene gesellschaftlichen Erfahrungen einzubeziehen,
die zur Ausbildung der jeweiligen Tradition und den damit
verbundenen Wertvorstellungen geführt haben. Der Vorteil
eines derartigen interpretativen Verfahrens liegt m.E. darin, daß es aufgrund der besonderen Beachtung der spezifischen geschichtlichen Bedingtheit der einzelnen literarischen Strukturelemente - und zwar sowohl was die Mimesis
der Handlungen betrifft, als auch im Hinblick auf die "Bild-
welt" - ein differenziertes Verständnis des literarischen
Werkes erlaubt. Wenn man sich z.B. nicht damit begnügt,
"eine Ambivalenz zwischen Aufgeklärtheit und obrigkeitsge-
treuer Unterwürfigkeit"[1] festzustellen, sondern diese als
Ausdruck unterschiedlicher kultureller Matrizen des historischen Momentes begreift, wird es möglich, jenen oberflächli-
chen Gegensatz anhand einer Untersuchung der jeweiligen Wert-
implikationen auf der Basis der grundlegenden Ambivalenz von
"Autorität" und "Herrschaft" zu verstehen: Es ist nicht der
Chronist und auch nicht das Volk, die zwischen "Aufgeklärtheit und ... Unterwürfigkeit" schwanken, sondern die Diskrepanz liegt vielmehr darin, daß in der dargestellten Ordnung, die
eindeutig herrschaftsbestimmte und im besonderen feudale
Verhältnisse evoziert, jene gesellschaftliche Idee, die Autorität an Stelle von Herrschaft voraussetzt (vgl. Wertmaßstab der "Untertanen"), zum Unterliegen verurteilt ist, da
die herrschenden Prinzipien diese "Aufgeklärtheit", die die
oberste gesellschaftliche Instanz als "Autorität" anerkennt
und gerade deshalb in gewissem Sinn als Partner interpre-
tiert,[2] zur "Unterwürfigkeit" werden lassen.

---

1 Beicken, P. U.: a.a.O., S. 312.
2 E, S. 295: "Außer den Feldgottheiten ... gilt unser Den-

So gesehen ist jene besonders in marxistischen Arbeiten
immer wiederkehrende Kritik der statischen Konzeption des
gesellschaftlichen Prozesses[1] durchaus berechtigt, nur wird
dabei meist außer acht gelassen, daß andererseits jene Kombination einander ausschließender gesellschaftlicher Ideen
in der Fiktion die konkreten gesellschaftlichen Zusammenhänge bewußt werden läßt oder, wie Garaudy formuliert:

> "Er [Kafka] will die Welt weder erklären noch ändern.
> Er deutet ihre Unzulänglichkeit an und fordert zu de-
> ren Überwindung auf." 2

Entscheidend dafür ist, daß in der fiktiven Welt zwei
verschiedene kulturelle Matrizen bzw. Wertvorstellungen
zum Tragen kommen, sodaß sich letztlich eine Gleichschaltung
einander ausschließender Erfahrungswerte ergibt, was den spezifischen Erkenntnisbeitrag dieses allegorischen Verfahrens
ausmacht - oder, wie man es in Anlehnung an Benjamin ausdrük-
ken könnte: Die ambivalente Begrifflichkeit bedingt eine
Zerstörung der Aura, d.h. der mit einem materiellen Sachverhalt verbundenen Erfahrungen und Erwartungen,[3] und zwingt

---

ken nur dem Kaiser ... es hätte dem gegenwärtigen gegol-
ten, wenn wir ihn gekannt, oder Bestimmtes von ihm gewußt
hätten".

1 So vor allem Lukács, Georg: Wider den mißverstandenen Realismus, Hamburg 1958, S. 71, aber auch Richter, Helmut:
a.a.O., S. 288: "Kafka ... bleibt bei der Feststellung
einzelner Gegensätze stehen, die er zu einem geschlossenen Weltbild verabsolutiert ..." Vgl. auch derselbe, S.
291: "Er schließt die Entwicklung und Lösung der Widersprüche ... aus."

2 Garaudy, R.: Kafka, die moderne Kunst und wir, in: Raddatz, Fritz J. (Hrsg.): Marxismus und Literatur, III,
Reinbek bei Hamburg 1969, S. 2o2.

3 Benjamin, Walter: Über einige Motive bei Baudelaire, in:
Gesammelte Schriften, I.2, S. 644: "Wenn man die Vorstellungen, die in der mémoire involontaire beheimatet, sich
um einen Gegenstand der Anschauung zu gruppieren streben,
dessen Aura nennt, so entspricht die Aura am Gegenstand
einer Anschauung eben der Erfahrung, die sich an einem
Gegenstand des Gebrauchs als Übung absetzt."

50

dadurch zur erneuten Auseinandersetzung mit der Sache selbst: Wenn, wie in BEIM BAU DER CHINESISCHEN MAUER, "unser Volk" "die Untertanen" - eine Gleichsetzung, die unter anderem auch "die Sage" nahelegt (E, S. 295 f.) -, andererseits auch "wir, die Erbauer" (E, S. 289) sind, von denen es auch heißt "wir vom Mauerbau wissen es anders [besser als der Kaiser] und schweigen" E, S. 294, so bewirken diese entfremdenden Kontexte, daß aufgrund der begrifflichen Dissonanz die jeweiligen konkreten Zusammenhänge bewußt werden und dadurch eine Auseinandersetzung mit einer konkret gesellschaftlichen Problematik unvermeidlich wird: Die zwischen "Untertan" und "Mitglied der Gemeinschaft" (vgl. EINE KAISERLICHE BOTSCHAFT) schwankende Darstellung bewirkt durch ihre verunsichernde Ungewöhnlichkeit (Entfremdung) ein Überdenken der entsprechenden gesellschaftlichen Implikationen, führt sozusagen zum Bewußtwerden der Aura, wodurch zugleich die jeweilige gesellschaftliche Praxis - die k. und k. Monarchie als im wesentlichen noch feudalen Prinzipien verhaftete Ordnung[1] sowie das Ghetto im Sinn der jüdischen Gemeinde als theokratisches System[2] - miteingeht.

In diesem Zusammenhang läßt sich m.E. neben den von Lukács bereits hervorgehobenen Unterschieden zum Expressionismus[3] eine weitere Besonderheit der Kafkaschen Erzählwelt feststellen, die darin begründet liegt, daß bei ihm das Herausheben aus dem traditionell festgesetzten Zusammenhang zugleich ein Hineinstellen in einen anderen kulturellen Kon-

1 Vgl. z.B. Althaus, Horst: Zwischen Monarchie und Republik, München 1976, S. 12 ff.

2 Vgl. dazu z.B.: Stölzl, Christoph: a.a.O., S. 1o8: "Die Juden, die sich vor der Assimilation kaum am Wertsystem der sie umgebenden christlichen Gesellschaft orientiert hatten, deren Prestigekoordination sich an das jüdische Gesetz und das jüdische Wissen geknüpft hatten, lernten, sich mit anderen Augen zu sehen."

3 Lukács Georg: Wider den mißverstandenen Realismus, S. 55, wo er die "... realistische Detailauffassung bei Kafka" betont.

text bedeutet,[1] und damit Kritik anhand ganz bestimmter Gegenwerte, wodurch er sich insofern von den Avantgardisten
unterscheidet, als bei ihm "die gesellschaftliche Welt" eben
nicht als "prinzipiell unveränderbar"[2] erscheint. Ausschlaggebend dafür ist jene Hoffnung auf Veränderung (eine Art
"Perspektive"), die im Wertmaßstab der Kafkaschen Helden
(vgl. S. 29 f.) begründet liegt,[3] der insofern tatsächlich
"der Boden" ist, "auf dem wir leben", sich aber, da er der
"Weisung und Warnung ... aus alten Zeiten" folgt, nicht
behaupten kann, sodaß sich diese Helden mit der Kritik der
gegebenen Verhältnisse begnügen müssen,[4] jedoch im wesentlichen nicht aufkommen können, zum Untertanendasein verurteilt
sind, und es ihnen nicht gelingt, "das Kaisertum an ihre Untertanenbrust zu ziehen". Dieses Fehlen adäquater Mittel,
das die Kafkaschen Helden zu Anti-Helden werden läßt, ist
jedoch keineswegs gleichbedeutend "mit dem Fehlen einer Alternative".[5] "Ohnmacht"[6] und "Angst"[7] sind motiviert durch
die besondere Situation des Ausgeschlossenseins, des Be-
herrschtseins, erscheinen jedoch nicht als "'ewige', prinzipiell unveränderliche 'condition humaine'",[8], da die Gegen-

---

1 So daß man also nicht von "beliebiger Austauschbarkeit"
  (Lukács, Georg, a.a.O., S. 44) sprechen kann, da es sich
  vielmehr um gezielte Kombination aufgrund bestimmter kognitiver Zusammenhänge handelt.

2 Ebda., S. 71.

3 Vgl. die zusammenfassende Überleitung von der "Sage" auf
  den Gesamttext, in der das Verhältnis Volks - Kaiser wie
  folgt ausgedrückt wird: "... so hoffnungslos und hoffnungs-
  voll, sieht unser Volk den Kaiser." (E, S. 296).

4 So z.B. an einer "... Regierung ..., die im ältesten
  Reich der Erde bis heute nicht imstande war ..., die Institution des Kaisertums zu solcher Klarheit auszubilden,
  daß sie bis an die fernsten Grenzen des Reiches unmittelbar und unablässig wirke". (E, S. 298)

5 Richter, Helmut: a.a.O., S. 312, Anm. 13.

6 Lukács, Georg: a.a.O., S. 33.

7 Ebda.

8 Ebda.

werte "Autorität" anstelle von "Herrschaft", "Zusammenarbeit"
und "Wissen" relativierend wirken.

Eine Untersuchung des gemeinsamen ideologischen Momentes
dieser Gegenwerte, die durch den Parameter des Untertanen
eingebracht werden, indem durch kontextfremde, wertende Konnotationen die dargestellte Ordnung sowie das damit verbundene begriffliche Assoziationsfeld durchbrochen wird, legt
die Verbindung zur jüdischen Tradition im allgemeinen und
zur spezifisch jüdischen Gesellschaftsordnung im besonderen
nahe, vor allem was das demokratische Grundprinzip, die Beteiligung aller,[1] betrifft:

> "The basis of the Jewish constitution is the convenant
> of Sinai and the consent of the community. It is the
> united will of the people and their consent which was
> important for the acceptance of the Torah." 2

In dieser rechtsphilosophischen Studie wird auch darauf hingewiesen, daß die jüdische Gesellschaftsordnung seit jeher
auf Autorität und nicht auf Herrschaft begründet war:

> "... the basic sovereignity of the people ... was for-
> tified by the fact that the kings were never supreme
> autocrats, but always remained u n d e r the law ...
> It was indeed much more than a mere consent which was
> the instrument of creating the office of king. The
> people demanded it." 3

---

1 Im Teil des Mauerbaues wird im besonderen das verbindende
Moment der Arbeit (vgl. die folgende Analyse dieses Aspektes) besonders betont: E, S. 291: "... die Lust, wieder am
Volkswerk zu arbeiten, wurde unbezwinglich. Sie reisten
früher von Hause fort ..., das halbe Dorf begleitete sie
..., niemals hatten sie gesehen, wie groß und reich und
schön und liebenswert ihr Land war."

2 Kagan, Kahana K.: Three great systems of jurisprudence,
London 1955, S. 96.

3 Ebda., S. 97. Zudem wird bei Kagan auch ausdrücklich der
wesentliche Unterschied zur feudalen Ordnung hervorgehoben: ebda., S. 139: "We have already seen that feudalism,
which had no existence in the Jewish constitution, created
in England hardships ... It was not solely a matter of
economic suffering resulting from feudalism. Feudalism
did more than that. It created a psychological outlook
which accepted the subjection of the many to the few
as a desirable order of life."

Ebenso ist das Streben nach "Wissen" in der Tradition des
Judentums verankert, ja stellt sogar einen der höchsten
Werte dar:

> "Das biblische Grundgebot schärfte die Vorschrift des
> fortwährenden Studiums bei Tag und bei Nacht, daheim
> und auf der Reise, im Selbststudium und im Unterricht
> der eigenen Kinder ... mit Nachdruck ein ... Dazu kam
> die religiöse Würde und Weihe, welche die Thora ...
> und ... ihr Studium umgab. So wurde dieses Thorastu-
> dium in seinem ausgedehnten Umfang zu einem geradezu
> wissenschaftlichen Studium, welches ohne Ausnahme das
> ganze Volk ergriff ..." 1

Im eigentlichen Mauerbau-Teil, in dem sozusagen die gesellschaftliche Problematik am Beispiel "Arbeit" durchge-
spielt wird, läßt sich ebenfalls ein derartiges Nebeneinander von Ideologien feststellen. Einerseits erscheint ein po-
sitives Verhältnis des Volkes zur Arbeit nur dann gewährleistet, wenn es sich in das Projekt einbezogen fühlt;[2] dabei
hängt ihre Bereitschaft, sich einzusetzen für sich und die
anderen, für ihr Volk (vgl. E, S. 291), im wesentlichen von
folgenden Faktoren ab:

> "... Begierde, gründlichste Arbeit zu leisten, [aber
> auch] ... Ungeduld, den Bau in seiner Vollkommenheit
> endlich entstehen zu sehen." (E, S. 29o)

Die Qualität der Arbeit (des Mauerbaus) hängt demgemäß
davon ab, daß die Anzahl der "Maurer, die viel über den Bau
nachgedacht hatten und nicht aufhörten, darüber nachzuden-
ken", möglichst hoch ist; dabei wird das Verhältnis Arbeit -
Wissen als eines wechselseitiger Abhängigkeit gezeichnet:
Einerseits ist eine wertvolle Arbeit untrennbar mit einer
entsprechenden wissenschaftlichen Vorbereitung, Schulung

---

1 Cohen, Hermann: Die Religion der Vernunft. Aus den Quellen
  des Judentums, Frankfurt 1919, S. 523. Vgl. dazu auch die
  "lehrbedürftigen Kinder", die die Männer dieses Volkes verlassen müssen, wenn sie in der Ferne beim Mauerbau arbeiten;
  E, S. 294.

2 Dazu war schon auf der niedrigsten Stufe der Koordination
  "ein Mann" nötig, "der imstande war, bis in die Tiefe des
  Herzens mitzufühlen, worum es hier ging" (E, S. 29o).

54

(vgl. E, S. 29o) verbunden, andererseits ist jedoch Wissen
ohne praktische Anwendungsmöglichkeit sinnlos, ja gefährlich:

> "... viele ... wußten jahrelang mit ihrem Wissen nichts
> anzufangen, trieben sich, im Kopf die großartigsten
> Baupläne, nutzlos herum und verlotterten in Mengen."
> (E, S. 29o)

Diese Auffassung von Arbeit entspricht jenem Arbeitsmythos,
den Tamar Bermann als einen der grundlegenden gesellschaftlichen Werte der jüdischen Tradition herausstellt.[1] Es ist
dies zugleich ein Arbeitsbegriff, der Herrschaft ausschließt:
"Liebe die (physische) Arbeit und hasse Herrschaft (über andere)."[2] Im Rahmen dieser Wertvorstellungen stellt das "System des Teilbaus" die "Kernfrage des ganzen Mauerbaues"
(E, S. 291) dar.

Andererseits stellt sich das "System des Teilbaues" E, S. 291, als
"unzweckmäßig" (E, S. 293) heraus: für eine Gesellschaftsordnung nämlich, die Arbeit im wesentlichen als Ausführung eines herrschaftlichen Befehls begreift. In einem derartigen
ideologischen Kontext ist ein "Volkswerk" (E, S. 291) im
Sinne der verantwortungsbewußten, verständigen Mitarbeit aller prinzipiell unmöglich, da dieses Volk auf ein Untertanendasein eingeschränkt ist, oder, wie es in Übereinstimmung mit
dieser kulturellen Matrix heißt:

> "Wir ... haben eigentlich erst im Nachbuchstabieren
> der Anordnungen der obersten Führerschaft uns selbst
> kennengelernt und gefunden, daß ohne die Führerschaft
> weder unsere Schulweisheit noch unser Menschenverstand
> für das kleine Amt, das wir innerhalb des großen Ganzen
> hatten, ausgereicht hätte" (E, S. 292).

Unschwer ist hier die ideologische Diskrepanz zu jenen Passagen zu erkennen, in denen die Eigenständigkeit und Würde

---

1 Bermann, Tamar: Produktivierungsmythen und Antisemitismus.
  Eine soziologische Studie, Wien 1973; sie bringt dafür
  Belege aus "rabbinischen Lehren über den Wert der Arbeit":
  z.B. a.a.O., S. 2oo: "Aber alles Torahstudium ohne körper-
  liche Arbeit ist unnütz und führt zur Sünde."

2 Ebda., S. 199 (Talmudstelle).

des Volkes im allgemeinen und des Menschen im einzelnen bedacht wird:

> "Aber für die unteren, geistig weit über ihrer äußer-
> lich kleinen Aufgabe stehenden Männer, mußte anders
> vorgesorgt werden ...; die Hoffnungslosigkeit solcher
> fleißigen, aber selbst in einem langen Menschenleben
> nicht zum Ziel führenden Arbeit hätte sie verzweifelt
> und vor allem wertloser für die Arbeit gemacht. Des-
> halb wählte man das System des Teilbaues." (E, S. 29o)

Unterdrückung kommt jedoch im folgenden noch dadurch verstärkt zum Ausdruck, als dieses Volk als Werkzeug[1] des Herr-
schaftssystems erscheint, insofern es für eine Arbeit verwendet wird, dessen unmittelbare Notwendigkeit und Sinnhaftig-
keit für sie durchaus nicht einsichtig ist:

> "Gegen wen sollte die große Mauer schützen? Gegen die
> Nordvölker. Ich stamme aus dem südöstlichen China.
> Kein Nordvolk kann uns dort bedrohen." (E, S. 293)

In derartigen Herrschaftsverhältnissen, in denen das Volk
so weit von den Machtpositionen entfernt gehalten wird,
daß es nicht einmal weiß, wo die "Stube der Führerschaft"
(E, S. 292) ist, noch sich die Hauptstadt vorstellen kann
(E, S. 296), reduziert sich die begeisterte Einsatzbereit-
schaft des Volkes (vgl. E, S. 29o f.) auf bloße Wahrnehmung
der eigenen Position:

> "Warum also, da es sich so verhält, verlassen wir die
> Heimat ...? Warum? Frage die Führerschaft. Sie kennt
> uns ..., sieht uns alle zusammensitzen in der niedri-
> gen Hütte ..." (E, S. 294)

Auch Richter weist auf diese Grundsituation der äußersten Unterdrückung hin, übersieht aber, indem er sich hier
trotz allem[2] im wesentlichen auf die Kategorie der Wider-

---

1 Richter, Helmut: a.a.O., S. 224: "Der einzelne Arbeiter
  am Bau ist nur ein Werkzeug ohne Einsicht in den Zweck
  seines Handelns, da - nach Kafkas Konzeption - eine täti-
  ge Gemeinschaft des ganzen Landes durch die Bedingungen
  von Zeit und Raum unmöglich ist."

2 Vgl. dazu Richters Kritik an der Lukácsschen Kafka-Inter-
  pretation, die er im Einleitungskapitel deutlich zum Aus-

spiegelung im Lukácsschen Sinn der zusammenfassenden Aussage über die gesellschaftlichen Zusammenhänge stützt, jenes
Moment der kritischen Auseinandersetzung mit der Wirklichkeit, das eben in diesem Aufeinandertreffen widersprechender
Wertvorstellungen liegt: Darauf beruht jene ambivalente semantische Konfiguration, derzufolge eine konstruktive Zusammenarbeit einerseits als undurchführbar, aber andererseits auch
als grundlegend (E, S. 29o) und damit erstrebenswert erscheint. Der Erkenntniswert dieses im Prinzip allegorischen Verfahrens
besteht darin, daß dadurch eine Kombination von divergieren-
den Bewußtseinsinhalten und damit verschiedener traditionell
festgelegter Interpretationen der Wirklichkeit möglich wird,
die insofern als "Schema des Wissens"[1] gelten kann, als die
gegensätzlichen Wertvorstellungen einander kritisch beleuchten. Die an sich statische Konzeption der Herrschaftsverhältnisse[2] wird durch dieses Schwanken zwischen zwei ideologischen Positionen entscheidend eingeschränkt. Die wechselnde
Konzeption der gesellschaftlichen Rollen durchbricht die
Linearität der dargestellten Ordnung, so z.B. in jenem Ab-
schnitt, in dem das Volk zunächst gleichsam als Produkt
der Führerschaft (des Systems)[3] gezeigt wird ("Frage die

---

druck bringt: Richter, Helmut, a.a.O., S. 27: "Das eigen-
tümliche Wesen dieser Werke [Kafkas] als Dichtung, als Ergebnis der konkreten Lebenserfahrung eines bestimmten Menschen unter ganz bestimmten Umständen wurde dabei [in der
Kritik von Lukács] in keinem Falle berücksichtigt ...:
Sie [die Methode Lukács'] unterstellt diesem Dichter ...,
eine Bewußtheit der Umsetzung ideologischer Inhalte, die
jeder Wahrscheinlichkeit entbehrt."

1 Vgl. Benjamin, Walter: Ursprung des deutschen Trauerspiels, S. 359: "Ein Schema ist sie [Allegorie], als dieses Gegenstand des Wissens".

2 Vgl. E, S. 294: "Vielmehr bestand die Führerschaft wohl
seit jeher ...", oder S. 295: "Das Kaisertum ist unsterb-
lich,..."

3 Diese Gleichsetzung von Führerschaft und System wird vor
allem durch die in Fußnote 2 aufgezeigten Parallelen zwischen Führerschaft und Kaisertum nahegelegt.

57

Führerschaft. Sie kennt uns."), der jedoch mit der kritischen Distanzierung seitens des Volkes von eben den Mechanismen des Systems endet:

> "Vielmehr bestand die Führerschaft wohl seit jeher und
> der Beschluß des Mauerbaues gleichfalls. Unschuldige
> Nordvölker, die glaubten, ihn verursacht zu haben, ver-
> ehrungswürdiger, unschuldiger Kaiser, der glaubte, er
> hätte ihn angeordnet. Wir vom Mauerbau wissen es anders
> und schweigen." (E, S. 294)

Damit wird zugleich wieder die Verbindung hergestellt zu
"Wir, die Erbauer" (E, S. 289), und dem damit verbundenen begrifflichen Zusammenhang der Souveränität des Volkes.

Das grundlegende ästhetische Aufbauprinzip liegt m.E.
in diesem Abwechseln der kulturellen Kodes, was jene Kontraste in der Kontextuierung bedingt, die hier am Beispiel des
Untertanen aufgezeigt worden sind: Aus der Untersuchung der
einzelnen Konnotationen (wertenden Komponenten) im Hinblick
auf die damit verbundene Begrifflichkeit geht hervor, daß
sich zwei kulturelle Matrizen alternieren; wie gezeigt werden konnte, lassen sich die widersprüchlichen Kontextuierungen anhand zweier Wirklichkeitsmodelle[1] erklären: So wird die
Idee des Volkes als Träger der Ordnung, die im Wissen um die
Zusammenhänge konstruktive Arbeit leistet, jener Konzeption
des gesellschaftlichen Systems gegenübergestellt, in dem
das Volk von einer unerreichbaren, absoluten Herrschaftsposition aus regiert wird.

Fragt man sich nun, wie Richter vorschlägt, welche konkreten Bedingungen zur Ausbildung einer derartigen "künstlerischen Wirklichkeit"[2] geführt haben, so läßt sich die Widersprüchlichkeit im konkreten Fall unschwer auf jene besondere
Außenseiterposition der Juden zurückführen, die sie, vor al-

---

1 Vgl. Eco, Umberto: a.a.O., S. 4o6, wo er unter kulturellen Kodes verschiedene Wertsysteme (Mythen, Legenden, Re-
  ligionen) als "sistemi di modellizzazioni del mondo" zusammenfaßt.

2 Richter, Helmut: a.a.O., S. 293, zitiert S. 4.

lem seit den Assimilationsbestrebungen, zwang, zweigleisig
zu denken, d.h. die eigenen Werte anhand der neuen zu überdenken, und umgekehrt die modernen Gesellschaften an den eigenen überlieferten Werten zu messen:

> "So kräftig der Assimilationsvorgang auch eingesetzt
> hatte, so intensiv die Prager Juden auch in die sozial
> und kulturell herrschende deutsche Minorität eingegan-
> gen waren, so war dies eben doch ein Prozeß, ein all-
> mählich gesellschaftlicher Vorgang, der sich von sei-
> nem Ausgangspunkt noch nicht völlig entfernt hatte." 1

In diesem Sinn erweist sich die Erzählung als Darstellung
von Konflikten im Bewußtseinsbereich und stellt als solche
gewissermaßen eine Verbindung dar zwischen dem Habsburgmy-
thos, jenem ideologischen Überbau einer historisch bereits
überwundenen ökonomischen Formation, und jenem gleichfalls
mythischen Gesellschaftsbewußtsein des theokratischen Systems der jüdischen Gemeinde, wobei die entscheidende Gemeinsamkeit in einer gewissen geschichtlichen Bezugslosig-
keit zu liegen scheint[2].

Die semantische Analyse der gesellschaftlichen Rollen,

---

1 Hermsdorf, Klaus: Kafka. Weltbild und Roman. Berlin (DDR)
  1961, S. 139.

2 Vgl. dazu Magris, Claudio: Il mito absburgico, S. 41: "...
  il mito alienante nel quale l'impero cercava sostegno nella sua lotta contro la storia, col quale si cercava di
  evadere dalla concreta realtà, sociale e politica."
  Andererseits ist dieses Herausgehobensein aus der Geschichte gleichsam eine Grundbedingung, oder, wie Kafka
  es formuliert, "eine moderne Unzulänglichkeit der Juden"
  (in: Janouch, Gustav: Gespräche mit Kafka, Frankfurt
  1968, S. 146), wie das auch immer wieder in den verschiedensten Dokumenten zur besonderen Situation der Juden zum
  Ausdruck gebracht wird: Vgl. z.B. Goldmann, Nahum: Le paradoxe juif, Conversation en francais avec León Abramowicz, Paris 1976, S. 21: "Bièn sûr, les Juifs étaient pri-
  vés de droit politique, mais en auraient-ils en qu'ils
  n'en auraient probabilment pas fait usage. La politique
  des goyim (les non-Juif) ne les intéressait pas: ce monde
  leur était étranger et ils s'y sentaient comme de passage;
  un jour le Messie viendrait et les emmènerait en Israël.
  Alors, la seule chose importante était de survivre...
  sans trop se soucier de la réalté 'des autres'."

das Zerlegen in die entscheidenden begrifflichen Komponenten, die als solche gesellschaftliche Erfahrungen und Erkenntnisse zusammenfassen und widerspiegeln, hat es ermöglicht, jene kulturelle Vielfalt, aus der Kafkas Werk ent-
standen ist, zu rekonstruieren; dieses Vorgehen erlaubt
es, Kafkas "Rätsel-Spiele"[1] - die vor allem auf einem "Dua-
lismus des Gegensätzlichen" beruhen - als Ergebnis einer
geistigen Auseinandersetzung mit einer konkreten Welt unter ganz bestimmten gesellschaftlichen und kulturellen Voraussetzungen zu erfassen. Dabei geht es im Sinne des Untersuchungsschwerpunktes vor allem darum, die Widersprüchlichkeit der Texte zunächst als Ausdruck gegensätzlicher Wertvorstellungen zu begreifen, um sie im folgenden in den
entsprechenden kulturgeschichtlichen Zusammenhang zu setzen und als Ausdruck ganz bestimmter kultureller Matrizen
verstehen zu können: Auf dem Umweg dieser historischen Dekodierung, die die geschichtlichen und gesellschaftlichen
Voraussetzungen des Kulturproduktes miteinbezieht, erschließt sich die im Werk prinzipiell angelegte Synthese,[2]
d.h. die implizite Kritik verstanden als spezifischer Erkenntnisbeitrag.

Zusammenfassend läßt sich feststellen, daß der grundlegende Widerspruch in BEIM BAU DER CHINESISCHEN MAUER darin
besteht, daß das Volk einerseits als jene Masse von Unter-

---

1 Hiebel, H. H.: a.a.O., S. 1o8.

2 Vgl. Buber, Martin: Das Judentum und die Menschheit, in:
Reden über das Judentum, Frankfurt 1923, S. 2o: "Das Judentum ist nicht einfach und eindeutig, sondern vom Gegensatz erfüllt. Es ist ein polares Phänomen." Ebda., S. 32:
"Das Judentum kann nicht, wie andere Völker, der Menschheit neue Gegenstände, neue Inhalte geben, ..., es kann ihr
vielmehr nur immer neue Einheit für ihre Inhalte geben, immer neue Möglichkeiten der Synthese. Es war religiöse Synthese in den Zeiten der Propheten und des Urchristentums,
es war gedankliche Synthese in der Zeit Spinozas, es war
gesellschaftliche in der Zeit des Sozialismus."

drückten dargestellt wird, die, von Herrschaft überwältigt,
abseits vom Geschehen stehen, und andererseits allein die
Ordnung garantieren und die Qualität der Arbeit bestimmen:
Die "Untersuchung"[1] wird abgebrochen, eine Lösung wird
nicht ausdrücklich gegeben; zur Synthese gelangt man erst
auf dem Umweg der Reflexion der jeweiligen gesellschaftlichen Implikationen der gegensätzlichen Wertungen. In diesem Sinn leistet die Erzählung einen Beitrag zum Auffinden
einer neuen Gesellschaftsform: Es kommt der Gedanke an eine
gesellschaftliche Ordnung auf, die eine Lösung des aufgezeigten Konfliktes zwischen Herrschaft - Autorität erlaubt, und
zwar dergestalt, daß das Volk selbst zur Autorität wird,
die Ordnung selbst verwaltet.

Ausgehend von dieser exemplarisch durchgeführten Untersuchung soll nun im folgenden - darauf aufbauend - das Werk
Kafkas unter besonderer Berücksichtigung der Darstellung der
gesellschaftlichen Problematik analysiert werden. Dabei erweist sich diese methodische Einschränkung durchaus vom Un-
tersuchungsobjekt getragen, insofern im Großteil der Kafkaschen Werke tatsächlich das gesellschaftliche Zusammenleben
und die damit verbundenen Fragen der Organisation dieser Gemeinschaft thematisiert erscheinen.[2]

So findet die Erzählung BEIM BAU DER CHINESISCHEN MAUER
ihre thematische Ergänzung und Fortführung z.T. in EIN ALTES
BLATT aus dem Landarztzyklus, vor allem aber in den 1920[3]
entstandenen Werken: DIE ABWEISUNG, DIE TRUPPENAUSHEBUNG
und ZUR FRAGE DER GESETZE, welches letzteres wiederum eine
Verbindung zu jenen anderen erlaubt, in denen die Darstel-

---

1 E, S. 299: "Und darum will ich in der Untersuchung dieser
  Frage vorderhand nicht weiter gehen."

2 Dies gilt für die drei Romane sowie für den Großteil der
  Erzählungen, vgl. Überlegungen zur Auswahl der Werke.

3 Vgl. Malcolm, Pasley, und Klaus Wagenbach: a.a.O.,
  S. 166.

lung gesellschaftlicher Konflikte als "Untersuchung"[1] der
Gesetze - verstanden als tragende Faktoren jeder Gesellschaft - erfolgt: Es sind dies: DER NEUE ADVOKAT und VOR
DEM GESETZ aus der Sammlung EIN LANDARZT[2] sowie natürlich
auch DER PROZESS.

DIE ABWEISUNG

Diese Erzählung behandelt gleichsam einen Teilaspekt von
BEIM BAU DER CHINESISCHEN MAUER, nämlich das Verhältnis der
Untertanen zur Beamtenschaft, das dort nur kurz angedeutet
wird (s. S. 44, Zitat: "Kommt einmal ... ein kaiserlicher
Beamter..."); gleich bleibt die Konfiguration von Machtposition und Untertanen, deren Grundsituation auch hier wiederum durch Ausgeschlossensein bestimmt ist: Von ihrem "Städtchen" heißt es:

> "... noch viel weiter als bis zur Grenze ist es von
> unserem Städtchen zur Hauptstadt. Während wir von den
> Grenzkriegen hie und da noch Nachrichten bekommen, er-
> fahren wir aus der Hauptstadt fast nichts, wir bürger-
> lichen Leute meine ich, denn die Regierungsbeamten ha-
> ben allerdings eine sehr gute Verbindung mit der Haupt-
> stadt, in zwei, drei Monaten können sie schon eine
> Nachricht von dort haben, wenigstens behaupten sie
> es." (E, S. 31o)

Die fast wörtlich aus BEIM BAU DER CHINESISCHEN MAUER
übernommenen Passagen konstituieren auch hier eine fiktive
Ordnung, in der der negativen Interaktionssituation der Un-
terdrückten/Beherrschten, die auch für den Erzähler bestimmend ist, eine willkürlicher, unerreichbarer Herrschaft gegenübersteht:

> "Dieser Oberst also beherrscht die Stadt. Ich glaube,

---

1 Vgl. dazu S. 42: Das Vorherrschen des reflektiven Moments
  in der Literatur Kafkas.
2 Vgl. a. Beicken, Peter U.: a.a.O., S. 295, wo er auf den
  thematischen Zusammenhang einiger hier genannter Werke
  verweist.

er hat noch niemandem ein Dokument vorgezeigt, das
ihn dazu berechtigt. Er hat wohl auch kein solches
Dokument." (E, S. 31o)

Der prinzipielle Unterschied zwischen den gesellschaftlichen
Rollen wird noch ausdrücklich hervorgehoben:

"Aber wiewohl er ohne allzuviel Unterscheidungen der
Würde unter uns lebt, ist er doch etwas ganz anderes
als die gewöhnlichen Bürger." (E, S. 311)

Die äußerste Unterdrückung dieser "Bürger" hat sie ihrer Hand-
lungsmöglichkeiten beraubt, sodaß sie angesichts ihrer wahren
Rolle   als "Untertanen" konsequenterweise zu dem Schluß kommen müßten:

"...'Nun hast du [der Oberst] uns alles genommen, was
wir hatten, nimm bitte auch uns selbst noch dazu.'" (E,
S. 311)

Entgegen dieser Einsicht werden sie jedoch in ihrem unent-
wegten Bemühen um aktive Teilnahme gezeigt: Sie decken eine
Problematik auf und bringen zugleich auch Vorschläge: So bitten sie, da "das ärmste Stadtviertel ... gänzlich niederge-
brannt" (E, S. 311) ist, "um Steuerbefreiung für ein Jahr,
vielleicht aber auch noch um billigeres Bauholz aus den kaiserlichen Wäldern" (E, S. 312).

Auch hier wiederum verstehen diese "Bürger" ihre Rolle
als eine der Mitverantwortung, wollen aktiv an der Gestaltung des Zusammenlebens teilhaben, was jedoch in grobem Widerspruch zur fiktiven Ordnung steht, die von der denotativen sowie konnotativen Bedeutung folgender Begriffe bestimmt
ist: Die Hauptstadt, verstanden als absoluter Mittelpunkt
und Ausgangspunkt der Ordnung/Regierung, die mit dem Kaiser
eine Einheit bildet [vgl. in BEIM BAU DER CHINESISCHEN MAUER
die Vorstellung: "Peking und sein Kaiser wäre eines" (E, S.
298)]; weiters der Oberst (Titel des Obersteuereinnehmers)
und ferner der Hinweis auf die kaiserlichen Wälder evozieren feudale Verhältnisse, die als solche den Ausschluß der
"bürgerlichen Leute" aus Regierungsangelegenheiten postu-

lieren (vgl. S. 61, Textstelle), sie zu "Untertanen" werden
lassen. Initiativen von seiten der "Bürger" sind nicht vorgesehen und werden folglich auch immer wieder abgewiesen
(mit Ausnahme einiger kleiner Bitten, die der Oberst jedoch
in seiner Eigenschaft "als mächtige Privatperson" (E, S.
313) erfüllt, also nicht offiziell.[1]

Aus der Sicht der gegebenen Ordnung erscheint das Verhalten dieser "Bürger" als unerklärlich, als "merkwürdig":

> "Und nun ist es eben so merkwürdig, daß man ohne diese
> Abweisung gewissermaßen nicht auskommen kann, und da-
> bei ist dieses Hingehn und Abholen der Abweisung
> durchaus keine Formalität." (E, S. 313)

Es wird also ausdrücklich betont, daß das Verhalten der
"Bürger" durchaus keine leere Formel ist, was implizit einen
grundlegend anderen Ordnungszusammenhang voraussetzt, der in
jener anderen die dargestellte Ordnung in Frage stellenden
Passage zum Ausdruck kommt:

> "Und nun ist es merkwürdig ..., wie wir uns in unserem
> Städtchen allem ruhig fügen, was von der Hauptstadt aus
> angeordnet wird. Seit Jahrhunderten hat bei uns keine von
> den Bürgern selbst ausgehende politische Veränderung
> stattgefunden." (E, S. 31o) 2

Damit wird eine Nähe zu den Vorgängen im Machtbereich sowie
eine prinzipiell gleichberechtigte Beteiligung aller ("Bürger") an der Gestaltung der Gemeinschaft postuliert, was im
folgenden durch die Schilderung der gegebenen Machtverhältnisse sofort wieder zurückgenommen wird:

> "In der Hauptstadt haben die hohen Herrscher einander

---

1 Vgl. dazu das Prinzip der Gnade im Feudalismus.

2 Vgl. dazu die Ausführungen zur Situation in der Habsburg-
monarchie in: Althaus, Horst: a.a.O., S. 14: "Abgesehen
von Wien und den Industriegebieten Böhmens bleibt die
Monarchie in der Bourgeoisiebildung zurück ...", s.a.
S. 15: "... die politischen Früchte kann es [Bürgertum]
... nur in einem beschränkten Maße ernten."

abgelöst, ja sogar Dynastien sind ausgelöscht oder
abgesetzt worden ... auf unser Städtchen hat das eigentlich keinen Einfluß gehabt." (E, S. 31o) 1

Dieses unentwegte, wenn auch aussichtlose Streben nach kon-
struktiver Zusammenarbeit, nach Intervention im Verwaltungs-
prozeß ist einem grundlegend anderen gesellschaftlichen Bewußtsein verpflichtet, das vor allem das Prinzip der Herrschaft als Ordnungsfaktor nicht kennt; dies betont Kagan
immer wieder in bezug auf die jüdische Gesellschaftskonzep-
tion:

> "The Hebrew concept of social contract has no room for
> pessimism; it is associated with the high ideas of
> freedom, righteousness and equality. The idea of ab-
> solutism and coercion as the basis of government did
> not exist in Jewish law." 2

Das assoziative Feld feudaler gesellschaftlicher Begriffe
wird durch andere, mit dem absoluten Herrschaftsanspruch
des Feudalismus unvereinbare Wertvorstellungen relativiert;
eine derartige Verbindung von gegensätzlichen Wertungen ist
nur auf der Ebene der Fiktion möglich, und zwar in Form einer Allegorie im Benjaminschen Sinn, die gerade dadurch,
daß sie die jeweiligen konkreten Zusammenhänge klar erkennen läßt, notwendigerweise zum "revolutionären Gedanken"
(E, S. 313) führt, dessen direkte Formulierung jedoch ver-
mieden wird,[3] sodaß auch am Ende dieser Erzählung das Paradoxon steht:

---

1 Vgl. die fast wörtliche Übernahme aus BEIM BAU DER CHINE-
SISCHEN MAUER, E, S. 295: "... der einzelne Kaiser fällt
und stürzt ab, selbst ganze Dynastien sinken endlich nie-
der ... Von diesen Kämpfen wird das Volk nie erfahren, ..."-
Vgl. dazu auch Magris, Claudio, Lontano da dove, S. 25, wo
er vom besonderen Geschichtsverständnis der Juden spricht:
Es ist das Geschichtsverständnis der Diaspora, des Galuth:
"La storia è storia di tramonti, di sconfitte e di vittime:
storia dell'esilio."

2 Kagan, Kahana K.: a.a.O., S. 95.

3 Vgl. a. Schluß der Erzählung BEIM BAU DER CHINESISCHEN
MAUER, wo es heißt: E, S. 299: "Hier [an der Schwäche, die
zugleich der Boden ist, auf dem wir leben] einen Tadel ausführlich begründen, heißt nicht an unserem Gewissen, son-

"Immer wieder frisch und ernst geht man hin [zum Ober-
sten] und geht dann wieder von dort, allerdings nicht
geradezu gekräftigt und beglückt, aber doch auch gar
nicht enttäuscht und müde. Ich muß mich bei niemandem
nach diesen Dingen erkundigen, ich fühle es in mir
selbst wie alle. Und nicht einmal eine gewisse Neugier-
de, den Zusammenhängen dieser Dinge nachzuforschen."
(E, S. 313)

Damit wird zugleich zum Ausdruck gebracht, daß die Antwort,
die Erkenntnis schon implizit mitgegeben ist.

Es läßt sich auch hier wiederum ein kritisches Operieren
mit Bewußtseinsinhalten feststellen - bei gleichzeitiger
Scheu, den entscheidenden Schritt zu tun: Aus Angst vor der
"Tragweite des unbedeutendsten, wie erst gar eines revolutionären Gedankens" (E, S. 313). Dabei ist es vielleicht
interessant anzumerken, daß nicht nur dieser kritische Um-
gang mit Begriffen in der jüdischen Tradition verwurzelt
ist, sondern andererseits eben auch jenes Moment, das Joseph
Roth als "Konservatismus des Judentums"[1] bezeichnet, für dieses Zurückschrecken im entscheidenden Moment verantwortlich
gemacht werden kann. Dabei kommen jene grundlegenden jüdischen Werte des Wissens einerseits sowie Autorität/Gesetz
andererseits in gleicher Weise zum Tragen, sodaß die dargestellte Welt im wesentlichen Ausdruck einer kritischen
Auseinandersetzung mit gesellschaftlichen Werten ist, worin die spezifische Geschichtlichkeit des Kafkaschen Werks
liegt, das jedoch keine Synthese im Sinne einer Lukácsschen
Widerspiegelung der gesamtgesellschaftlichen Kräfteverhältnisse gibt, sondern vielmehr eine Problematisierung der
Vorgänge im Bewußtseinsbereich[2] darstellt, die aufgrund

---

dern ... an unseren Beinen rütteln. Und darum will ich in
der Untersuchung dieser Frage vorderhand nicht weiter gehen."

1 Roth, Joseph: Juden auf Wanderschaft, Werke III, Köln -
  Berlin 1956, S. 655, wo er dafür folgende Erklärung gibt:
  "Religion und Sitte verbieten jede Gewaltsamkeit, verbieten Aufruhr, Empörung und sogar offenen Neid"; vgl. a. Anmerkung 1, S. 64.

2 Vgl. Benjamin Walter: Ursprung des deutschen Trauerspiels,
  in: Gesammelte Schriften I, S. 391, wo es im besonderen
  über die Allegorie heißt: "Denn die Allegorie ist beides

besonderer Handhabung einzelner Begriffe die konkreten gesellschaftlichen Zusammenhänge bewußt werden läßt: so z.B.
wenn der Begriff "Bürger", der prinzipiell Mitverantwortung
und Gleichberechtigung denotiert [worauf in der Erzählung
auch kurz hingewiesen wird: "Seit Jahrhunderten hat bei
uns keine von den Bürgern selbst ausgehende politische Veränderung stattgefunden" (vgl. Zitat S. 63)], in folgendem
poetischen Kontext bzw. Bild erscheint:

> "Inzwischen hatte sich der ursprünglich zum Redner Be-
> stimmte gesammelt und, von zwei Mitbürgern fest ge-
> stützt, hielt er die Ansprache. Rührend war, wie er
> bei dieser ernsten, das große Unglück schildernden Re-
> de immer lächelte, ein allerdemütigstes Lächeln...
> Schließlich formulierte er die Bitte ..." (E, S. 312)

Die damit gegebenen Konnotationen verweisen auf ein anderes Denotat, das mit Unterdrückung assoziiert wird: "Untertan" und "Bürger" beleuchten sich gegenseitig, das Denk-Bild,
die Allegorie, bringt die jeweiligen konkreten Zusammenhänge
zum Ausdruck (ist Ausdruck der konventionell festgelegten Bedeutung; vgl. Fußnote 2, S. 65), läßt sie erkennen oder, wie
Emrich formuliert:

> "Die Unfähigkeit, historisch zu werden [im Sinne einer
> Lukácsschen Widerspiegelung], wird zur Fähigkeit, Welt
> und Geschichte zu durchschauen und zu beenden." 1

Im Gegensatz zur Studie Emrichs wird in der vorliegenden
Arbeit nicht zwischen "Welt" als überzeitliche Seinskatego-
rie und "Geschichte" unterschieden: Die im Werk Kafkas angelegte "Untersuchung" wird vielmehr als eine geschichtlich-
gesellschaftlich begründeter Bewußtseinsinhalte begriffen,

Konvention und Ausdruck; und beide sind von Haus aus wider-
streitend. Doch so wie die barocke Lehre überhaupt Geschichte als erschaffenes Geschehn begriff, gilt ... die Allegorie, wenn schon als Konvention wie jede Schrift, so doch
als geschaffene ... [und ist insofern] ... nicht Konvention
des Ausdrucks, sondern Ausdruck der Konvention."

1 Emrich, Wilhelm: Franz Kafkas Bruch mit der Tradition und
  sein neues Gesetz, in: Protest und Verheißung, Studien
  zur klassischen und modernen Dichtung, Frankfurt, Bonn
  1963[2], S. 233 f.

sodaß ein Zugang zur prinzipiell angelegten Synthese der Gegensätze[1] nur über die Reflexion der kulturellen und gesellschaftlichen Implikationen möglich erscheint. Dieses methodische Vorgehen, das durch Nähe zum Text und seinen Voraussetzungen gekennzeichnet ist, läßt folgende Interpretation Emrichs ausschließen:

> "Der Weltbau ist nicht zu ändern ... Daher atmen die Erwachsenen erleichtert auf bei jeder Abweisung ihrer eigenen Bitten. Dauernder Friede wird bezahlt mit Vernichtung aller Hoffnung. An der Mauer der Welt [d.i. Oberst], hinter der nichts mehr ist, prallt sie ab. Das ist die furchtbare Aussage dieser Erzählung." [2]

Die Grenzen eines derartigen Verfahrens liegen eben gerade darin, daß es einen zu unmittelbaren Bezug herstellt, die Erforschung der vielfältigen geschichtlichen Bedingtheit des Werkes umgeht, sozusagen über Geschichte hinweg ein direktes Einverständnis mit dem Text konstruiert und dabei auch den Text selbst verkennt und verzerrt:[3] So ist es u.a. nicht haltbar, von der "Vernichtung aller Hoffnung" zu sprechen, weil das eben jenen Aspekt ausklammert, der das Verhalten dieser "Bürger-Untertanen" bestimmt, sie aufgrund ganz bestimmter Gegenwerte immer wieder einen Versuch starten läßt: "Immer wieder frisch und ernst geht man hin ..." (vgl. S. 65); ebensowenig läßt sich behaupten, daß hinter der Mauer, die der Oberst darstellt, absolut nichts mehr ist: Es heißt ja vielmehr: "... er bedeutet doch den Abschluß des Ganzen, wenigstens für uns." In dieser Einschränkung liegt einerseits eine ganz präzise Rollenbestimmung dieser "Bürger", die ihre begrenzten Möglichkeiten klarstellt. Andererseits wird damit aber auch deutlich, daß hinter ihm sehr wohl etwas steht, nämlich die ganze Hierarchie der Herrschaft über die "mittleren" und "höchsten Beamten" (E, S. 31o) bis hin

---

1 Emrich, Wilhelm: a.a.O., S. 246: "Die Synthesis ... setzt die Vereinigung von Unvereinbarem voraus. Nur als Postulat war sie zu gestalten."

2 Ebda., S. 241 f.

3 Vgl. dagegen S. 12, Zitat: Masini.

zur Hauptstadt, absolutes Zentrum, Ausgangspunkt der dargestellten Herrschaftsverhältnisse[1] (vgl. auch EINE KAISERLICHE
BOTSCHAFT, BEIM BAU DER CHINESISCHEN MAUER).

DIE TRUPPENAUSHEBUNG, eine Erzählung, die gleichsam als
Bericht konzipiert[2] noch einmal das Verhältnis Volk - Herrschaft beleuchtet, stellt im besonderen Volk und Adelige einander gegenüber: Damit verschieben sich - gemäß der Ordnungs-
kriterien des Feudalismus[3] - die Kräfteverhältnisse eindeutig
zuungunsten des Volkes, was durch folgendes Bild deutlich zum
Ausdruck gebracht wird:

> "Ohne jemanden anzuschaun, macht er [der junge Adelige]
> mit einer Peitsche, die seine ganze Ausrüstung bildet,
> ein Zeichen ..." (E, S. 315)

Die Position des Volkes, der "Einwohner", erscheint damit noch
erheblich verschlechtert: War dem Obersten gegenüber, zumindest scheinbar, die Möglichkeit einer Kommunikation gegeben
(er hörte ihre Reden an), so ist in diesem Fall nur die brutale Unterdrückung geblieben. Sie erscheinen nun gänzlich ihrer
Würde als Menschen und Individuen, ihrer Eigenständigkeit, beraubt:

> "..., es ist überhaupt Scheu davor, sich zu zeigen,
> der Befehl ist für ihn [den Fehlenden] förmlich zu
> groß, angsterregend groß, er kann nicht aus eigener
> Kraft kommen." (E, S. 316)

Geschlagen, getreten, gedemütigt[4] haben selbst diese Untertanen die Hoffnung auf Veränderung noch nicht aufgegeben,

---

1 Insofern eine Allegorie der Staatsform Alt-Österreichs,
das sich "bis zu seinem Ende zwischen monarchischem Absolutismus und Konstitution hin und her bewegte." (Althaus,
Horst: a.a.O., S. 7.)

2 Vgl. Krusche, Dietrich: a.a.O., S. 2o f.

3 Im Sinne einer Staatsform, deren absolutes Zentrum der
Fürst/Kaiser darstellt, von wo aus auch die gesellschaftliche Ordnung/Hierarchie ihren Anfang nimmt: vgl. auch S.
35, Zitat: Fasoli.

4 Vgl. E, S. 316: "... der Geprügelte hat sie [die Peitsche]
aufzuheben und ihm [dem Adeligen] zu reichen."

finden sie noch Kraft zu eigenem, selbständigem Handeln, zu
einem Versuch, wie z.B. die Mädchen, die sich durch fremde
Aushebungen angezogen fühlen, eine Konfrontation herausfor-
dern wollen; ein Unternehmen, das natürlich bei den gegebenen Herrscahftsbedingungen zum Scheitern verurteilt ist:

> "Er [der Adelige] sieht sie ebensowenig an wie die an-
> dern, und selbst wenn er die Augen auf jemanden rich-
> tet, fühlt sich dieser nicht angesehn." (E, S. 317)

Es folgt eine Stelle, aus der die Unvereinbarkeit der Erwartungen bzw. Wertvorstellungen der Untertanen mit der herrschenden Ordnung besonders deutlich hervorgeht:

> "Das hat sie [das Mädchen] nicht erwartet oder vielmehr,
> sie hat es bestimmt erwartet, denn es kann nicht anders
> sein, aber es war auch nicht die Erwartung des Gegen-
> teils, die sie hergetrieben hat, es war bloß etwas,
> das jetzt allerdings zu Ende ist." (E, S. 317) 1

Diese Vorstellung, die sie in ihrem Handeln bestimmt hat,
wird sofort von den gegebenen Herrschaftsmechanismen überwältigt und zunichte gemacht: Die von diesen Untertanen gestar-
teten Versuche zerschlagen sich zwangsläufig, haben keine
Chance: Dies gilt natürlich auch für einen, der entscheidet,
ausgehoben werden zu wollen.[2]

So bleibt auch hier die "Lösung" ausständig, es handelt
sich vielmehr auch hier wiederum um eine Darstellung eines
gesellschaftlichen Konfliktes, die mit einer Gegenüberstellung der beiden unvereinbaren Positionen und der sie bestimmenden Werte endet, wobei in den verzweifelten Versuchen der
Untertanen zugleich eine subtile Kritik herrschaftsbestimm-
ter Ordnung zum Ausdruck kommt.

---

1 Vgl. dazu jene Stelle aus DIE ABWEISUNG, die, der gleichen
  Argumentationstechnik folgend, das Widersprüchliche nebeneinander stellt ("Immer wieder frisch ...", s. S. 65)
  und somit die prinzipielle Unvereinbarkeit der beiden Ge-
  genpositionen zum Ausdruck bringt.

2 Vgl. Textstelle: "Auch das ist ja völlig aussichtslos, niemals wird etwas Derartiges geschehn." (E, S. 317)

Die thematische Affinität zwischen BEIM BAU DER CHINESI-
SCHEN MAUER, den diese ergänzenden Prosastücken (DIE ABWEI-
SUNG, DIE TRUPPENAUSHEBUNG) und einigen Teilen des Landarztzyklus[1] erlaubt es jetzt, die Analyse von EIN ALTES BLATT
einzubauen.

EIN ALTES BLATT

In dieser Erzählung steht wiederum das Verhältnis Untertanen - Kaiser im Mittelpunkt (vgl. EINE KAISERLICHE BOT-
SCHAFT), wobei auch hier Dissonanzen oder - wie Beicken formuliert - Unbezüglichkeiten[2] festzustellen sind, die als
Ausdruck widerstreitender Auffassungen der gesellschaftlichen Rollen verstehbar werden.

So werden diese "Handwerker und Geschäftsleute" (E, S.
131) - wie wir im folgenden noch sehen werden - gleich
zu Beginn in ihrer doppelten Rolle dargestellt: Sie sind
zwar nicht kompetent in der Frage der Verteidigung des Landes, ihre Arbeit/Aufgabe ist - wie sie selbst betonen - eine andere;[3] andererseits setzen sie sich doch kritisch mit

---

1 Vgl. Richter, Helmut: a.a.O., S. 16o: "Charakteristisch für
die Form des Zyklus [Landarztzyklus] sind jene Stücke, in
denen der Erzähler sich als ein Sprecher einer Gemeinschaft empfindet [vgl. Erzählungen aus dem Umkreis von
BEIM BAU DER CHINESISCHEN MAUER] ... Auf diese Weise ist
die Unmittelbarkeit des persönlichen Erlebens gleichsam
mit einem sozialen Auftrag verbunden ..."

2 Beicken, Peter U.: a.a.O., S. 295: "Dieser Zug Kafkas ...,
Unbezüglichkeit zu statuieren, soll den Leser unvermittelt
vor etwas Neues stellen und den Texten selbst die Aura des
Verbindlichen, Wahren geben", wobei eben hier im Sinne der
Benjaminschen Literaturkritik versucht werden soll, die
von Beicken betonte "Aura des Verbindlichen, Wahren" auf-
zulösen und kritisch zu verwerten, oder, wie Liselotte Wie-
senthal formuliert: "Mortifikation (vgl. Benjamin, Walter:
Ursprung des deutschen Trauerspiels ..., S. 357: "Kritik
ist Mortifikation der Werke) heißt ... Aufhebung der durch
die Aura verliehenen Autonomie der Werke zugunsten einer
Einordnung ihrer Gehalte in theoretische Zusammenhänge."
(Liselotte Wiesenthal: Die Krise der Kunst im Prozeß ihrer
Verwissenschaftlichung, in: Text und Kritik 31/32 (1971):
Walter Benjamin, S. 61 Anmerkung.)

den "Ereignissen der letzten Zeit" (E, S. 129) auseinander,
sind dazu ja auch gezwungen, da die unangenehmen Zwischen-
fälle sie unmittelbar betreffen: Ja sie sind vielmehr die
Garanten der Ordnung, insofern es ihnen und der tätigen Initiative ihrer Gemeinschaft (vgl. Gegenwerte der Untertanen,
S. 3o) zu verdanken ist, wenn bis jetzt das Schlimmste verhindert werden konnte:

> "Bekämen die Nomaden kein Fleisch, wer weiß, was ihnen
> zu tun einfiele" (E, S. 13o).

Dabei entspricht die Position dieser "Handwerker und Geschäftsleute" jenem Untertanendasein, das in den vorausgehenden Untersuchungen herausgearbeitet werden konnte: Auch
sie wissen nicht, was vor sich geht:

> "Es sind aber nicht unsere Soldaten, sondern offenbar
> Nomaden aus dem Norden. Auf eine mir unbegreifliche
> Weise sind sie bis in die Hauptstadt gedrungen ..."
> (E, S. 13o)

Sie sind Opfer ihnen unerklärlicher Vorfälle, die außerhalb
ihres Einflußbereiches liegen:

> "Der kaiserliche Palast hat die Nomaden angelockt, ver-
> steht es aber nicht, sie wieder zu vertreiben." (E, S.
> 131).

Prinzipiell ausgeschlossen aus den Vorgängen im Machtbereich setzen sie sich aber doch kritisch damit auseinander.

So läßt sich auch hier wieder eine doppelte Konzeption
der Rolle dieser "Handwerker und Geschäftsleute" feststellen: Einerseits sind sie durch kritischen Verstand und praktische Initiative ausgezeichnet, bestrebt, die Zusammenhänge
zu erforschen, zu verstehen. Dieser ihrer Aktivität sind
aber Grenzen gesetzt, vor allem dadurch, daß sie nicht wissen, was vor sich geht, und damit dieser "Aufgabe nicht gewachsen" (E, S. 131) sind: Ihre Rolle ist eben letztlich doch
die der Untertanen, die auf eine Stellungnahme des "Kaisers"

---

3 E, S. 129: "Wir haben uns bisher nicht darum gekümmert und
  sind unserer Arbeit nachgegangen."

warten, darauf angewiesen sind.

Was nun die Rolle des Kaisers betrifft, so ist festzustellen, daß dieser aufgrund der gegebenen Textkonfiguration in den Umkreis der "Handwerker und Geschäftsleute" gestellt erscheint,[1] gleichsam als erster ihrer Gemeinde, als väterliche Autorität,[2] dessen Aufgabe es ist, in schwierigen Situationen klärend einzugreifen: Der "Kaiser" nicht als Herrscherposition, sondern als Autorität (vgl. Kapitel A. 2 KAISER sowie B. I. Die Autorität der Ordnung) begriffen. Dieser Auffassung entspricht jene Stelle, in der sich dem Schuster in seiner äußersten Verzweiflung das Bild des Kaisers aufdrängt:

> "Gerade damals glaubte ich den Kaiser selbst in einem Fenster des Palastes gesehen zu haben; niemals sonst kommt er in diese äußeren Gemächer, immer nur lebt er in dem innersten Garten; diesmal aber stand er, so schien es mir wenigstens, an einem Fenster und blickte mit gesenktem Kopf auf das Treiben vor seinem Schloß." (E, S. 131)

Zugleich kommt hier deutlich zum Ausdruck, daß diese Vorstellung nur den Erwartungen des Untertanen entspringt, seinem Verständnis der gesellschaftlichen Rollen entspricht, während im übrigen die Kontextuierung ("Palast", "äußere Gemächer") den begrifflichen Kern betont: der Kaiser als ferner Herrscher.

Es ist dies ein weiteres Beispiel für begriffliche Überlagerung, die in der Fiktion durch entfremdende Kontextuierungen transparent wird: So werden im gegebenen Fall die beiden Antagonisten der gesellschaftlichen Ordnung (Kaiser - Untertanen) unmittelbar gegenübergestellt: Die Vermittlerposition der gesellschaftlichen Hierarchie werden übergangen, was, gemessen an den Lukácsschen Kriterien der Widerspiegelung, zweifellos eine "subjektive Verzerrung"[3] dar-

---

1 Vgl. E, S. 129: "Ich habe eine Schusterwerkstatt auf dem Platz vor dem kaiserlichen Palast."

2 Vgl. das besondere Verhältnis, das die Juden der Monarchie zum Kaiser hatten, s. S. 6, Anm. 1.

3 Vgl. Lukács, Georg: a.a.O., S. 56, wo er kritisiert, daß in der avangardistischen Literatur "... subjektive Vision als Wesen der objektiven Wirklichkeit dargestellt" wird.

stellt, insofern es die tatsächlichen Kräfteverhältnisse nicht
adäquat wiedergibt. Kafka gibt jedoch auf andere Weise "Ein-
blicke in das Wesen der Wirklichkeit",[1] nämlich dadurch, daß
er kontrastierende Wertungen/Bewußtseinsinhalte kombiniert,
in der Fiktion zusammenführt, wodurch sie sich gegenseitig
kommentieren. Dabei ist Richter zuzustimmen, daß Kafka nicht
zur "Erkenntnis des Wesens dieser Widersprüche gelangt",[2]
d.h. die kritische Synthese der aufgezeigten Widersprüche of-
fen bleibt: Diese erschließt sich auf dem Umweg über die kulturelle Dekodierung, in Form einer "Kritik als Mortifikation
der Werke", als "Ansiedelung des Wissens"[3] um die geschichtlichen und kulturellen Voraussetzungen.

Dabei wird in EIN ALTES BLATT besonders deutlich, daß diese Erzählung sowohl Ausdruck der gesellschaftlichen Umwälzungen bzw. der damit verbundenen Bewußtseinskonflikte angesichts der allgemeinen Wertkrise ist als auch Auseinandersetzung damit, die vom besonderen jüdischen Standpunkt aus
geführt wird,[4] mit Hilfe von Wertvorstellungen, die außerhalb der Geschichte, in jenen abgeschlossenen Gesellschaften, die die jüdischen Gemeinden bis ins 19. Jahrhundert
darstellten, entwickelt worden sind. Es werden die universalen, von der Logik der Herrschaft unberührten gesellschaftlichen Werte der jüdischen Gemeinden[5] als Maßstab herangezogen,

---

1 Richter, Helmut: a.a.O., S. 16o.

2 Ebda.

3 Benjamin, Walter: Ursprung des deutschen Trauerspiels,
  in: Gesammelte Schriften, I.1, S. 357.

4 Was vor allem am Motiv der "Nomaden" deutlich wird, das
  einen derartigen Konflikt zwischen zwei Kulturen ausdrücklich thematisiert; zugleich ist es interessant, darauf hinzuweisen, daß als Ausdruck des grundlegenden Gegensatzes
  jenes Bild der fleischfressenden Nomaden, die sogar den
  lebendigen Ochsen anspringen, fungiert: ein Bild, das als
  solches seine kulturelle Zugehörigkeit deutlich macht, Ausdruck einer Konvention, einer kulturellen Matrix ist, die
  die Aufbereitung des Fleisches als einen grundlegenden
  Wert kennt.

5 Vgl. Wolf, Gerson: Zur Culturgeschichte in Österreich-Un-

sodaß auch für die Gestalten Kafkas gilt, was Magris bezüglich der Gestalten der Ghettogeschichten Komperts feststellt:

"Nelle storie del ghetto boemo di Leopold Kompert i
personaggi ... non solo non si lasciano influenzare
dal 'mondo', ma lo ignorano o meglio lo commisurano e
correggono in base alla legge del ghetto ch'essi, nel
loro guidizio, sovrappongono alla realtà esterna." 1

So gesehen werden die begrifflichen Dissonanzen als Überlagerung ganz bestimmter kultureller Matrizen verstehbar:
Im Fall der "Handwerker und Geschäftsleute" ist es eben gerade ihr Glaube an Autorität (als prinzipieller gesellschaftlicher Wert), der sie daran hindert, die entsprechenden Konsequenzen aus ihren kritischen Einsichten in die Unzulänglichkeit der herrschenden Ordnung zu ziehen: Ihr Wertmaßstab folgt grundlegend anderen Prinzipien, die in der herrschenden Ordnung zum Unterliegen verurteilt sind (s.a. allgemein S. 29), sodaß sie nur zu folgendem paradoxen Schluß
kommen können:
"Ein Mißverständnis ist es, und wir gehen daran zugrunde"
(E, S. 131). Damit bleibt auch hier die Lösung im Sinne einer Erkenntnis oder Synthese der Gegensätze ausständig, diese läßt sich jedoch auf dem Umweg über eine Analyse der bestimmenden ideologischen Faktoren rekonstruieren: Die von
Kafka mit Widersprüchen gestaltete fiktive Welt erschließt
sich dadurch, daß man diese Gegensätze als Ausdruck ganz bestimmter kultureller Werte, traditionell festgelegter Inhalte begreift. Wenn die poetische Konfiguration den "Kaiser"
als oberste Autorität der Gemeinschaft dieser "Handwerker..."
zeigt, so wird durch die Entfremdung der konventionelle Inhalt des Begriffs "Kaiser", der als solcher wiederum Ausdruck

---

garn, S. 114: "Der Landesrabbiner in Mähren ... entwarf im
Jahre 1848 ein Statut der Gemeinden ..., doch erfreute sich
dasselbe nicht des Beifalls, da es zum Theil bureaukratisch
und zum Theil von hierarchischem Geiste angeweht war."
1 Magris, Claudio: Lontano da dove, S. 27.

einer konkreten gesellschaftlichen Ordnung ist, klar herausgestellt, und damit Kritik an einer Gesellschaftsform geübt:
Es wird die Instabilität einer auf Herrschaft begründeten
Gesellschaftsordnung, die als solche dem Ansturm neuer Herr-
schaftsansprüche unfähig gegenübersteht, aufgezeigt. Wäre
die Position des Kaisers mit der Interpretation, die der Erzähler gibt, identisch, wäre sie Ausdruck von Autorität und
Verantwortung und nicht von abstrakter Macht (Palast, Gemächer etc.), dann würde er zu derartig schwerwiegenden Vorfäl-
len, die die Gesellschaft/Gemeinschaft bedrohen, Stellung beziehen, er würde sich ähnlich wie die "Handwerker und Geschäftsleute" für seine Gemeinde einsetzen, sie vor allem in
diesem kritischen Moment nicht ihrem Schicksal überlassen,
sie nicht opfern, sodaß abschließend eine Zusammenschau der
das Werk bestimmenden Gegensätze folgende dialektische Synthese im Sinne eines novum tertium denkbar macht: eine Gesellschaftsordnung, deren Autorität auf einer konstruktiven
Zusammenarbeit aller basiert: eine Demokratie.

2. Der "Untertan" und sein Gesetzesverständnis

Diese Auseinandersetzung mit den Fragen der Organisation gesellschaftlichen Zusammenlebens, wie sie sich mit Akzentverschiebungen in BEIM BAU DER CHINESISCHEN MAUER, DIE ABWEISUNG, DIE TRUPPENAUSHEBUNG sowie auch in EIN ALTES BLATT findet, läßt überall zugleich auch die Frage nach Rechtmäßigkeit und Gesetz anklingen:[1] Die gesellschaftliche Ordnung wird in jedem Fall prinzipiell als Ausdruck ganz bestimmter Gesetze begriffen, deren allgemeine Kenntnis - zumindest aus der Sicht der Untertanen - vorauszusetzen ist, um das gesellschaftliche System als solches gewährleistet zu wissen.[2] Auch wenn sich nirgends Hinweise auf einen derartigen Gesetzeskodex finden, wird er als gegeben angenommen: Eine Gesellschaft ohne derartige objektivierbare Autorität erscheint undenkbar, wäre keine, da ja die Gesetze Voraussetzung jeder Gesellschaft sind.

Diese Auffassung von Gesellschaft und die damit verbundenen Wertvorstellungen sind für die Kafkaschen Helden bestimmend, derart, daß ihre Handlungen fast ausschließlich dem Auffinden grundlegender, allgemeingültiger Prinzipien bzw. Gesetze gelten. Dieses Bemühen läßt sie aber im Rahmen einer Ordnung, die im wesentlichen nur das Prinzip der Herrschaft

---

1 Vgl. z.B.: Die Abweisung, E. S. 312: "...der Oberst...hielt ... zwei lange Bambusstangen. Es ist eine alte Sitte, die etwa bedeutet: so stützt er das Gesetz und so stützt es ihn."

2 Vgl. z.B. BEIM BAU DER CHINESISCHEN MAUER, E, S. 295: "Gerade über das Kaisertum aber sollte man meiner Meinung nach das Volk befragen, da doch das Kaisertum seine letzten Stützen dort hat."

kennt, unterliegen, Opfer dieser ihnen fremden Mechanismen werden - sie werden zu Anti-Helden.[1] Dieses Streben, dieses unentwegte Suchen nach den Gesetzen läßt sich z.B. auch in DIE ABWEISUNG als Handlungsmovens der "Bürgerschaft" feststellen, die, überzeugt von der Notwendigkeit einer gesetzgebenden Autorität, diese immer wieder im Obersten voraussetzen. Oder aber auch die Untertanen in BEIM BAU DER CHINESISCHEN MAUER, die, da sie mit der herrschaftsbestimmten Ordnung, mit Ordnung als Hierarchie nichts anzufangen wissen, an der "Weisung und Warnung ... aus alten Zeiten" festhalten; ein derartiger eindeutiger Anhaltspunkt und Bezugspunkt erscheint ihnen grundlegend, was u.a. auch in der Kritik an "der Regierung, die ... nicht imstande war ..., die Institution des Kaisertums zu solcher Klarheit auszubilden, daß sie bis an die fernsten Grenzen des Reiches unmittelbar und unablässig wirke" (E, S. 298), zum Ausdruck kommt. Dieser am Schluß der Erzählung ausdrücklich thematisierte Widerstreit zwischen zwei gegensätzlichen Auffassungen von gesellschaftlicher Ordnung ist, wie wir schon feststellen konnten, bereits in der Konzeption der einzelnen gesellschaftlichen Kategorien nachzuweisen. Hier im Zusammenhang mit den Fragen nach Rechtmäßigkeit und Gesetz sei nur kurz darauf verwiesen, wie z.B. Führerschaft einerseits eindeutig als Herrschaftsposition definiert erscheint und andererseits als vorgegebene Autorität ("Vielmehr bestand die Führerschaft wohl seit jeher ...", E, S. 294): Aufgrund ihres Verständnisses von Gesellschaft verwechseln die Untertanen die Befehle mit allgemeingültigen vorgegebenen Gesetzen, was ihnen zum Verhängnis wird, sie zwangsläufig unterliegen läßt. Diese Überlagerungen von Bewußtseinsinhalten und Wertvorstellungen bedingen eine besondere Form subtiler Ideologie-

---

1 Dies gilt, wie wir im Laufe der Untersuchung noch sehen werden, besonders auch für die Romane "Der Prozeß" und "Das Schloß".

78

kritik, die aufzuzeigen die vorliegende Arbeit bestrebt
ist.

Im folgenden werden nun - im Anschluß an diese Überlegungen zur zentralen Bedeutung, die die Frage der Gesetze
im Werk Kafkas einnimmt - jene Werke im einzelnen analysiert, die ausschließlich dieser Thematik gewidmet sind,
so die gleichnamige Erzählung ZUR FRAGE DER GESETZE, ein
weiteres Werk aus dem Umkreis von BEIM BAU DER CHINESISCHEN
MAUER, DER NEUE ADVOKAT[1] und VOR DEM GESETZ aus dem Landarztzyklus und somit schließlich auch der Roman DER PROZESS.

ZUR FRAGE DER GESETZE

In diesem Fall wird am Beispiel einer prekären Gesetzes-
lage das Verhältnis Herrschaftsposition ("Adel") und Untertanen "(Volk") dargestellt - auch hier wiederum aus der
Sicht, mit den Mitteln eines Volkes,[2] das in äußerster Unterdrückung lebt, von Gesetzen regiert wird, die zu kennen
ihnen versagt bleibt, was für sie "Qual" (E, S. 314) bedeutet. In der Feststellung, daß sie die gegebene Ordnung, in
der die "Gesetze ... Geheimnis der kleinen Adelsgruppe" (E,
S. 314) und insofern nur "Scheingesetze" (E, S. 314) sind,
als "etwas äußerst Quälendes" empfinden, liegt bereits ein

---

1 Wobei hier in diesem Zusammenhang nicht im einzelnen auf
  diese Erzählung eingegangen wird, sondern bloß auf ihre -
  wie Richter formuliert - "programmatische Bedeutung" (a.
  a.O., S. 129) für den Landarztzyklus verwiesen werden soll,
  die n. Richter darin besteht, daß sich in dieser Erzählung
  "Kafkas Auffassung von der Situation und den Gesetzen seiner Zeit objektiviert" (a.a.O., S. 129), die hier - ähnlich wie in dieser Erzählung - als Widerstreit zwischen
  Vergangenem und Gegenwärtigem verstanden wird.

2 Auch hier ist der Erzähler einer von ihnen, "Sprecher einer Gemeinschaft", wie Richter formuliert (a.a.O., S. 16o).

erstes Anzeichen für jenen grundlegenden Zwiespalt, der begründet auf einem gegensätzlichen Verständnis eines geordne-
ten gesellschaftlichen Zusammenlebens - als Konflikt von Wertvorstellungen die Gestaltung des fiktiven Kontextes, den Aufbau der fiktiven Welt bestimmt: in erdrückend und überwälti-
gend dargestellten Herrschaftsverhältnissen[1] - hegen Untertanen ihrerseits die Hoffnung, daß die "Forschung" (E, S. 315)
einmal soweit getrieben werden kann, daß "... alles klar geworden ist, das Gesetz nur dem Volk gehört und der Adel verschwindet" (E, S. 315). Diese Hoffnung erweist sich damit jener kulturellen Matrix der Kafkaschen Anti-Helden verpflichtet, die - Ausdruck prinzipiell anderer und, wie wir gesehen
haben, weitgehend demokatischer Verhältnisse - die Rolle der
Untertanen zu einer gleichberechtigter Mitglieder werden läßt.
Die Kombination dieser einander ausschließenden Ideologien
in der Fiktion bewirkt eine Problematisierung der entsprechenden Wertvorstellungen, ist Ideologiekritik. Diese Präzisierung ist insofern wichtig, weil sie jener für das Werk Kafkas
charakteristischen begrifflichen Dynamik gerecht wird, die
nur zu oft vernachlässigt wird: So z.B. auch bei Richter,
wenn er feststellt:

> "Stets wird die Umwelt als unveränderlich dargestellt,
> womit sich der Mensch abfinden muß ..., ohne aber die
> Macht zu besitzen, die gewonnenen Einsichten und Ahnun-
> gen auch in eine befreiende Tat umzusetzen." 2

Dabei hat er durchaus recht, daß die Kafkaschen Helden stets
die Machtlosen oder eben die "Untertanen" sind, denen zwangsläufig die "Macht" zur "befreienden Tat" fehlt, übersieht je-

---

1 Vgl. E, S. 314: "Wenn wir im Volk aber seit ältesten Zeiten
  die Handlungen des Adels aufmerksam verfolgen ... und ...
  gewisse Richtlinien zu erkennen glauben ... - so ist das
  alles unsicher und vielleicht nur ein Spiel des Verstandes,
  denn vielleicht bestehen diese Gesetze ... überhaupt
  nicht."

2 Richter, Helmut: a.a.O., S. 161.

doch, daß diese auf begrifflicher Ebene durchaus angelegt
ist: Dazu erweist es sich als äußerst nützlich, die gegensätzlichen Auffassungen von "Volk" herauszuarbeiten und in
den entsprechenden ideologischen Zusammenhang zu bringen: So
finden sich neben der bereits zitierten Stelle weitere Passagen, denen ein Begriff von Volk zugrunde liegt, der mit der
Rolle der "Untertanen" unvereinbar ist, ja ihr grob widerspricht. Es ist dies jener Volksbegriff, der, wie wir bereits
gesehen haben, besonders die Souveränität betont: Dies gilt
z.B. für folgenden Einwand:

> "... die Nachteile, die es mit sich bringt, wenn nur
> einzelne und nicht das ganze Volk an der Auslegung der
> Gesetze sich beteiligen dürfen" (E, S. 314).

Zugleich erweist sich diese Stelle dem jüdischen Traditionszusammenhang verpflichtet, vor allem was die Gesetzesfor-
schung als wesentliche Aufgabe eines jeden Mitgliedes der
Gemeinschaft/Gesellschaft betrifft.[1]

Wie sehr dieses Nebeneinander der gegensätzlichen Auffassungen der gesellschaftlichen Rollen ein grundlegendes Prinzip der gesamten fiktiven Komposition darstellt, wird besonders dadurch deutlich, daß diese Widersprüche am Schluß jeder
Erzählung gleichsam zusammenfassend noch einmal hervorgehoben werden. Dies gilt sowohl für BEIM BAU DER CHINESISCHEN
MAUER, DIE ABWEISUNG und EIN ALTES BLATT als auch für ZUR
FRAGE DER GESETZE, wo es abschließend ausdrücklich heißt:

> "Man kann es eigentlich nur in einer Art Widerspruch
> ausdrücken: Eine Partei, die neben dem Glauben an die
> Gesetze auch den Adel verwerfen würde, hätte sofort
> das ganze Volk hinter sich, aber eine solche Partei

---

1 Vgl. z.B. den Begriff Talmud Torah: heb. "study of the
law", in: The Jewish Encyclopedia, Hrsg. Cecil Roth, London 1959: "Term applied gerenally to Jewish religious
(and ultimately talmudic) study. It was regarded as one
of the primary good deeds which brought a man his reward
both in this world and the next ..."

kann nicht entstehen, weil den Adel niemand zu verwerfen wagt. Auf dieses Messers Schneide leben wir. Ein Schriftsteller hat das einmal so zusammengefaßt: <u>Das einzige, sichtbare, zweifellose Gesetz, das uns auferlegt ist, ist der Adel und um dieses einzige Gesetz sollten wir uns selbst bringen wollen?</u>" (E, S. 315)

Hier wird ganz deutlich das Dilemma dieses Volkes zum Ausdruck gebracht, das am Wert der Autorität als grundlegendem gesellschaftlichem Ordnungsfaktor festhält, jedoch andererseits mit Herrschaft als einzigem Gesetz konfrontiert wird. In dieser ihrer Auffassung von Gesellschaft, die im wesentlichen die Autorität allgemeingültiger Gesetze als unbedingte Voraussetzung annimmt, liegt zugleich auch ihre Schwäche begründet, weil es ihnen eben aufgrund ihres Wertmaßstabes unmöglich ist, das einzige Gesetz aufzuheben und auzuschalten: Die verändernde Tat der Kafkaschen Helden wird dadurch verhindert, daß sie sich nicht gegen Herrschaft auflehnen können, weil diese zugleich das einzige sichere Gesetz darstellt.[1]

Wenn wir in BEIM BAU DER CHINESISCHEN MAUER feststellten, daß ein kritischer Beitrag zur Veränderung aufgrund der sich überlagernden, gegensätzlichen Wertungen im Werk bereits implizit angelegt ist, und zwar im Sinne einer Ordnung, in der "das Volk selbst zur Autorität wird, die Ordnung selbst verwaltet", so wird das hier, in ZUR FRAGE DER GESETZE, ausdrücklich als Lösung für die Zukunft in Aussicht gestellt, wenn es heißt:

"Das für die Gegenwart Trübe dieses Ausblicks erhellt

---

1 Dabei erinnern diese ideologischen Konflikte der Helden Kafkas an jenes rätselhafte Schwanken zwischen Reaktion und Fortschritt eines anderen jüdischen Intellektuellen jener Zeit, an Joseph Roth; vgl. dazu Magris, Claudio: Razionalità del negativo in: Dopo Lukács, Bari 1977, S. 134: "... quando parlavo dell'itinerario di Roth dalla milizia di sinistra al conservatorismo ..., volevo dire che tale mutamento non è stato - né sul piano ideologico, né su quello concettuale, né su quello politico - un mutamento significativo: Mi sembrava e mi sembra di poter rintracciare ... un anarchismo conservatore, sostanzialmente omologo nelle sue prospettive e nei suoi accenti."

nur der Glaube, <u>daß einmal eine Zeit kommen wird</u>, wo
... <u>alles klar geworden ist, das Gesetz nur dem Volk
gehört und der Adel verschwindet.</u>" (E, S. 315)

Die These Emrichs, daß das Gesetz als prinzipiell geheim
konzipiert sei,[1] erweist sich damit als nicht haltbar; zwar
wird in der fiktiven Ordnung den Untertanen ("Volk") tatsächlich die Einsicht in die Gesetze und deren Kenntnisnahme verweigert, aber demgegenüber werden zugleich jene anderen Vorstellungen von Gesetz wirksam, die als Ausdruck eines grundlegend anderen gesellschaftlichen Bewußtseins zu jenen Überlagerungen von Werten führen, die die spezifische Ideologiekritik Kafkas ausmachen: oder anders gesagt - durch die
bewußtmachende, weil entfremdende Kontextuierung wird die Erzählung zur Allegorie von Herrschaftsmißbrauch.[2]

VOR DEM GESETZ

Auch für diese Legende gilt, daß das Gesetz unerreichbar und unsichtbar[3] ist: Tatsächlich wird "dem Mann vom Lan-

---

1 Emrich, Wilhelm: a.a.O., S. 239: "Es [d.h. der Adel] ist
  die im Menschen liegende Instanz, die von dem wahren Gesetz weiß, aber dieses Gesetz geheim halten muß ...,
  da es unaussprechbar ist, nicht in konkreten Satzungen formuliert werden darf ..."; tatsächlich muß er, um seine These von dem Adel als "jener innersten geheimsten Instanz,
  die die Menschenwürde, das Wesen des Menschen selbst ausmacht", halten zu können, in der oben zitierten Textstelle den Zusatz "und der Adel verschwindet" auslassen.
2 Allegorie verstanden als eine Form des literarischen
  Sprachgebrauchs, bei der besonders die Ausdrucksfunktion
  der Sprache zum Tragen kommt; vgl. Benjamin, Walter: Ursprung des deutschen Trauerspiels, a.a.O., S. 339: "Selbst
  ... ungemeine Theoretiker ... bleiben in der Annahme, Allegorie sei ein konventionelles Verhältnis zwischen einem
  bezeichnenden Bilde und seiner Bedeutung ... <u>Allegorie</u> ...
  <u>ist nicht spielerische Bildertechnik, sondern Ausdruck,
  sowie Sprache Ausdruck ist</u> ..." (vgl. S. 15 f.)
3 Vgl. dazu auch Allemann, Beda: Kafka. Der Prozeß, in:
  Der deutsche Roman (Hrsg. Benno von Wiese), II, Düsseldorf

de", dessen gesellschaftliche Rolle sich sogleich als eine
weitere poetische Variante der zahlreichen Untertanen im Kafkaschen Werk herausstellt, der Zutritt zum Gesetz verwehrt;
daneben findet sich jedoch auch seine Vorstellung von Gesetz:

> "Solche Schwierigkeiten hat der Mann vom Lande nicht
> erwartet; das Gesetz soll doch jedem und immer zugäng-
> lich sein, denkt er, ..." (E, S. 131)

Damit erweist sich auch für diese Parabel der Konflikt zwischen dem festen, unerschütterlichen Glauben an ein universales Gesetz als notwendige Voraussetzung jeder Gesellschaft
einerseits und einer herrschaftsbestimmten Ordnung, die auf
bloßen Befehlen und dementsprechender Hierarchie beruht, als
bestimmend.[1] So fügt sich "der Mann vom Lande" zwar der aus-
übenden Gewalt des Türhüters, der - wenngleich selbst mehr
oder weniger Untertan (er kennt das Gesetz ebensowenig wie
der "Mann vom Lande") - doch im Rahmen seines Dienstes Macht
über ihn hat, d.h. als Ausführender eines Befehls, auf der
untersten Stufe jener Hierarchie, die die dargestellte Ordnung ausmacht.[2] Andererseits hält der "Mann vom Lande" aber
an seiner Vorstellung fest, daß das Gesetz Angelegenheit

1965, S. 235: "Dieser Roman zeichnet sich durch den paradoxen Sachverhalt aus, daß in ihm unablässig vom Gericht
die Rede ist und dieses Gericht dennoch in der ihm wesentlichen Unsichtbarkeit verharrt..."

1 Vgl. Richter, Helmut: a.a.O., S. 14o: "Kafka gibt in dieser bildhaft intensiven Form eine Charakteristik des Gesetzes, wie er es vielfach erlebt haben mußte: eines Gesetzes, das aufgehört hat, seinem Wesen entsprechend 'all-
gemeiner Satz' menschlichen Verhaltens zu sein ..." S. 141:
"Es sind Gesetze, die in unheimlicher Art in Zusammenhang
stehen mit der barbarischen Willkür der Vorzeit, denn ihr
Inhalt ist nichts anderes als Gesetzlosigkeit."

2 Vgl. dazu die Textstelle: E, S. 131, wenn der Türhüter
zum Mann vom Lande sagt: "Wenn es dich so lockt, versuche
es doch, trotz meines Verbotes hineinzugehn. Merke aber:
Ich bin mächtig. Und ich bin nur der unterste Türhüter.
Von Saal zu Saal stehn aber Türhüter, einer mächtiger als
der andere. Schon den Anblick des dritten kann nicht einmal ich mehr ertragen." (Vgl. a. das Kapitel: Die Handlanger der Macht.)

und Aufgabe aller ist,[1] wenn er am Schluß, kurz bevor er
stirbt, die Frage stellt:

> "Alle streben doch nach dem Gesetz, ... wieso kommt
> es, daß in den vielen Jahren niemand außer mir Ein-
> laß verlangt hat?" (E, S. 132)

Dabei kommt in dieser Parabel aufgrund seiner gedrängten
Struktur die Dialektik der gegensätzlichen Wertungen besonders fruchtbar zum Tragen: Das Gesetzesverständnis dieses Untertanen, der im Sinne der jüdischen Tradition die Auseinandersetzung mit dem Gesetz als höchstes Ziel und zugleich
Pflicht jedes einzelnen begreift, steht im Widerspruch zur
Rolle des Untertanen in einer Ordnung, die - auf Herrschaft
begründet - als ordnendes Prinzip allein die Hierarchie kennt
und sich demgemäß in der Rangabstufung der Beamten (Türhüter)
artikuliert, deren einzige Aufgabe es ist, den einzelnen von
der Machtposition fernzuhalten, ihm keinen Einblick in die
Ordnung zu gewähren, um den Herrschaftsanspruch nicht zu gefährden:[2] Die Antwort des Türhüters auf die oben zitierte

---

1 Dabei erscheint es wichtig, erneut darauf hinzuweisen, daß
  diese Vorstellung/Auffassung eindeutig der jüdischen Tradition verpflichtet ist: So betont z.B. auch Cecil Roth,
  daß sich die jüdischen Zentren bereits im Mittelalter
  durch ein äußerst aktives intellektuelles Leben auszeichneten: Roth, C.: Storia del popolo ebraico, Milano
  1962, S. 2o5: "Sprofondarsi nella meditazione della Legge di Dio era dovere e privilegio di ogni uomo, dal più
  elevato al più umile ..."

2 Womit die Problematik des politischen Systems der k. u. k.
  Monarchie thematisiert zu sein scheint, die im wesentlichen ihre gefährdete Herrschaft durch einen verstärkten
  Beamtenkörper zu verteidigen suchte: vgl. dazu Althaus,
  Horst: Zwischen Monarchie und Republik, der bezüglich des
  "Prozesses" feststellt: a.a.O., S. 143 f.: "Das 'Sinnlose'
  des Prozesses für Josef K. hat in der Weise, wie er von
  seiten der Behörde geführt wird, doch einen Sinn: die Ma-
  nier der österreichischen Amtsstube, Aktenvorgänge zu
  verzögern ... ist ein sehr ausgebildetes Mittel 'alter'
  Staaten, vorwiegend defensiv zu verkehren und damit ihre
  Beseitigung hinauszuschieben." - Zur Interpretation der
  Gestalt des Türhüters vgl. ferner auch: Urzidil, Johannes,
  Da geht Kafka, Zürich - Stuttgart 1965, S. 21: "Wer Kafka

Frage des "Mannes vom Lande" stimmt somit durchaus mit der
Logik der dargestellten Ordnung überein:[1]

> "Hier konnte niemand sonst Einlaß erhalten, denn dieser
> Eingang war nur für dich bestimmt. Ich gehe jetzt und
> schließe ihn." (E, S. 132)

So gesehen ist also Binder zuzustimmen, wenn er in seinem
Kommentar festhält, daß zwischen der anfänglichen Weigerung
des Türhüters, den "Mann vom Lande" einzulassen, und seiner
Aussage am Schluß kein Widerspruch besteht;[2] die Widersprüchlichkeit liegt vielmehr auf ganz anderer Ebene, resultiert
aus der Unvereinbarkeit der für die poetische Konfiguration
bestimmenden Begriffe, die grundverschiedene Ordnungszusam-
menhänge reflektieren, sodaß sich letztlich kontrastierende
Wertvorstellungen und damit Kulturen gegenüberstehen.

Es zeichnet sich nun bereits nach diesen ersten Untersuchungen einzelner Prosastücke ein spezifisches ästhetisches
Merkmal ab, das m.E. darin besteht, daß nicht die Handlungen
als Aufbauprinzip der Erzählstrukturen gelten können, sondern sich vielmehr die Polarisierung von Sehweisen und Welten
als bestimmend erweist; oder, anders gesagt, die Handlungen
dienen im wesentlichen der Kontextuierung von Bewußtseinsinhalten,[3] sodaß die einzelnen, im Sinne der Lukácsschen
Terminologie "typischen" Stituationen tatsächlich aneinander-

---

und seine Umwelt kannte, weiß noch, daß sein Türhüter eine direkte Spiegelung der schwerbemantelten zweispitzgekrön-
ten, bärtigen und grimm dreinblickenden Portiers ist, die
mit goldbeknauften Stäben die mächtigen Tore der Prager
Adelspaläste bewachten und die Knaben auch nicht einmal von
der Seite ins Innere blicken ließen, von wo ein unverlösch-
licher höherer Glanz hervorzudringen schien."

1 Vgl. die Deutung des Geistlichen in DER PROZESS, S. 157:
"Bestände zwischen diesen beiden Erklärungen im Widerspruch ... Nun besteht aber kein Widerspruch. Im Gegen-
teil, die erste Erklärung deutet sogar auf die zweite hin."

2 Binder, Hartmut: Kafka-Kommentar zu sämtlichen Erzählungen, München 1975, S. 186.

3 So gesehen gewinnen die von den verschiedensten Kritikern
immer wieder hervorgehobenen Zufälle und Ungereimtheiten
(bes. in den größeren Erzählzusammenhängen: so z.B. in

gereiht bzw. gegenübergestellt erscheinen; so finden wir
in VOR DEM GESETZ einerseits den "Mann vom Lande", der auf
dem "Schemel" ausharrt und an seiner Vorstellung von Gesetz
als geistige Aufgabe jedes einzelnen festhält, und andererseits den "Türhüter", der sich in seinen Aufgaben und Pflichten als "Amtsperson" (DER PROZESS, S. 158) nicht beirren
läßt und sie mechanisch ausführt, ohne sie weiters zu hinterfragen, bis er letztlich geht und den Eingang schließt. Die
konkrete Gegenständlichkeit des Bildes dient der Veranschaulichung begrifflicher Zusammenhänge,[1] der Darstellung gegensätzlicher Auffassungen von Gesetz: einerseits Gesetz verstanden als Herrschaftsanspruch und Befehl und andererseits
aber als allgemeingültige und verbindliche Instanz, die als
solche geistiger Besitz und Aufgabe aller ist.

Einem derartigen ästhetischen Gefüge, das im wesentlichen
auf dem Bild (und zwar, wie wir zeigen konnten, im besonderen auf dem dialektischen Bild) und der Allegorie als Dar-
stellungsmittel begrifflicher Inhalte beruht, wird man m.E.
interpretativ nicht gerecht, wenn man die die Erzählstruk-
tur bestimmenden ästhetischen Prinzipien überspringt und
feststellt, die Lehre dieses Stückes sei die, daß der "Mann
vom Lande" trotz des Verbotes in das Gesetz hätte eindrin-
gen sollen; wenn man also die ästhetische Information nicht

DER PROZESS) programmatische Funktion: Sind also nicht
so sehr als traumhafte Assoziationen zu verstehen, sondern vielmehr als gezielte Kontextuierung, die der Darstellung einer gewissen Erfahrung dient; so z.B. eines
Gerichtes, das "unsichtbar und unzugänglich" zugleich all-
gegenwärtig ist: K. fragt nach dem Tischler Lanz und kommt
zur Untersuchungskommission jenes Gerichtes, das überall
und nirgends ist.

1 Wobei dieses ästhetische Prinzip dem "allegorischen Verfahren" n. Benjamin entspricht: Ursprung des deutschen
Trauerspiels, a.a.O., S. 359: "In seiner Hand [d. Allego-
rikers] wird das Ding zu etwas anderem, er redet dadurch
von etwas anderem und es wird ihm ein Schlüssel zum Bereiche verborgenen Wissens...": Auf diese Weise werden die
konventionellen Inhalte der Begriffe darstellbar und damit
bewußt (vgl. S. 63, Anm. 2: Allegorie = Ausdruck der Konvention).

in den für den Text bestimmenden Kategorien erfassen will,
sondern auf einer ganz anderen Ebene, nämlich in den Handlungen bzw. unterlassenen Handlungen.[1]

Demgegenüber hat eine Untersuchung, die den Text von der
Bildseite her erschließen will, den Vorzug, dem "hermeneuti-
schen Charakter"[2] dieser Gattung - einer besonderen Form der
Parabel - gerecht zu werden; in diesem Sinn stellt Theo Elm
in seinem Aufsatz zur "Uneigentlichkeit" in Kafkas kleiner
Prosa fest:

> "... so fordert auch die Parabel ... als 'hermeneuti-
> sche' Gattung den Erkenntnisprozeß, das Verstehen ih-
> rer 'Dokumentseite', ihrer Bildhälfte - als Mittel zum
> Zweck der Erkenntnis ihrer 'Bedeutung', ihrer unaus-
> gesprochenen Sachhälfte..." 3

Ein derartiges Vorgehen ist im gegebenen Fall von besonderer Bedeutung, insofern allein die Analyse des Bildes und damit ein Zerlegen in seine Elemente jene grundlegende Dialektik der Gegensätze erkennen läßt, die das immer wieder in
zahlreichen Arbeiten hervorgehobene Paradoxe des Kafkaschen
Werks ausmacht und zugleich aber auch - wie die vorliegende
Arbeit zu zeigen bestrebt ist - Kritik im Sinne einer dialektischen Synthese in sich birgt; hier im Fall von VOR DEM GE-
SETZ handelt es sich um Kritik einer gesellschaftlichen Form,
in der es dem einzelnen verwehrt ist, die Regeln und Prinzipien der Ordnung zu kennen und zu erforschen, womit ihm
jede Möglichkeit einer aktiven geistigen Beteiligung an der

---

1 Vgl. u.a.: Binder, Hartmut: Kommentar zu sämtlichen Erzählungen, S. 186: "... jener [der Mann vom Lande] hätte ohne
  auf ausdrückliche Erlaubnis zu warten aus eigener Initiative eintreten sollen." Und: Henel, Ingeborg: Die Türhüterlegende und ihre Bedeutung für Kafkas Prozeß, in: DvJs
  37 (1963), S. 51: "Daß der Eingang nur für ihn bestimmt
  ist, muß bedeuten, daß er von ihm auch hätte Gebrauch machen sollen. Es handelt sich also um ein Versäumnis des
  Mannes, der sein Leben vergeblich vor der offenen, für
  ihn bestimmten Tür verwartet hat."

2 Elm, Theo: Problematisierte Hermeneutik. Zur "Uneigentlichkeit" in Kafkas kleiner Prosa, in: DvJs 5o (1976),
  Heft 3, S. 489.

3 Ebda.

Gestaltung des gesellschaftlichen Zusammenlebens versagt
bleibt; dabei wird zugleich ein System angeklagt, das den
Wert der Mitverantwortung aller nicht kennt bzw. nicht kennen kann, da es allein auf Herrschaft beruht.

Ein Ausblick auf die im Roman DER PROZESS folgenden Ausle-
gungen dieses Lehrstücks zeigt, wie sich auch dort die aufkommenden Meinungsverschiedenheiten letztlich auf zwei grundlegend andere Auffassungen von Gesetz zurückführen lassen;
deutlich zum Ausdruck kommt dies in folgender signifikanter
Gegenüberstellung von "notwendig", was assoziativ in den begrifflichen Zusammenhang von Gesetz als Befehl und Herrschaftsanspruch fällt, und andererseits "wahr" als philosophische Beschreibungskategorie eines universalen Gesetzesverständnisses.

> "'Mit dieser Meinung stimme ich nicht überein', sagte K.
> kopfschüttelnd, 'denn wenn man sich ihr anschließt, muß
> man alles, was der Türhüter sagt, für wahr halten. Daß
> das aber nicht möglich ist, hast du ja selbst ausführ-
> lich begründet.' 'Nein', sagte der Geistliche, 'man muß
> nicht alles für wahr halten, man muß es nur für notwen-
> dig halten.' 'Trübselige Meinung', sagte K. 'Die Lüge
> wird zur Weltordnung gemacht.'" (P, S. 16o)

Versucht man nun, über die Feststellung einer "gestörten
Kommunikation zwischen K. und seiner Mitwelt"[1] hinaus eine
historische Dekodierung der gegenübergestellten gegensätzlichen Auffassungen von Gesetz, so verweist die Kategorie "wahr",
derzufolge sowohl Josef K. als auch der "Mann vom Lande" das
Gesetz als einheitliches Ganzes, als klare, eindeutige Autorität begreifen, auf das jüdische Gesetzesverständnis, während der Aspekt des "Notwendigen", den der Geistliche ins
Treffen führt, jenen anderen Rechtstraditionen, die, wie
Kagan betont, im Gegensatz zur jüdischen Tradition verschiedene Zwischeninstanzen und Verwaltungsapparate kennzeichnen,
verpflichtet zu sein scheint:

---

1 S. Krusche, D.: a.a.O., S. 4o, Anm. 53, zitiert S. 26.

> "On turning to Hebrew law, however, we do not find any
> separate machinery of intervention such as that of
> praetor or Chancellor. The reason for this lies in the
> very nature of Hebrew law and its distinctivness from
> other systems ... whereas other systems found it dif-
> ficult to identify the concept of law with the idea of
> natural justice, the Talmudic lawyers never had to
> make any distinction in their system between the two
> notions, since for them law and justice were in per-
> fect harmony." 1

Wesentlich ist, daß es im Fall einer derarigen auf Kon-
trastierung von Gegensätzen aufbauenden ästhetischen Struktur nicht darum gehen kann, das notwendig aus dem Nebeneinander des Widersprüchlichen resultierende Paradoxon überwinden zu wollen, indem man die prinzipielle Unvereinbarkeit
der dargestellten Positionen außer acht läßt und etwa wie
Ingeborg Henel folgende Interpretation gibt:

> "Daß der Eingang nur für den einen individuellen Menschen
> bestimmt ist, beweist, daß er nicht zu einem universel-
> len, allgemeingültigen Gesetz führt, das durch die Ver-
> nunft erfaßt werden kann und jedem vernünftigen gutwil-
> ligen Menschen zugänglich ist. Das Gesetz, von dem hier
> die Rede ist, ist das je eigene Gesetz, und ihm gegen-
> über ist die paradoxe Haltung des Türhüters sinnvoll
> ...; denn zu seinem eigenen Gesetz ... gelangt der Mensch
> nicht durch Befolgung von Vorschriften, sondern durch
> den Einsatz seiner ganzen Person." 2

Es scheint vielmehr angebracht, diese "Spannung zwischen
Gegensätzen",[3] die Henel selbst am Schluß ihres Aufsatzes als
Strukturprinzip der Kafkaschen Erzählwelt aufzeigt, beizube-
halten und anhand der entscheidenden Elemente der fiktiven
Konfiguration die Gegensätze nach begrifflichen Aspekten bzw.
Wertvorstellungen zu ordnen; so gesehen finden wir in VOR DEM

---

1 Kagan, K. K.: Three great systems of jurisprudence, S. 19.
  Vgl. dazu auch Cohen, Hermann: a.a.O., wo immer die
  für die jüdische Tradition grundlegende Einheit zwischen
  Theorie und Praxis betont wird: vgl. S. 414.

2 Henel, Ingeborg: a.a.O., S. 6o.

3 Ebda., S. 7o.

GESETZ einerseits den "Mann vom Lande", der ein Leben lang
neben dem Gesetz ausharrt in der Überzeugung, daß die Kenntnis des Gesetzes, verstanden als universales Gesetz, Aufgabe und Pflicht aller ist ("Alle streben doch nach dem Gesetz" - verstanden als einheitliches Ganzes) und andererseits
den Türhüter, der sich mit der untersten Stufe eines hierarchisch gegliederten Verwaltungsapparates begnügt, unreflek-
tiert und mechanisch seinen Dienst erfüllt und sich mit der ihm
im Rahmen der Befehlsausführung zukommenden Macht zufrieden
gibt, ohne sich im übrigen weitere Fragen nach dem Gesetz
zu stellen.[1] Die Verbindung dieser gegensätzlichen Auffassungen von Gesetz auf der Ebene der Fiktion läßt in der Dialektik des Bildes vom Türhüter und dem Mann vom Lande die
entscheidenden Unterschiede bewußt werden, zeigt konkrete Gefahren und Mängel auf: VOR DEM GESETZ verwertet jenen von
Kagan aufgezeigten Unterschied zwischen dem universalen Gesetzesverständnis der jüdischen Tradition, die Gesetz als
einheitliches Ganzes, als alles umfassende Autorität begreift,
und den beiden anderen Rechtstraditionen, die, in verschiedene Verwaltungsapparate gegliedert, weitgehend für die modernen Staaten bestimmend sind; dabei werden die begrifflichen
Gegensätze, schematisch vereinfacht, im Bild konkretisiert;
so gesehen scheint die unendliche Reihe der Türhüter (sowie
ebenso die Unmenge der Türen: für jeden Untertanen eine) den
enormen Verwaltungsapparat der k. u. k. Monarchie zu reflektieren und weist zugleich auf die damit verbundene Gefahr
der willkürlichen Herrschaft: Die strenge hierarchische Gliederung bedingt eine unüberwindliche Kluft zwischen Theorie
und Praxis, die jede Form der Kontrolle unterdrückt, sodaß
letztlich die "Lüge zur Weltordnung" wird (DER PROZESS, S.
16o).

---

1 Vgl. u.a. Richter, Helmut: a.a.O., S. 14o: "... seine Be-
auftragten [des Gesetzes] versperren mit ihnen selbst unverständlichen Vorschriften den Zugang."

Damit sind wir zugleich mitten in der Thematik des Romans
DER PROZESS, in dem ähnlich wie hier in der Parabel die Ordnung der fiktiven Welt durch den Wertmaßstab und die damit
verbundenen Erwartungen des Helden Josef K. relativiert wird:
Auf diese Weise ergeben sich jene begrifflichen Überlagerungen, die die Widersprüchlichkeit der Kafkaschen Texte ausmachen
und denen zufolge im Roman das Prinzip der Herrschaft dem der
Autorität, das Josef K. voraussetzt, gleichgesetzt wird, was
zur Folge hat, daß die konventionell festgelegten begrifflichen Zusammenhänge neu überdacht werden müssen: In diesem Sinne geht es in der vorliegenden Arbeit darum, das kritische
Potential dieses Romans dadurch zu erschließen, daß versucht
wird, sowohl die Erwartungen Josef K.'s als auch die Prinzipien der dargestellten Ordnung[1] begrifflich bzw. ideolo-
gisch einzuordnen, zu definieren, indem die historischen Bezüge zu den bestimmenden kulturellen Matrizen (k. u. k. Monarchie - jüdische Tradition) aufgezeigt werden. Dabei beschränkt sich auch in diesem Fall die Analyse auf das Verständnis folgender grundlegender gesellschaftlicher Kategori-
rien: Herrschaft (versus Autorität) sowie Gerechtigkeit und
Gesetz, wobei der spezifischen Thematik des Romans entsprechend die Aspekte des Gerichtswesens als poetischer Ausdruck
bestimmter gesellschaftlicher Ordnungsprinzipien in den Mittelpunkt gestellt werden.

DER PROZESS

Wie in den verschiedensten Kafka-Studien immer wieder
festgestellt wird, stellt die Türhüterlegende sozusagen den
Schlüssel zum Roman dar.[2] Bestimmend für den Aufbau der fik-

---

1 Vgl. u.a. Sokel, Walter H.: a.a.O., S. 3o: wo er betont,
  daß sich "ein transparenter Widerspruch zwischen den An-
  sprüchen und Erwartungen des Ichs und der in der Erzählung
  herrschenden Wirklichkeit ..." feststellen läßt.

tiven Welt des Romans erweist sich der Konflikt zwischen
dem universalen Gesetzesverständnis des "Mannes vom Lande"
(der glaubt, jeder solle immer in das Gesetz eintreten dürfen, oder, anders gesagt, das Gesetz solle als eindeutige
Autorität, als DAS GESETZ, jedem zugänglich sein)[1] und der
dargestellten Ordnung,[2] in der sich die Autorität des Gesetzes (die als solche Aufgabe jedes einzelnen ist, dessen
aktives Teilhaben voraussetzt), in einer Unmenge vermitteln-
der Verwaltungsinstanzen[3] zerschlägt, sodaß sich die Eindeutigkeit des Gesetzes auf bloße Befehlsausführung reduziert:

> "Die Rangordnung und Steigerung des Gerichtes sei un-
> endlich und selbst für den Eingeweihten nicht abseh-
> bar. Das Verfahren vor den Gerichtshöfen sei aber im
> allgemeinen auch für die unteren Beamten geheim, sie
> können daher die Angelegenheiten, die sie bearbeiten,
> in ihrem ferneren Weitergang kaum jemals vollständig
> verfolgen, ... Sie dürfen sich nur mit jenem Teil des
> Prozesses befassen, der für sie abgegrenzt ist ..."
> (Kapitel: Advokat. Fabrikant. Maler, P, S. 88)

Gegen diese Ordnung, deren "Sinnlosigkeit"[4] die Verantwor-

---

2 Vgl. u.a. Beicken, Peter U.: a.a.O., S. 257, wo er feststellt, daß dieser Legende "als thematischer Nukleus ...
   eine bewußtseinserhellende Funktion" zukommt; Sokel, Walter H.: a.a.O., S. 221: "Alle ... sind sich einig, daß
   diese Parabel ein Kernstück des Romans ist und in vieler
   Hinsicht der Schlüssel zu ihm ..."

1 Vgl. u.a.: Krusche, Dietrich: a.a.O., S. 43, wo er betont,
   daß "... K. allein ... auf einem objektivierbaren Begriff
   von Recht und Gesetz beharrt.

2 Auch Sokel weist ausdrücklich auf dieses Prinzip der Verbindung des Gegensätzlichen a.a.O., S. 222, hin: "Das Gesetz ist doppelgesichtig ... Das Streben des Mannes und
   die Abweisung durch den Türhüter bestimmen erst zusammen,
   was das Gesetz ist."

3 Vgl. die detaillierte Unterscheidung zwischen den einzelnen Aufgabenbereichen: "Wächter", "Aufseher", "Gerichtsdiener", "Untersuchungsrichter", "Beauftragte", "Beamte",
   "Advokaten", "Winkeladvokaten" usf.

4 S. P, S. 38: "Wie ließe sich bei dieser Sinnlosigkeit des
   Ganzen die schlimmste Korruption der Beamtenschaft vermeiden?" (Josef K.'s Rede vor dem Untersuchungsrichter.)

tung des einzelnen unterbindet, kämpft der Protagonist Josef
K.[1] bzw. weist - wie bereits im ersten Kapitel - eine derartige Auffassung von Gesetz als undenkbar zurück:

> "Dieses Gesetz [der Wächter, Aufseher usf.] kenne ich
> nicht" (P, S. 11). ... "Es besteht wohl auch nur in
> ihren Köpfen." (P, S. 11)

Die Entgegnung des Wächters ("Sie werden es zu fühlen bekommen", nämlich das Gesetz, das er nicht kennt) läßt Josef
K. zu jenem typischen Helden Kafkas werden, dessen poetische
Grundsituation ihn auf die Rolle des Untertanen festlegt,[2]
der in einer übermächtigen und ihm fremden und unverständlichen Ordnung unterliegt, ohne jedoch sein gesellschaftliches
Gegenbewußtsein aufzugeben: Josef K. beharrt auf seiner Vorstellung von Recht und Gesetz und den damit verbundenen Werten, die in der dargestellten Ordnung keine Berechtigung haben und ihr zudem nicht gewachsen sind, sie jedoch in ihrer
Unzulänglichkeit und Willkür bloßlegen: So z.B. wenn er voraussetzt, daß die Bücher, die dem Untersuchungsrichter gehören, Gesetzesbücher seien (P, S. 4o), während sich im folgenden herausstellt, daß es sich um plumpe Pornographie und
einen Roman mit dem Titel "Die Plagen, welche Grete von ihrem
Manne Hans zu erleiden hatte" (P, S. 42), handelt. Deutlich
kommt dabei jener Gegenwert der Kafkaschen Helden zum Ausdruck, den wir bereits im vorausgehenden in einigen anderen
Prosastücken aufzeigen konnten: Es ist dies der Wert des
Wissens und des Studiums, einer jener grundlegenden Werte,
die die Kafkaschen Helden in ihrem aussichtslosen Kampf[3]
leiten:

---

1 Vgl. dazu auch die Begegnung Josef K.'s mit dem Aufseher:
Während Josef K. bestrebt ist, die verantwortliche Stelle
herauszufinden (P, S. 14: "Welche Behörde führt das Verfahren?"), antwortet ihm der Aufseher: "Ich kann Ihnen
auch durchaus nicht sagen, daß sie angeklagt sind ... Sie
sind verhaftet ..., mehr weiß ich nicht."

2 Dabei wird dieser Aspekt der Unterdrückung gleich zu Beginn besonders deutlich: P, S. 12: "... 'Im Hemd wollt
Ihr vor den Aufseher? Er läßt Euch [K.] durchprügeln und
uns mit!'"

> "'Ach so', sagte K. [nachdem ihm die Frau erklärt hatte,
> er könne die Bücher des Untersuchungsrichters nicht
> anschauen] und nickte, 'die Bücher sind wohl Gesetzbü-
> cher und es gehört zu der Art dieses Gerichtswesens, daß
> man nicht nur unschuldig, sondern auch unwissend verur-
> teilt wird." (P, S. 4o)

Dieser Wert klingt in folgender Zurechtweisung des Studenten
seitens Josef K.'s noch einmal an:

> "Sie werden übrigens noch viel studieren müssen, ehe Sie
> Richter werden. Ich kenne zwar Ihr Gerichtswesen noch
> nicht sehr genau, nehme aber an, daß es mit groben Reden
> allein, die Sie allerdings schon unverschämt gut zu füh-
> ren wissen, noch lange nicht getan ist." (P, S. 46)

In diesen Passagen wird zugleich klar, daß Josef K. eine andere Vorstellung von Gesetz und Gericht hat, die ihm als Maßstab dient. Die dadurch in den fiktiven Kontext eingebrachten Wertvorstellungen scheinen folgender Definition des jüdischen Gesetzesverständnisses verpflichtet:

> "Daher heißt das Gesetz auch vorzugsweise Lehre. Es ist
> nicht ein subjektiver Befehl, sondern eine theoretische
> Unterweisung, die daher dem Menschen zur Pflicht werden
> kann." [1]

Dementsprechend nimmt Josef K. als grundlegenden Ordnungsfaktor immer wieder die Autorität des Gesetzes an, eines universalen Gesetzes im jüdischen Sinn,[2] wobei ihm eine prinzipielle Einheit zwischen Theorie und Praxis grundlegend erscheint,[3]

---

3 Vgl. u.a. Krusche, D.: a.a.O., S. 31: "In allen drei Romanen finden sich die Hauptfiguren der Handlung ... in einem Unternehmen, das sie als 'Kampf' erfahren ..."

1 Cohen, Hermann: a.a.O., S. 399.

2 Vgl. dazu folgende Ausführungen Kagans: a.a.O., S. 135:
"In Jewish law the legal concepts and the ethical notions
are very closely interwoven. The principles of both spring
from the same source. The law was never based on sanctions.
The validity of the law was based on the fact that it was
good and just."

3 Vgl. dazu DER PROZESS, S. 126: "Diese Verbindung der Gerichte und Rechtswissenschaften schien K. ungemein beru-
higend."

was u.a. auch in seiner Rede vor dem Untersuchungsrichter
zum Ausdruck kommt, in der er jenen "öffentlichen" Mißstand
aufzeigt, der vor allem darin liegt, daß der Aufseher nicht
einmal wußte, warum er ihn verhaften sollte, daß er sich für
sein Handeln keineswegs verantwortlich fühlte, daß er sich
damit begnügte, mechanisch seine Pflicht auszuüben - eine
Pflicht, die Josef K. dem Aufseher gegenüber ausdrücklich als
"dumme Pflicht" (P, S. 16) bezeichnet, insofern sie eben bloße Befehlsausführung ist:

> "... er hatte mich [Josef K. spricht] verhaftet und war
> damit zufrieden." (P, S. 36)

Damit klingt hier wiederum jenes Gesetzesverständnis des "Untertanen" an, demzufolge die geistige Auseinandersetzung mit
den allgemeinen theoretischen Satzungen Aufgabe jedes einzelnen[1] und zugleich Grundvoraussetzung für eine "sinnvolle" Ordnung ist (vgl. a. S. 76, Anm. 2).[2]

   Diese einander ausschließenden Wertvorstellungen, deren
Polarisierung das bestimmende Strukturelement des Romans ist,
lassen sich nun am besten im begrifflichen Gegensatzpaar
"wahr" - "notwendig" erfassen (vgl. S. 88): Während Josef K.
davon überzeugt ist, daß in Rechtsfragen allein das Maß des

---

1 Dabei erscheint diese Vorstellung eindeutig der jüdischen
  Tradition verpflichtet: vgl. dazu Cohen, Hermann: a.a.O.,
  S. 412: "Das Studium der Lehre [Gesetz] ... Fundament der
  jüdischen Religion ..., hat kein Maß für den Menschen, ge-
  schweige, daß es eine Schranke bilden durfte für eine Gruppe von Menschen ... In der Mischna ... wird das Studium
  der Lehre als die Grundform des Menschenwesens festgelegt."
  Vgl. Baron Wittmayer, Salo: The Jewish Community, zitiert
  n. Kagan, K. K.: a.a.O., S. 97: "Sociologically ... scholar-
  ly leadership ... although it tended to become an 'ari-
  stocracy of learning', was essentially democratic. Scho-
  larship was never restricted to a particular class."

2 Vgl. ZUR FRAGE DER GESETZE, wo die Hoffnung auf eine bes-
  sere Zukunft darin besteht, daß "alles klar geworden ist",
  das Gesetz nur dem Volk gehört, und wo auch ausdrücklich
  auf die "Nachteile" verwiesen wird, "wenn nur einzelne
  und nicht das ganze Volk an der Auslegung [des Gesetzes]
  sich beteiligen dürfen" (s. S. 8o).

96

"Wahren" gelten könne,[1] stößt er immer wieder allein auf
das Prinzip des "Notwendigen" (der bloßen Befehle) als die
einer auf Herrschaft begründeten Ordnung gemäße Kategorie:

> "Im übrigen aber bleibt er [der Akt im Fall eines schein-
> baren Freispruchs] im Verfahren, er wird, wie es der
> ununterbrochene Verkehr der Gerichtskanzleien erfordert,
> zu den höheren Gerichten weitergeleitet, kommt zu den
> niedrigeren zurück und pendelt so mit größeren und klei-
> neren Schwingungen ... auf und ab. Diese Wege sind un-
> berechenbar ... Eines Tages ... nimmt irgendein Richter
> den Akt aufmerksamer in die Hand ... und ordnet die so-
> fortige Verhaftung an." (P, S. 116 f.)

Josef K. erweist sich damit als typischer Held Kafkas, der
immer wieder Autorität im Sinne verbindlicher, grundlegender
Gesetze voraussetzt, wo es allein um die Behauptung des Herrschaftsanspruches geht, der sich auch hier - ähnlich wie in
ZUR FRAGE DER GESETZE - als das einzig gültige Gesetz herausstellt.[2] Damit muß das Unternehmen des Protagonisten, "das Gericht zur Stellungnahme zu zwingen und seinem geheimnisvollen
Apparat einen festen Angriffspunkt abzugewinnen", fehlschla-
gen, immer wieder "ins Leere stoßen";[3] andererseits wird es
jedoch angesichts des Wertmaßstabes des Untertanen möglich,
die Prinzipien einer bloß auf Herrschaft und Befehl begründeten Ordnung als "Betrügereien" (P, S. 81)[4] oder,anders gesagt,als bloße Machtspiele[5] zu demaskieren.

---

1 Vgl. dazu die verwunderte Frage Josef K.'s: "... Und der
  Richter würde Ihnen [Titorelli] glauben und mich trotzdem
  nicht wirklich freisprechen?" (P, S. 115)

2 Vgl. ZUR FRAGE DER GESETZE, wo sich letztlich auch "der
  Adel" als "das einzige, sichtbare, zweifellose Gesetz"
  herausstellt.

3 Allemann, Beda: a.a.O., S. 235.

4 Vgl. P, S. 81, wo Leni ihm erklärt: "... gegen dieses Gericht kann man sich ja nicht wehren, man muß das Geständ-
  nis machen."

5 Vgl. in diesem Zusammenhang auch jene Stelle im Elsa-Frag-
  ment, in der ausdrücklich von den "Machtmitteln des Ge-
  richts" gesprochen wird, die, wie K. überlegt, es gilt
  kennenzulernen, um das Wesen des Systems zu erforschen.
  (P, Anhang, S. 169.)

In diesem Zusammenhang sei nun zunächst auf den Unterschied zwischen Josef K.'s Vorstellung von Verteidigungsschrift, die seiner Meinung nach auf Argumentation beruhen sollte (P, S. 84), und der Auffassung von Verteidigung verwiesen, wie sie der Advokat vertritt, die - dem Mechanismus der Herrschaft als Ordnungsfaktor entsprechend - ausschließlich auf die Beziehung zu den Mächtigen angewiesen ist:

> "Das Wichtigste bleiben trotzdem die persönlichen Beziehungen des Advokaten, in ihnen liegt der Hauptwert der Verteidigung." (P, S. 86)

Besonders augenfällig wird nun dieses Operieren mit zwei verschiedenen Wertmaßstäben in der Begegnung Josef K.'s mit dem Maler Titorelli, der ihm die drei Arten von Freisprechung erklärt: wirkliche Freisprechung - scheinbare Freisprechung - Verschleppung: Für Josef K. ist eine derartige Unterteilung unbegreiflich;[1] seinem universalen Gesetzesverständnis zufolge ist nur eine einzige Form von Freisprechung denkbar, und zwar jene "wirkliche Freisprechung",[2] die der Maler in den Bereich der Legenden[3] verweist, für die allein das Kriterium des "Wahren" gelten kann, Freisprechung eben in bezug auf eine verbindliche Gesetzesautorität. Eine Rechtssprechung hingegen, die sich - verstanden als reiner Verwaltungsakt - ausschließlich im Bereich des "Notwendigen" bewegt, allein darauf beruht, die richtigen Hebel der "Beeinflussung" (P, S. 113) in Gang zu setzen, ist nach Auffassung Josef K.'s keine solche, sondern besiegelt nur die Rolle des einzelnen

---

1 Er kann sich nicht einmal die Ausdrücke dafür merken: P, S. 115: "'Wie nannten Sie die zwei anderen Möglichkeiten?' Er hatte die Ausdrücke dafür schon wieder vergessen."

2 In diesem Sinne antwortet Josef K. dem Maler, der zugibt, "nicht einen einzigen wirklichen Freispruch erlebt" zu haben: "'Keinen einzigen Freispruch also.'" (P, S. 113)

3 Vgl. dazu auch das Volk in BEIM BAU DER CHINESISCHEN MAUER, das "unter keinem gegenwärtigen Gesetze steht und nur der Weisung und Warnung, die aus alten Zeiten herüberreicht" (E, S. 298), gehorcht; vgl. a. Problemstellung, S. 5, Anm. 2; s.a. Benjamin, Walter: Franz Kafka ..., Schriften, Bd. II/2, S. 682: "Von Konfigurationen des Vergessens ... ist Kafkas Dichtung gänzlich erfüllt."

als Untertan, dem die Kenntnis der Prinzipien der Ordnung
versagt bleibt, was eine grobe Verletzung seiner menschlichen Würde[1] bedeutet und ihn zugleich wehrlos dem Herrschaftsmechanismus ausliefert: In einer Ordnung, in der die
Gesetze Privileg einer Minderheit sind,[2] funktioniert das
Gerichtswesen als brutale Unterdrückung:

> "'Das bestätigt aber die Meinung, die ich [K.] von dem
> Gericht schon habe ... Ein einziger Henker könnte das
> ganze Gericht ersetzen.'" (P, S. 113)

Dabei zeigt sich hier besonders deutlich, daß diese Einsicht
bzw. Erkenntnis auf dem Zusammentreffen zweier verschiedener
kultureller Matrizen in der fiktiven Kontextuierung beruht.

Ähnlich wie Kagan allgemein von der jüdischen Rechtstradition sagt, daß sie im wesentlichen die demokratischen
Ideen der Mitbestimmung geprägt habe,[3] so sind es auch hier,
im fiktiven Kontext des Romans, jene mit dem universalen jüdischen Gesetzesverständnis verbundenen Wertvorstellungen,
die die Prinzipien einer auf Herrschaft begründeten Ordnung
bloßlegen: So z.B., wenn Josef K. immer wieder davon ausgeht,
daß eine Einheit zwischen Theorie und Praxis bestehe, und
dementsprechend Gesetz und Recht bzw. Gerechtigkeit/Rechts-

---

1 Seinem Verständnis von Gesetz und Recht entsprechend erscheinen Josef K. die rein formalen Initiativen im Bereich
des Verwaltungsapparates als wertlos und beschämend für
den einzelnen: P, S. 119: "'Sie [scheinbare Freisprechung
und Verschleppung] verhindern aber auch die wirkliche Freisprechung', sagte K. leise, als schäme er sich, das erkannt
zu haben.'"

2 Vgl. der Adel in ZUR FRAGE DER GESETZE; oder in DER PROZESS,
S. 116: "... das oberste, für Sie, für mich und für uns alle ganz unerreichbare Gericht." Vgl. dazu Kagan, K. K.:
a.a.O., S. 97, wo er bezugnehmend auf eine Studie von Baron ausdrücklich betont, daß sich das mit der jüdischen
Tradition nicht vereinbaren läßt: "... kings were never
supreme autocrats, but always remained u n d e r the
law."

3 Kagan, K. K.: a.a.O., S. 133: "Among the many contribu-
tions to modern civilisation which Jewish law has made,
this one is outstanding, namely the democratic idea of
the consent of the governed as the basic of government."

sprechung als einheitliches Ganzes begreift, sodaß ihm der
Verwaltungsapparat als Lügengebäude[1] erscheint, welcher den
"Betrügereien dieses Gerichtes" (P, S. 81) Vorschub leistet.
Es sind nun gerade die durch den jüdischen Parameter eingebrachten Werte der Gleichberechtigung bzw. Mitverantwortung
jedes einzelnen, die die durch die streng hierarchische
Gliederung in eine Unmenge getrennter Verwaltungsorganismen
bedingte Trennung zwischen Theorie und Praxis (d.h. zwischen dem "unerreichbaren Gericht" und der "Dachbodengerichts-
barkeit") als Herrschaftsprinzip erkennen läßt.

Dieser Aspekt der brutalen Unterdrückung, der dank des entfremdenden Kontextes der Gegenwerte des Helden bewußt gemacht
werden konnte, erfährt im Schlußkapitel eine adäquate Kontextuierung: Josef K. wird seiner Rolle als Untertan gemäß
vom Machtapparat des Systems überwältigt und eleminiert
"wie ein Hund". Dieses Bild der "Exekution im Steinbruch"
fügt sich in die Reihe jener signifikanten Kontexte, die einen Begriff von Gesetz und Recht reflektieren, der auf dem
Prinzip der Herrschaft beruht:

> "... gegen dieses Gericht kann man sich ja nicht weh-
> ren, man muß das Geständnis machen." (P, S. 81)
> "'Niemals ist das Gericht davon [von der Schuld des
> Angeklagten] abzubringen.'" (P, S. 11o)

So gesehen fügt sich die Hinrichtung ohne Prozeß in die
Darstellung der begrifflichen Gleichschaltung von Gesetz und
Herrschaft. Demgegenüber klingen jedoch noch einmal die auf
dem universalen jüdischen Gesetzesverständnis beruhenden
Werte der Mitverantwortung[2] jedes einzelnen sowie der gan-

---

1 Vgl.die Entgegnung Josef K.'s dem Geistlichen gegenüber,
  als dieser versucht, die Täuschung des einzelnen mit dem
  Kriterium des "Notwendigen" zu rechtfertigen: "Die Lüge
  wird zur Weltordnung gemacht." (P, S. 16o)

2 Ein Wert, der sich immer wieder im Werk Kafkas findet, so
  z.B. auch in folgender Stelle aus EIN BRUDERMORD: E, S.
  144: "Warum duldete das alles der Private Pallas, der in
  der Nähe aus seinem Fenster im zweiten Stockwerk alles
  beobachtete?"

zen Gemeinde, und eng damit verbunden das Recht auf Kenntnis
der gesetzlichen Autorität als Grundvoraussetzung für Gerechtigkeit, noch einmal an:

> "Wer war es? Ein Freund? Ein guter Mensch? Einer, der
> teilnahm? Einer, der helfen wollte? War es ein einzel-
> ner? Waren es alle? War noch Hilfe? ... Wo war der Rich-
> ter, den er nie gesehen hatte? Wo war das hohe Gericht,
> bis zu dem er nie gekommen war?" (P, S. 165)

Die Gegenüberstellung "unversöhnlicher Positionen"[1] tritt
damit noch einmal klar als bestimmendes ästhetisches Prinzip
hervor, was m.E. nahelegt, daß nicht so sehr die Entwicklung
eines Handlungsablaufs[2] und im Zusammenhang damit die "Schuldfrage" im Mittelpunkt steht, als vielmehr die Polarisierung
kontrastierender Wertvorstellungen. In diesem Sinne scheint
mir folgende Präzisierung Krusches nicht nur für den Roman
AMERIKA zu gelten, sondern auch für den PROZESS:

> "... nicht 'Schuld' oder 'Unschuld', sondern 'Gerech-
> tigkeit', 'Recht' und 'Unrecht' sind die dominieren-
> den Begriffe in den ... Gerichtsverhandlungen des Ro-
> mans ..." [3]

Auch für Josef K. liegt das Grundproblem in der "Qualität der Welt",[4] oder, in die Terminologie dieser Studie übersetzt, in der "Autorität der Ordnung",[5] die als Grundwert
des gesellschaftlichen Gegenbewußtseins des Anti-Helden ab-

---

1 Beicken, Peter U.: a.a.O., S. 278 f.: "Wenn Josef K.
  sich am Ende des 'Prozesses' mit dem Ruf nach dem 'hohen Gericht' zu wehren scheint, sind die beiden unversöhnlichen Ansprüche und Positionen noch einmal bekräf-
  tigt."

2 Vgl. dazu Janouch, Gustav: a.a.O., S. 54, wo Kafka ausdrücklich betont, daß die Lebendigkeit der Gestalt nur
  ein Nebenprodukt ist: "Ich zeichnete keinen Menschen ...
  Das sind Bilder, nur Bilder ..."

3 Krusche, Dietrich: a.a.O., S. 33.

4 Ebda.

5 Dabei entspricht die Prügler-Szene in DER PROZESS der von
  Krusche angeführten Heizer-Szene in AMERIKA: Auch Josef K.
  will sich für Gerechtigkeit als grundlegendes Prinzip einsetzen: "... er gelobte sich ..., die wirklich Schuldigen,
  die hohen Beamten ..., soweit es in seinen Kräften war,
  gebührend zu bestrafen." (P, S. 67).

schließend noch einmal der herrschenden Ordnung entgegengehalten wird. In Übereinstimmung mit diesem besonderen Strukturelement des Romans versucht die vorliegende Arbeit, nicht
die sich gegenüberstehenden, unversöhnlichen Gegensätze
"nach der einen oder anderen Seite hin aufzulösen",[1] sondern
ist vielmehr bestrebt, den im Werk angelegten kritischen
Erkenntnisbeitrag in Form einer historischen Dekodierung
der sich gegenüberstehenden, widersprüchlichen Auffassungen
bzw. Wertungen zu erfassen.

Wie gezeigt werden konnte, stehen sich in den einzelnen
Situationsbildern - als welche sich die Kapitel herausstellen[2] - unvereinbare Begriffe bzw. Wertvorstellungen gegenüber,
die grundverschiedene ·gesellschaftliche Ordnungsprinzipien
reflektieren: Dabei ermöglicht die Dialektik dieser poetischen Bilder die Veranschaulichung bestimmter begrifflicher
Inhalte: So wird z.B. am Ende des Romans im groben Widerspruch zwischen der Vision Josef K.'s, die die Prinzipien
der jüdischen Gesetzestradition reflektiert, und der Hinrichtung, wie sie von "diesen halbstummen, verständnislosen
Herren" (P, S. 164) mechanisch ohne jegliches Gefühl der Verantwortung für das, was sie tun, durchgeführt wird, bewußt
gemacht, welche konkreten Implikationen eine begriffliche
Gleichsetzung von Gesetz und Herrschaft hat: Rechtssprechung
kommt über die Exekutive nicht hinaus, besteht eigentlich
nur als Exekution.[3]

Zusammenfassend läßt sich feststellen, daß der kritische
Beitrag des Romans nicht in einer verändernden revolutionären
Handlung zu suchen ist, sondern der spezifischen Formstruktur

---

1 Beicken, Peter U.: a.a.O., S. 279.

2 Vgl. dazu folgende Definition von Binder, Hartmut: Kafka-
 Kommentar zu den Romanen ..., München 1976, S. 174: "Kapitel
 = räumliche und sachliche Einheit."

3 Vgl. dazu P, S. 113: "Ein einziger Henker, könnte das ganze
 Gericht ersetzen"; s.a. Adorno, Theodor W.: Aufzeichnungen
 zu Kafka, in: Prismen, S. 324: "... Usurpation offenbart
 das Ursurpatorische am Mythos der Macht."

dieses Romans entsprechend, der sich, wie Richter ausdrücklich hervorhebt, durch "die Unbedingtheit des Strebens nach
Erkenntnis"[1] auszeichnet, in dem hier untersuchten Abwechseln von Sehweisen bzw. Wertvorstellungen, in Form von Allegorien im Benjaminschen Sinn,[2] prinzipiell angelegt ist.[3]
So gesehen scheint die immer wieder erhobene Kritik, Kafkas
Werk lasse keine Veränderung denkbar werden,[4] an ein methodisches Verfahren gebunden, das im wesentlichen doch der
Lukácsschen Kategorie der "Widerspiegelung" verhaftet bleibt
und in diesem Sinne ein zusammenfassendes, richtiges "Bild
vom Menschen und seiner Zeit" (s. Fußnote 1) als Kriterium
ansetzt, oder, anders gesagt, eine adäquate Darstellung der
gesamtgesellschaftlichen Verhältnisse fordert:

---

1 Richter, Helmut: a.a.O., S. 21o: "Die Unbedingtheit des
  Strebens nach Erkenntnis und der moralischen Intention bestimmen den künstlerischen Rang des Werks, das seine Geltung behalten wird, unabhängig davon, daß die Nachwelt Kafkas Bild vom Menschen und seiner Zeit nicht als richtig ak-
  zeptieren kann."

2 Vgl. dazu folgende weitere Definition des Prinzips der Allegorie: Benjamin, Walter: Trauerspiel, S. 382: "Dergestalt wird die Sprache zerbrochen, um in ihren Bruchstük-
  ken sich einem veränderten, gesteigerten Ausdruck zu leihen." Allegorie verstanden nicht als "bloße Mitteilung"
  (Trauerspiel, S. 382), die "alles sagt, was zu sagen ist,
  nirgends ins Tiefere geht ..." (vgl. Kafkas Kritik an dem
  "trockenen Aufbau der ganzen Allegorie" in einem literarischen Versuch des Bruders von Grete Bloch, in: Kafka,
  Franz: Briefe an Felice, und andere Korrespondenz aus der
  Verlobungszeit, Frankfurt 1976, S. 596), sondern als "Ausdruck der Konvention" (vgl. S. 65, Fußnote 2).

3 Vgl. dazu folgende Stelle aus einem Brief Benjamins, in:
  Briefe II (Hrsg. von Scholem und Adorno), Frankfurt 1978,
  S. 618: "Kafkas messianische Kategorie ist die 'Umkehr'
  oder das 'Studium'."

4 Vgl. u.a. Richter, Helmut: a.a.O., S. 2o7: "Das Ende ist
  Sinnlosigkeit, ein Gefühl des Ekels und der Scham vor sich
  selbst und der Welt ... Damit verliert das Werk fast jede
  aktivierende Aussagemöglichkeit." S. u.a. Krusche, D.:
  a.a.O., S. 153: "Mit der Dimension der Hoffnung entbehrt
  Kafkas Werk jeder paränetischen Wirkung ...", während m.E.
  die Gegenwerte des Helden eben jenes Prinzip der Hoffnung
  einbringen, das zugleich Aufforderung zur Kritik ist.

> "Kafka stößt nicht zu den Grundlagen der kapitalisti-
> schen Ordnung vor, sondern bleibt bei der Feststellung
> einzelner Gegensätze stehen, die er zu einem geschlos-
> senen Weltbild verabsolutiert. Er sieht keine frucht-
> baren Widersprüche, aus denen sich neue, bessere Ge-
> sellschaftsformen entwickeln können, sondern nur un-
> überbrückbare Gegensätze ..." 1

Eine derartige Kritik übersieht jedoch, daß es Kafka seiner
besonderen gesellschaftlich-geschichtlichen Situation zufolge hauptsächlich um eine Auseinandersetzung mit den verschiedenen Bewußtseinsformen geht, vielmehr gehen muß, wenn
man das von Kafka immer wieder festgestellte Anderssein der
Juden, ihre besondere Außenseiterposition in der Geschichte,
bedenkt:[2] So z.B. wenn er Janouch gegenüber bemerkt, er sei
"aus der Judenstadt" und damit aus "einer anderen Welt",[3]
oder aber, wenn er allgemein von der schriftstellerischen
Tätigkeit der Juden festhält:

> "Weg vom Judentum, meist mit unklarer Zustimmung der
> Väter ..., wollten die meisten, die deutsch zu schrei-
> ben anfingen, sie wollten es, aber mit den Hinterbein-
> chen klebten sie noch am Judentum des Vaters und mit
> den Vorderbeinchen fanden sie keinen neuen Boden. Die
> Verzweiflung darüber war ihre Inspiration." 4

1 Richter, Helmut: a.a.O., S. 288.

2 Vgl. dazu Adorno, Theodor W.: a.a.O., S. 321: "Hermetisch
verhält sich sein Werk zur Geschichte."

3 Janouch, Gustav: a.a.O., S. 188.

4 Kafka, Franz: Briefe 19o2 - 1924, Frankfurt 1975, S. 337.
Vgl. dazu folgende Tagebuchstelle, wo er, wenn auch sehr
verschlüsselt, im wesentlichen dieselbe Problematik andeu-
tet: "Dieses Gefühl des Falschen, das ich beim Schreiben
habe, ließe sich unter dem Bilde darstellen, daß einer vor
zwei Bodenlöchern auf eine Erscheinung wartet, die nur aus
dem zur rechten Seite herauskommen darf. Während aber gerade dieses unter einem matt sichtbaren Verschluß bleibt,
steigt aus dem linken eine Erscheinung nach der anderen ...
Nun ist man aber, wenn man diesen Platz nicht verlassen
will - und das will man um keinen Preis - auf die Erscheinungen angewiesen, die einem aber infolge ihrer Flüchtig-
keit ... nicht genügen können, die man aber, wenn sie
aus Schwäche stocken, aufwärts und in alle Richtungen
vertreibt, um nur andere heraufzubringen, da der dauernde
Anblick einem unerträglich ist und da die Hoffnung bleibt,

Dabei ist es interessant festzustellen, daß gerade dieses
Verwurzeltsein in der jüdischen Tradition und den damit verbundenen Wertkategorien eines eher mythischen Gesellschaftsbewußtseins (universales Gesetz und absolute Gerechtigkeit)
eine kritische Revidierung jener historisch gleichfalls überwundenen Prinzipien einer weitgehend noch feudal-absoluti-
stischen Ordnung, wie sie sich im wesentlichen in der Staatsform der k. u. k. Monachie erhalten hatte,[1] erlaubte. Die
sich auf diese Weise im Kafkaschen Werk gegenüberstehenden
"unüberbrückbaren Gegensätze" (vgl. auch Richter) - das
Ideal einer eindeutigen Autorität als oberste Instanz einerseits und das Prinzip der Herrschaft andererseits - erweisen
sich aufgrund der sie kennzeichnenden begrifflichen Diskrepanz, die im einzelnen die konkreten Zusammenhänge bewußt
werden läßt, m.E. doch als "fruchtbare Widersprüche" (entgegen der Annahme Richters), die den notwendigen Denkanstoß
geben für eine neue, beide überwindende Gesellschaftsform,
deren Autorität in der verantwortungsbewußten Zusammenarbeit aller liegt.

---

daß nach Erschöpfung der falschen Erscheinungen endlich
die wahren emporkommen werden." Aus: Tagebücher, 191o -
1923, S. 136, Eintragung vom 27.12.1911.

1 Redlich, Joseph: Das österreichische Staats- und Reichsproblem, Wien 192o, S. 411: "Diese Lehre vom Neo-Absolu-
tismus Oesterreichs [von 1851] ... hat ... auf das ganze
Wesen der Regierungen Oesterreichs um so tieferen ... Einfluß ausgeübt, als sie - allen 'konstitutionellen' Konven-
tionen zum Trotz - außerordentlich weit über die eigentliche Blütezeit ... dieses Absolutismus fortgewirkt hat,
ja eigentlich bis zum Tode Kaiser Franz Josefs und darüber
hinaus ..." (bis zum Ende der Monarchie).

II. KAISER

In diesem zweiten Untersuchungsteil geht es nun darum, die Analyse der gesellschaftlichen Kategorie der Herrschaft mit einer Studie der spezifischen Aspekte der Machtposition fortzusetzen und zu ergänzen: Im Gegensatz zum Kapitel "Untertan" soll hier nicht mehr in Form von Einzelanalysen vorgegangen werden, sondern vielmehr versucht werden, eine Zusammenschau der für die Gestaltung dieses Pols der fiktiven Welt kennzeichnenden Wertvorstellungen zu geben. Dies nicht zuletzt deshalb, weil sich im Einzelwerk, eben aufgrund der für Kafka charakteristischen Konzeption der Herrschaftsposition, fast nur vermittelte Hinweise auf die besondere Struktur der Herrschaftsform finden, sodaß in diesem Fall der Vergleich der einzelnen poetischen Konfigurationen am besten geeignet erscheint, die dafür bestimmenden gesellschaftlichen Werte herauszuarbeiten. Ähnlich wie im vorausgehenden sollen auch hier die wertenden Komponenten bestimmter Kontextuierungen zum Auffinden der entsprechenden kulturellen Matrix herangezogen werden.

Im konkreten geht es nun um jenen Pol der dargestellten Herrschaftsverhältnisse, der, ähnlich wie der "Kaiser" **in** EINE KAISERLICHE BOTSCHAFT für das Volk, für die Untertanen, unerreichbar, eingeschlossen in seinem Palast (EIN ALTES BLATT), Ausgangspunkt und Zentrum des enormen, unendlichen Verwaltungsapparates ist, der gleichsam zur Idee erstarrt, die mit allen Mitteln aufrechtzuerhalten "der eigentliche

Zweck"[1] war, "dem der Regierungsapparat vor und nach 1848
diente":[2] Etwas ganz Ähnliches drückt folgendes Bild der
Herrschaft in DAS SCHLOSS aus:

> "Wenn K. das Schloß ansah, so war es ihm manchmal, als
> beobachtete er jemanden, der ruhig dasitze und vor
> sich hinsehe, nicht etwa in Gedanken verloren und da-
> durch gegen alles abgeschlossen, sondern frei und un-
> bekümmert, so, als sei er allein und niemand beobachte
> ihn, und doch mußte er merken, daß er beobachtet wur-
> de, aber es rührte nicht im geringsten an seiner Ru-
> he,..." (SCH, S. 85)

Dabei scheint die im Werk Kafkas für diese unerreichbare
Machtposition kennzeichnende Statik und Immobilität[3] eben
jenen besonderen Aspekt des altösterreichischen Systems zu
reflektieren, der durch die unmittelbar auf die Revolution
von 1848 folgende restaurative Umfunktionierung der "patriarchalischen Regierung des 'selbstverwaltenden' Monarchen"
von vor 1848 in "einen unbeschränkten bureaukratischen Mi-
nisterialabsolutismus"[4] dazu führte, daß sich "die kaiserliche Regierung in bloße Verwaltung und Verwaltungspflege"[5]
auflöste: Bei Redlich heißt es in diesem Sinne über die besondere politische Struktur der österreichischen Monarchie:

> "... der österreichische Staatsgedanke fand seine aus-
> schließliche Verkörperung im kaiserlichen Hofe, im Of-
> fizierskorps der Armee und in der hohen, mittleren
> und niederen Beamtenschaft..." 6

---

1 Redlich, Joseph: a.a.O., S. 426: "... der eigentliche
  Zweck des Regierungsapparates ... die ungeminderte Erhaltung der dynastischen Machtfülle des Kaisers ..."

2 Ebda.

3 Wie z.B. der sterbende Kaiser im Bett in EINE KAISERLICHE
  BOTSCHAFT oder der Kaiser in EIN ALTES BLATT, der sich "in
  einem Fenster des Palastes" sehen läßt und "mit gesenktem
  Kopf auf das Treiben vor seinem Schloß" (E, S. 131) blickt.

4 Redlich Joseph: a.a.O., S. 422.

5 Ebda., S. 45o

Wie im vorausgehenden in den Einzelanalysen gezeigt werden konnte, erweist sich eine derartige Auffassung von gesellschaftlicher Ordnung verstanden als bloße Verwaltung
des Herrschaftsanspruches als bestimmend für die Konfiguration der fiktiven Welt, die den Kafkaschen Helden zum
Untertanen werden läßt, "zum bloßen Objekt der Tätigkeit
jenes 'Staat' genannten dynastischen Machtapparates",[1] was
u.a. auch in jenem Bild der in den Gerichtskanzleien war-
tenden Angeklagten, die, "obwohl die meisten ... den höheren Klassen angehörten ..., wie Straßenbettler" (P, S. 5o)
dastanden, zum Ausdruck gebracht wird: Dabei ist wichtig
festzuhalten, daß diese Kontextuierung nur schwer in einen kapitalistischen Wertzusammenhang gebracht werden kann -
wie das öfters global für das gesamte Kafkasche Werk angenommen wird[2] -, sondern vielmehr jene Prinzipien des "altösterreichischen Systems" zu reflektieren scheint, die, wie
Redlich betont, in "der ausnahmslosen Bevormundung aller
geistigen und sozialen Kräfte der Völker durch die Behörden, selbst in den oberen und obersten Klassen",[3] ihren
Ausdruck fanden.

Einen derartigen Ordnungszusammenhang evoziert auch die
Geschichte der Familie Barnabas[4] im Roman DAS SCHLOSS, über
die, obwohl sie "sehr angesehen" (SCH., S. 16o) gewesen war,
der "Fluch ... ausgesprochen" worden war (SCH, S. 164), weil

---

6 Redlich, Joseph: a.a.O., S. 45o; vgl. dazu DIE ABWEISUNG:
  "kaiserliche Wälder", "der Oberst" sowie die höchsten,
  mittleren und niedrigsten Beamten (E, S. 31o).

1 Ebda., S. 453.

2 Vgl. u.a. Richter, Helmut: a.a.O., S. 288, zitiert S. 1o3.

3 Redlich, Joseph: a.a.O., S. 424.

4 In der sich alles andere als kapitalistische Werte spie-
  geln, wenn Olga K. erklärt, SCH, S. 171: "..., man war
  zufrieden, wenn es gelang, die Verbindung mit uns schnell
  und vollständig zu lösen, mochte man dabei auch Verluste
  haben, das kam nicht in Betracht"; damit erscheint nicht
  Geld als oberster Wert, sondern die Beziehung zum Schloß.

ihre Tochter Amalia es gewagt hatte, sich dem Befehl zu wider-
setzen, "... in den Herrenhof [zu Sortini] zu kommen" (SCH,
S. 163). Im Lichte der gesellschaftlichen Gegenwerte des Romanhelden K. werden die Prinzipien der dargestellten Ordnung
bloßgelegt, bewußt gemacht:

> "... Vor Sortini also schrecke ich zurück, vor der
> Möglichkeit, daß es einen solchen Mißbrauch der Macht
> gibt." (K. zu Olga, SCH, S. 163)

Seinem gesellschaftlichen Bewußtsein zufolge setzt K. voraus,
daß es allgemeingültige Gesetze geben müsse, auf die sich der
einzelne berufen kann, um sein Recht zu behaupten: In diesem
Sinne stellt K. folgende Frage:

> "'... Was hat dein Vater gemacht? Ich hoffe, er hat sich
> kräftig an zuständiger Stelle über Sortini beschwert,...'"
> (SCH, S. 163)

Eine derartige Stelle setzt jedoch demokratische Verhältnisse voraus und ist für die Dorfbewohner, für die Untertanen
des "Schlosses" nicht vorgesehen: Sie können nur "Bittgänge"
(SCH, S. 178)[1] machen und in den Schloßkanzleien um Verzei-
hung bitten, wobei sie natürlich auf dieser Basis leicht ab-
gefertigt werden können:

> "... das Schloß hat es immer so leicht. Was wollte er
> [der Vater Barnabas] denn? Was war ihm geschehen? Wo-
> für wollte er eine Verzeihung? Wann und von wem war
> denn im Schloß auch nur ein Finger gegen ihn gerührt
> worden?" (SCH, S. 178)

Das Schloß wird damit als jene absolute Herrschaftsposition
gezeigt, von wo die Ordnung ihren Ausgang nimmt und in Form
eines streng hierarchisch gegliederten Verwaltungsapparates
alle Bereiche des gesellschaftlichen Lebens erfaßt, sodaß

---

1 Vgl. dazu Redlich, Joseph: a.a.O., S. 424 f.: "... die eigentliche Ursache des unvermeidlichen Verfalls dieses altösterreichischen Systems zentralistischer Verwaltung lag
  ... 'darin' ..., daß man Land und Leute ausschließlich
  als Objekte der 'Staatstätigkeit' ansah, welch' letzterer
  gegenüber jedermann zu völliger Unterwerfung verpflichtet war, etwa mit der Ausnahme allein, ... untertänige
  Bitten und Gnadengesuche bei den Hofstellen und selbst
  beim Kaiser einzubringen."

der "Einfluß des Schlosses" (SCH, S. 173) überall hinreicht, während jedoch für den einzelnen das Schloß unerreichbar[1] bleibt, und somit auch die Möglichkeit der Intervention in Fragen der gesellschaftlichen Ordnung versagt ist;[2] zu einem ähnlichen Schluß kommt auch Keller, wenn sie im Hinblick auf BEIM BAU DER CHINESISCHEN MAUER feststellt:

> "Je größer der 'Kaiser als solcher' wird, umso weiter der Weg von seinem Palast 'durch alle Stockwerke der Welt' zum einzelnen Untertanen. Je mehr sich Herrschaft als Idee ablöst von der Wirklichkeit des gesellschaftlichen Lebens, desto unaufhebbarer vereinzeln die Untertanen, verlieren unausweichlich den Zusammenhang des Ganzen" 3.

Tatsächlich ist ein derartiges Zentrum der Ordnung den hier

---

1 Zur Verdeutlichung dieses Verhältnisses zwischen Schloß und Dorf ist folgende Stelle sehr aufschlußreich, insofern daraus klar hervorgeht, daß es sich um ein Herrschaftsverhältnis handelt, wobei sich das Schloß, um den willkürlichen Herrschaftsanspruch nicht zu gefährden, hermetisch gegen die Beherrschten abschließt: SCH, S. 24: "... die Hauptstraße des Dorfes, führte nicht zum Schloßberg, sie führte nur nahe heran, dann aber, wie absichtlich, bog sie ab, und wenn sie auch vom Schloß nicht entfernte, so kam sie ihm doch auch nicht näher" (wie K. erwarten würde); auch Olga stellt in diesem Sinn fest: SCH, S. 166: "Zwar heißt es, daß wir alle zum Schloß gehören und gar kein Abstand besteht und nichts zu überbrücken ist ..., aber wir haben leider Gelegenheit gehabt zu sehen, daß es, gerade wenn es darauf ankommt, gar nicht stimmt." Vgl. dazu a. Keller, Karin: Gesellschaft im mythischen Bann, Wiesbaden 1977, S. 194: "Kafka konstatiert ... die Übermacht eines Gesellschaftlichen, das den Individuen entglitten ist, das sie nicht kontrollieren."

2 Vgl. dazu den grundlegenden Widerspruch in der Josephinischen Staatsidee, der darin begründet liegt,daß sie einen möglichst umfassenden Verwaltungsapparat zum Besten des Volkes vorsieht, jedoch ohne dessen Beteiligung. Wie sehr dieses Verständnis von Staat für Österreich prägend geworden ist, zeigt sich nicht zuletzt darin, daß Aspekte dieser Staatsidee bis heute überlebt haben: s. Weiss, Walter: Thematisierung der "Ordnung" in der österreichischen Literatur, Masch.-Schr., Salzburg, S. 4, wo er besonders "die bürokratisch von oben betriebene politische und (oder) ökonomische Modernisierung" als bestimmendes Merkmal angibt.

3 Keller, Karin, a.a.O., S. 156.

untersuchten Werken im wesentlichen gemeinsam: Das Gericht
in DER PROZESS ist ebenso "unerreichbar" (P, S. 116)[1] wie
der Kaiser und Peking im BEIM BAU DER CHINESISCHEN MAUER,
die dem Volk geradezu unvorstellbar sind, "fremder als das
jenseitige Leben" (E, S. 298): Das gleichsam Unermeßliche
dieser Distanz zwischen dem Volk und der Herrschaftsposition ist in folgendem Bild festgehalten:

> "Leichter als eine solche Stadt sich vorzustellen
> ist es uns [Volk], zu glauben, Peking und sein Kaiser
> wäre eines, etwa eine Wolke,..." (E, S. 298)

Die für diese fiktiven Gesellschaftsmodelle bestimmenden
Ordnungsprinzipien legen folgenden ideologischen Zusammenhang nahe:

> "Für dieses 'System' [Verwaltungssystem n. Bach] ist
> Regierung im Innern ausschließlich Verwaltung nach
> absolutistisch gegebenen Gesetzen und Niederhaltung
> jedes politischen Willens der Untertanen; und so er-
> schöpft sich notwendigerweise das ganze öffentliche
> Wirken in der Tätigkeit der staatlichen Behörden,
> denen passiver Gehorsam vor allem geschuldet wird."
> [2]

Eine ähnliche Kritik erschließt sich auch aus der Konfiguration des Schloß-Romans, in dem die relativierenden
Gegenwerte K.'s, für den es unbegreiflich ist, daß nicht
allgemeingültige Gesetze und moralische Werte[3] das gesell-

---

1 Und zwar für alle, nicht nur für die Untertanen, auch für
  die untersten Richter und Beamten: "Für uns alle ganz unerreichbar." (P, S. 116)

2 Redlich, Joseph: a.a.O., S. 445. Vgl. a. ders.: Kaiser
  Franz Joseph. Eine Biographie, Berlin 1928, S. 321, wo er
  von jenen "alten Herrschaftsideen" spricht, an denen der
  Kaiser auch unter veränderten politischen Bedingungen im
  wesentlichen bis an sein Lebensende festhielt; in diesem
  Sinn charakterisiert er ihn im folgenden: a.a.O., S. 314,
  als den "letzten der europäischen Monarchen, den das un-
  enträtselbare Schicksal dazu bestimmt hatte, die Idee
  vom legitimen Herrscher ... in seiner Person bis ins 2o.
  Jahrhundert lebendig hineinzutragen".

3 Wobei er, dem universalen Gesetzesverständnis der Kafkaschen Helden gemäß, Gesetze und moralische Werte als einheitliches Ganzes begreift.

schaftliche Leben regeln, das einzig gültige Gesetz der dargestellten Ordnung, nämlich Herrschaft und dementsprechende
Unterwerfung bzw. blinden erniedrigenden Gehorsam[1] klar erkennen lassen: So z.B. wenn K. sich wundert:

> "... man konnte doch wegen der verbrecherischen Hand-
> lungsweise Sortinis nicht Amalia anklagen oder gar
> bestrafen?" (SCH, S. 165)

K., der damit - wie wir dies bereits im einzelnen immer wieder für die Kafkaschen Helden feststellen konnten - allein
allgemein verbindliche Gesetze als Ordnungsfaktoren gelten
läßt, muß von Olga erfahren, daß das einzig gültige Gesetz -
Macht - "freilich nicht" zu "einem regelrechten Prozeß"
führt, daß man Amalia zwar "nicht unmittelbar" bestrafte,
"wohl aber ... auf andere Weise, sie und [die] ganze Familie..." (SCH, S. 165).

Damit erstreckt sich auch dieser Prozeß, ähnlich wie jener Josef K.'s im gleichnamigen Roman, ohne Unterschied
auf das ganze Leben, auf alle mitmenschlichen Beziehungen,
eben weil er sich nicht, wie in einem wirklichen "Rechtsstaat" (P, S. 9), auf bestimmte allgemeine Gesetze stützt,
sondern im wesentlichen nur im Interesse der bestehenden
Machtverhältnisse und damit letztlich der unveränderten
Erhaltung des Herrschaftsanspruches geführt wird: Dabei ist
der einzelne, dessen einzige Pflicht der Gehorsam ist, in
jedem Fall schuldig;[2] dieses einzige Gesetz entscheidet je-

---

1 In diesem Zusammenhang ist es interessant, auf folgende
Ausführungen Kafkas zur Problematik der Massengesell-
schaft zu verweisen: Janouch, G.: Gespräche mit Kafka,
1968, S. 242: "Darum muß man jeden einzelnen durch das
Vertrauen, das man ihm schenkt, aktivieren. Man muß ihm
Selbstvertrauen und Hoffnung und damit wirklich die
Freiheit geben. Nur so können wir arbeiten und leben und
die ... Gesetzesapparatur nicht als einen erniedrigenden
Pferch empfinden."

2 Vgl. Keller, K.: a.a.O., S. 195, wo sie feststellt, Kafka
entlarve die "Gefangenschaft, in der das Individuum, weil
es des Zusammenhangs eines Ganzen beraubt ist, dem geschichtlich Mächtigen ohnmächtig verfallen ist."

den Prozeß - sowohl den Josef K.'s als auch den Amalias.
Das Fehlen grundlegender, leitender Prinzipien für das gesellschaftliche Zusammenleben bringt es mit sich, daß der-
jenige verurteilt wird, für den verantwortliches Handeln
des einzelnen sowie geistige Auseinandersetzung mit den Voraussetzungen der Ordnung grundlegend ist.[1] Das ist ja auch
das Verhängnis der Familie Barnabas:

> "Wenn wir ..., das Vergangene ruhen gelassen hätten ,...
> so wäre alles gut gewesen ...; ... daß wir immer fort
> die Briefgeschichte besprachen ..., es war natürlich
> und unvermeidlich, aber nicht gut ..." (SCH, S. 176)

Hätte die Familie Barnabas die Sache auf sich beruhen lassen, hätte sie nicht den Anspruch erhoben, den Fall klären
zu wollen, was den Rahmen der gegebenen Ordnung sprengte
und die bestehenden Machtverhältnisse in Frage stellte,
sie hätte ihre Stellung nicht verloren, wäre nicht verachtet worden. Die Ordnung der fiktiven Welt evoziert damit
feudale Verhältnisse: Die Familie Barnabas hat gegen das
Grundgesetz der Unterordnung bzw. Einordnung in jene Kette
von Abhängigkeiten verstoßen, die Bloch in seiner Studie
über die Struktur des feudalen Systems aufzeigt:

> "Nella società feudale, il legame umano caratteristi-
> co fu quello del subordinato a un capo prossimo. Di
> anello in anello, i nodi così formati congiungevano,
> come per mezzo di altrettante catene indefinitamente
> ramificate, i più piccoli ai più grandi." [2]

---

1 Vgl. Philippi, Klaus Peter: Reflexion und Wirklichkeit.
  Untersuchungen zu Kafkas Roman"Das Schloß", Tübingen 1966,
  S. 66: "Indem sie [Amalia] auf dem Recht ihrer selbstbe-
  wußten Existenz und der eigenen freien Entscheidung beharrt ..., tritt sie aus der gesamten Schloß-Dorf-Bezie-
  hung heraus ... Amalia ist eine 'Ausnahme' und ... gefähr-
  det ... genau wie K. als Fremder die Totalität des Herr-
  schaftsbezuges, des am Anfang ausgesprochenen Besitzver-
  hältnisses, in dem Schloß und Dorf zueinander stehen."

2 Bloch, Marc: La società feudale, Torino 1977, S. 495.

Aus der Sicht dieser feudalen Ordnungsprinzipien haben
die Leute im Dorf nur ihre Pflicht getan, wenn sie sich von
der Familie "lossagten" (SCH, S. 175), oder wenn Frieda
"die Gemeinde darauf aufmerksam" machte, "daß hier etwas geschehen war, von dem man sich auf das sorgfältigste fernzuhalten hatte" (SCH, S. 176). In einer Gesellschaft, in der
der einzelne allein nach dem "Rückhalt"[1] bei den Mächtigen
beurteilt wird, ist die Frage, ob Amalia recht oder unrecht
getan hat, fehl am Platz; damit wird Eigenständigkeit im
Handeln des einzelnen vorausgesetzt, was, wie Olga ausdrücklich K. gegenüber erklärt, den Rahmen der herrschenden Ordnung überschreitet, in der es nur gilt, Befehle zu befolgen:

> "'Das Entscheidende erkennst du nicht', sagte Olga,
> 'du magst ja recht haben mit allem [wenn er allgemei-
> ne moralische Werte ins Treffen führt], aber das Ent-
> scheidende war, daß Amalia nicht in den Herrenhof ging
> ..." (SCH, S. 164)

Dabei zeigt sich hier wiederum, daß der Wert einer Präzisierung der im einzelnen für die Erzählwelt Kafkas bestimmenden ideologischen Faktoren darin liegt, daß es dadurch möglich wird, den kritischen Beitrag der einzelnen Werke genauer
zu bestimmen: So wird zum Beispiel im Fall der Romane DER
PROZESS und DAS SCHLOSS ersichtlich, daß aufgrund der diese
Literaturprodukte bestimmenden kulturellen Voraussetzungen
bzw. Konflikte im besonderen Kritik an der fehlenden Autorität einer Ordnung geübt wird, die nur enormer Verwaltungsapparat ist, sodaß anstelle von Gesetzen bzw. allgemeingültigen Grundsätzen

> "wirklichen Wert ... nur ehrliche persönliche Be-
> ziehungen, und zwar mit höheren Beamten ..." (P, S. 87)

haben.

---

1 SCH, S. 248: "... Er ist Landvermesser, das ist vielleicht
etwas ..., aber, wenn man nichts damit anzufangen weiß,
ist es doch auch wieder nichts. Und dabei stellt er Ansprüche, ohne den geringsten Rückhalt zu haben, ..., das
ist doch aufreizend. Ob er denn wisse, daß sich sogar ein
Zimmermädchen etwas vergibt, wenn sie länger mit ihm
spricht."

Auch im SCHLOSS-Roman ist das Ansehen des einzelnen,
sein gesellschaftliches Prestige ausschließlich von seiner
Beziehung zu den Mächtigen und damit letztlich zum Schloß
bestimmt: So ist Frieda "eine respektable Person" (SCH, S.
34), weil sie "Klamms Geliebte" ist und Klamm seinerseits
"ein Herr aus dem Schloß", der als solcher mit den Leuten
aus dem Dorf nicht spricht (SCH, S. 44); allein die Nähe
zum Schloß, d.h. zur absoluten Herrschaftsposition, entscheidet die gesellschaftliche Stellung.[1] Unterordnung unter die Macht des Höhergestellten als grundlegender und allei-
niger gesellschaftlicher Ordnungsfaktor läßt sich auch in
der Erzählung DIE ABWEISUNG feststellen, wo der Oberst gegen die konstruktiven Vorschläge bzw. "Bitten" der Bevölkerung seine Macht und damit stellvertretend die herrschaftliche Regierung über die "bürgerlichen Leute" zu behaupten
hat.

Derartige Ordnungsprinzipien, wie sie in den bis jetzt
behandelten Werken festgestellt werden konnten, scheinen nun
eher feudale als kapitalistische Verhältnisse zu reflektieren;[2] in diesem Zusammenhang sei noch kurz darauf hingewie-

---

1 Vgl. a. SCH, S. 16, wo sich ein Mädchen selbst als "ein
 Mädchen aus dem Schloß" vorstellt, was bedeutet, daß die
 Nähe zum Feudalherren einen gesellschaftlichen Wert dar-
 stellt.

2 Vgl. a. DIE TRUPPENAUSHEBUNG, S. 315: "Ohne jemanden an-
 zuschauen, macht er [der junge Adelige] mit einer Peitsche, die seine ganze Ausrüstung bildet, ein Zeichen, ...";
 weiters finden sich zahlreiche direkte Hinweise, wie z.B.
 auf die "kaiserlichen Wälder" in DIE ABWEISUNG (E, S. 312)
 oder "gräflichen Behörden" (SCH, S. 51); dagegen sind in
 anderen Werken ausdrücklich Aspekte einer kapitalistischen
 Ordnung thematisiert; so reflektiert z.B. die Orgnisa-
 tion des Hotel Occidental in AMERIKA das kapitalistische
 Prinzip der skrupellosen Ausbeutung der vorhandenen menschlichen sowie materiellen Ressourcen zur Gewinnmaximierung:
 s. u.a.: A, S. 1o7, wo Karl, um "seine Passagiere nicht
 an andere Jungen [zu] verlieren", von der "Möglichkeit"
 Gebrauch macht, "durch Ziehen an einem durch den Aufzugs-
 kasten hindurchgehenden Drahtseil, die gewöhnliche Schnel-

sen, daß die Stellung des Gerichtsmalers Titorelli vererb-
lich ist (P, S. 111) und folglich "unerschütterlich" (P,
S. 112); ähnliches scheint für die Position des Obersten
in DIE ABWEISUNG zu gelten:

> "Seine Enkel [des Obersten], in schönen seidenen Klei-
> dern, spielen um ihn herum, auf den Marktplatz hinun-
> ter dürfen sie nicht gehn, die anderen Kinder sind ih-
> rer unwürdig ,..." (E, S. 31o)

Es ist nun interessant festzustellen, daß sich das literarische Produkt jenes spezifischen ideologischen Konfliktes
zwischen den Prinzipien des gleichsam mythischen jüdischen
Gesellschaftsbewußtseins und dem politischen System der
untergehenden Habsburg-Monachie als exemplarische Studie
des Herrschaftsmechanismus erweist:[1] Die jüdische Vorstellung von der Autorität der Ordnung im Sinne eines allgemeingültigen Gesetzes, das zugleich oberste gesellschaftliche
Instanz und Aufgabe aller ist, demaskiert den der patriarchalischen Durchorganisation der Monarchie zugrundeliegen-

---

ligkeit zu steigern ..."; andererseits wird auch Gregor
Samsa Opfer eines Systems, dessen einziges Gesetz bzw.
Wert das "Geld" bzw. der "Gewinn" ist, wie dies u.a. in
der Rede des Prokuristen klar zum Ausdruck kommt: E, S. 63:
"'Der Chef deutete mir zwar heute früh eine mögliche Erklärung für ihre Versäumnisse an - sie betraf das Ihnen
seit kurzem anvertraute Inkasso - ... Ihre Stellung ist
durchaus nicht die festeste ... Ihre Leistungen in der
letzten Zeit waren ... sehr unbefriedigend; es ist zwar nicht
die Jahreszeit, um besondere Geschäfte zu machen, das
erkennen wir an; aber eine Jahreszeit, um keine Geschäfte
zu machen, gibt es überhaupt nicht, Herr Samsa, darf es
nicht geben.'"

1 Wodurch sich das von Ernst Fischer festgestellte "österreichische Paradoxon" gleichsam verdoppelt: Vgl. Fischer,
Ernst: Von Grillparzer zu Kafka. Sechs Essays, Frankfurt
1975, S. 342: "Es ist das österreichische Paradoxon, daß
gerade durch ihre Rückständigkeit die Monarchie Erscheinungen des allgemeinen Verfalls vorwegnahm." Dieser Aspekt entgeht Keller, Karin: a.a.O., S. 227, wenn sie be-
mängelt, daß K. dem "mythischen Bann" der fiktiven Gesellschaft "nur wiederum mythische Bilder entgegensetzen kann."

den Herrschaftsanspruch in seiner Willkür und Unrechtmäßig-
keit.[1] Das Ergebnis der Verbindung dieser beiden Ideologien
in der Fiktion ist die Kritik an einem System, das anstelle
allgemeingültiger Gesetze als Richtlinien für das gesellschaftliche Zusammenleben im wesentlichen auf einem Grundgesetz beruht, das das Privileg einer Minderheit ist und deren Herrschaftsanspruch besiegelt; diese Kritik ist auch in
ZUR FRAGE DER GESETZE angelegt, wenn es dort heißt:

> "... die Gesetze sind ja von ihrem Beginne an für den
> Adel festgelegt worden, [aber] der Adel steht außer-
> halb des Gesetzes ..." (E, S. 314) [um im paradoxen
> Schlußsatz noch einmal die Notwendigkeit einer eindeu-
> tigen Gesetzesgrundlage zu betonen] "Das einzige,
> sichtbare, zweifellose Gesetz, das uns auferlegt ist,
> ist der Adel und um dieses einzige Gesetz sollten wir
> uns selbst bringen wollen?" (E, S. 315)

Diese Thematik legt nun folgenden kulturellen Zusammenhang nahe:

> "Gemeinsam ist allen Völkern und allen politischen
> Parteikörpern in Österreich seit jener Zeit [des neu-
> österreichischen Absolutismus] das zweifache Mißtrauen
> geblieben: das Mißtrauen gegen den 'Staat' als Inbe-
> griff der organisatorischen Macht, welche mit der Hil-
> fe dieses staatlichen Apparates unbedenklich über alle
> Zusagen, Gesetze und Verfassungen hinweg zu schreiten
> dann keine Bedenken trug, wenn das tatsächliche oder
> vermeintliche Interesse der Machthaber es gebot. So-
> dann das Mißtrauen in die eigene Fähigkeit, politisch
> schöpferisch zu wirken gegenüber der vorwiegend, ja
> fast ausschließlich dynastischen Staatsidee ..." [2]

ZUR FRAGE DER GESETZE erweist sich so gesehen als Ausdruck und zugleich als Auseinandersetzung mit der von Redlich aufgezeigten Problematik, wobei zu betonen ist, daß

---

1 Oder anders gesagt: "[weist auf] die Nachteile [hin],
 die es mit sich bringt, wenn nur einzelne und nicht das
 ganze Volk an der Auslegung [der Gesetze] sich beteiligen dürfen." (ZUR FRAGE DER GESETZE, E, S. 314.)

2 Redlich, Joseph: Das österr. Staats- u. Reichsproblem,
 S. 455 f.

diese besondere Kritik von Herrschaft im Kafkaschen Werk
nicht von einem revolutionären, bestehende Gesellschafts-
formen überwindenden Gegenmodell ausgeht, sondern vielmehr
von den antiken Grundwerten des jüdischen Gesellschaftsver-
ständnisses getragen erscheint, die Cohen in seiner Studie
zur jüdischen Tradition wie folgt zusammenfaßt:

> "Dennoch bleibt die Gerechtigkeit mit der Gerichts-
> verfassung das absolute Fundament des Staates und je-
> der sozialen Gemeinschaft als deren oberstes Prinzip."
> 1

Damit läßt sich bereits jetzt folgendes wichtige Teilergeb-
nis festhalten: Die für die Kafkaschen Erzählstrukturen bestimmenden Widersprüche laufen nicht auf eine Widerspiegelung des "Nichts" im Lukácsschen Sinn[2] hinaus, noch zielen
sie auf eine "Deterritorialisierung der Sprache" im Sinne
Deleuze-Guattari[3] (s. S. 41 f.) ab, sondern es wird vielmehr
gerade durch das Nebeneinander der gegensätzlichen Wertungen

---

1 Cohen, Hermann: a.a.O., S. 51o.

2 Lukács, Georg: Wider den mißverstandenen Realismus, S.
56, wo er als das "wesentlichste Prinzip der Gestaltung
... doch ... die Welt als Allegorie eines transzendenten
Nichts" erkennen zu können glaubt.

3 Deleuze, Gilles, und Félix Guattari: Per una letteratura
minore, S. 43, wo es über den Sprachgebrauch Kafkas heißt:
"Poiché il tedesco di Praga è deterritorializzato a vari
livelli ... lo si spingerà sino a una deterritorializzazione che non sarà più compensata dalla cultura o dal
mito, una deterritorializzazione assoluta ... Trascinare
lentamente, progressivamente, la lingua nel deserto";
diesem Begriff der "Deterritorialisierung" widerspricht
folgende Stellungnahme Kafkas zum Expressionismus: Janouch, Gustav: Gespräche mit Kafka, S. 85: "Sie [die Au-
toren] tun so, als würde die Sprache nur ihnen gehören.
Dabei wird die Sprache den Lebenden nur für eine bestimmte Zeit verliehen. Wir dürfen sie nur gebrauchen. In Wirklichkeit gehört sie den Toten und den noch Ungeborenen.
[Vgl. jüdisches Geschichtsverständnis: 'Kette der Generationen', s. S.189, Anm. 2] Man muß mit ihrem Besitz vor-
sichtig umgehen. Das haben die Autoren dieses Buches vergessen. Sie sind Sprachzerstörer. Das ist ein schweres
Vergehen."

und ihre prinzipielle "Austauschbarkeit"[1] Kritik an der
Nichtigkeit des Herrschaftsanspruches geübt, an einer Ordnung ohne jede Autorität, der jede vernünftige, einsichti-
ge Grundlage fehlt.

---

1 Lukács, Georg: a.a.O., S. 44.

1. Die Handlanger der Macht

Um im kritischen Moment der Bedrohung der Vorherrschaft
den Herrschaftsanspruch weiterhin behaupten bzw. verteidigen
zu können, ist ein nach streng hierarchischen Kriterien
strukturierter Machtapparat notwendig, dessen Aufgabe es
ist, den herrschaftlichen Willen zu verwalten; dabei beschränkt sich die Arbeit für den einzelnen Beamten im wesentlichen auf das Bekleiden der ihm zugewiesenen Stufe[1]
des enormen hierarchischen Apparates: Ähnlich beurteilt
Redlich die Auswirkungen "jener 1851 als einzig 'vernünf-
tig' verkündeten Theorie vom Absolutismus", wenn er darauf
hinweist:

> "... daß in Österreich Generation auf Generation von
> Staatsdienern, von beamteten Ministern hervorwuchs,
> die sich bewußt nur als Werkzeug des 'höchsten Wil-
> lens', als Empfänger 'allerhöchster Gnade' in allem
> Großen und Kleinen betrachteten und jede ernstliche
> Verantwortung auf diesen, auf den obersten Herrn ab-
> zuwälzen sich gewöhnten." 2

Zugegen sein und mit ihrer Anwesenheit dem herrschaftlichen Willen stellvertretend Geltung zu verschaffen, ist
die eigentliche Aufgabe dieser Beamten: Arbeit im eigentlichen Sinn ist bei derartigen Voraussetzungen nicht zu leisten, es genügt die physische Präsenz,[3] wie das die Konfi-

---

1 Besonders deutlich wird dieser Aspekt des Bekleidens einer Rolle am Ende des Prozesses, wenn Josef K. seine Ur-
  teilsvollstrecker, die ihm wie Schauspieler vorkommen,
  fragt: "An welchem Theater spielen Sie?" (P, S. 162)

2 Redlich, Joseph: Das österreichische Staats- und Reichsproblem, S. 411.

gurationen der Kafkaschen Erzählwelt immer wieder erkennen lassen: So sitzt z.B. Klamm "an einem Schreibtisch ... in einem bequemen Rundlehnstuhl, ... grell von einer ... Glüh-lampe beleuchtet ..." (SCH, S. 33) und hat jedoch nicht, wie K. annimmt, Schriften vor sich liegen, sondern nichts (SCH, S. 34), ja schläft vielmehr in dieser Stellung, wie Frieda zum Erstaunen K.'s erklärt:

> "Das war seine Schlafstellung, die Herren schlafen
> sehr viel, das kann man kaum verstehen." (SCH, S. 36)

Diese Kafkaschen Beamten müssen kein bestimmtes Arbeitspro-gramm voranbringen, sie sollten nur die Stellung halten, um auf diese Weise dazu beizutragen, den status quo, die be-stehenden Herrschaftsverhältnisse aufrechtzuerhalten: Es ist dies jenes Prinzip des "Fortwurstelns", das sich in den für Kafka typischen Kontextuierungen der Beamten im Bett[1] widerspiegelt und von dem Johnston feststellt:

> "Das System gegenseitiger Hilfeleistung ohne Politik,
> das Taaffe Fortwursteln nannte, konnte nur in Stagna-
> tion enden." [2]

---

3 Was auch jenes für den SCHLOSS-Roman typische "Prinzip der Vertretungen, auf das Binder hinweist (Binder, Hart-mut: Kafka-Kommentar zu den Romanen, S. 363), nahelegt: "Klamm unterzeichnet in Vertretung Gardenas Heiratsur-kunde ... Sortini vertritt Sordini. Am Telephon hebt einer für den anderen ab, und die Sekretäre schützen sich vor den Parteien, indem sie sich von Kollegen ver-treten lassen, die für den betreffenden Fall unzuständig sind."

1 So z.B. der Gemeindevorsteher in DAS SCHLOSS, der K. im Bett empfängt, oder aber auch der Advokat in DER PROZESS, der seine Klienten immer im Bett abfertigt, dieses Mo-tiv kehrt u.a. auch in der nächtlichen Begegnung K.'s mit Bürgel wieder: SCH, S. 215: "Ich habe das große Bett ge-wählt, in einem Schlafzimmer ist doch wohl das Bett die Hauptsache ... ich verbringe darin einen großen Teil des Tages, erledige darin alle Korrespondenzen, führe hier die Parteieinvernahmen aus."

2 Johnston, William M.: Österreichische Kultur- und Geistes-geschichte, Wien, Köln, Graz, 1974, S. 65.

Die für eine derartige Ordnung kennzeichnende Auffassung
von Arbeit wird auf der Ebene der Fiktion in folgendem Bild
des Musterbeamten Sordini darstellbar, dessen Zimmer sich
dadurch auszeichnet,

> "...,daß alle Wände mit Säulen von großen, aufeinander-
> gestapelten Aktenbündeln verdeckt sind ... und da im-
> merfort den Bündeln Akten entnommen und eingefügt wer-
> den ..., stürzen diese Säulen immerfort zusammen, und
> gerade dieses ... kurz aufeinanderfolgende Krachen
> ist für Sordinis Arbeitszimmer bezeichnend geworden.
> Nun ja, Sordini ist ein Arbeiter ..." (SCH, S. 58) 1

Die darauffolgende kritische Entgegnung K.'s läßt die Sinnlosigkeit einer Arbeit, die jeglicher Zweckgebundenheit entbehrt, bewußt werden:

> "...,mein Ehrgeiz geht nicht dahin, große, mich be-
> treffende Aktensäulen entstehen und zusammenkrachen
> zu lassen, sondern als kleiner Landvermesser bei ei-
> nem kleinen Zeichentisch ruhig zu arbeiten." (SCH,
> S. 58)

Wie gesellschaftliche Interaktion im allgemeinen von den
grundlegenden Prinzipien der gesellschaftlichen Ordnung geprägt ist, so unterliegt die Arbeit im besonderen den Grund-
gesetzen der Gesellschaft; wenn sich Ordnung auf Herrschaftsanspruch begründet und allein Macht entscheidet,
entartet Arbeit[2] zwangsläufig in absurde Betätigungen, in
sinnlose "Aufgaben" wie sie sich in den Erzählwelten Kafkas
immer wieder finden: So z.B. wenn der Gerichtsdiener im
PROZESS "... mit einer jedenfalls unnützen Meldung" (P, S.
48) weggeschickt wird, um dem Studenten Zeit zu geben, die

---

1 Vgl. dazu auch folgende Stelle aus DAS SCHLOSS, SCH, S.
53:"'Viel Arbeit ist geleistet worden', sagte der Vor-
steher ..., 'und das ist nur ein kleiner Teil. Die Haupt-
masse habe ich in der Scheune aufbewahrt, und der größte
Teil ist ... verloren gegangen ...'"

2 Arbeit wird gleichsam zum Unwert: SCH, S. 149: "... die
höheren Diener sind ... vielleicht ... sogar höher als
manche Beamte; einiges spricht dafür: sie arbeiten weniger..."

Frau des Gerichtsdieners zum Untersuchungsrichter zu tragen,[1]
in diesem Zusammenhang ist auch auf jene groteske Szene der
Aktenverteilung im Herrenhof (SCH, S. 228 ff.) zu verweisen:

> "Sie [Verteilungsarbeit] ging, je weiter sie fort-
> schritt, immer weniger glatt vonstatten, entweder
> stimmte das Verzeichnis nicht ganz oder waren die Ak-
> ten für den Diener nicht immer gut unterscheidbar
> oder erhoben die Herren aus anderen Gründen Einwände;
> jedenfalls kam es vor, daß manche Verteilungen rück-
> gängig gemacht werden mußten ... und es wurde durch
> den Türspalt wegen der Rückgabe der Akten verhan-
> delt ..." (SCH, S. 229)

Die Arbeit dieser Diener und Beamten bringt keinerlei Verantwortung mit sich, sondern ist im wesentlichen nur Befehlsausführung: Besonders klar geht dies aus folgender Stelle
hervor, in der sich der Prügler Josef K. gegenüber für sein
Handeln wie folgt verteidigt:

> "Ich bin zum Prügeln angestellt, also prügle ich."
> (P, S. 65)

Hand in Hand mit dieser Konzeption der Arbeit geht die
Entfremdung des Menschen, der in seiner Würde als denkendes-
des und handelndes Individuum grob verletzt wird: Der einzelne, dem der Einblick in den Gesamtzusammemhang, in die
Logik der Ordnung versagt ist, wird dadurch zum Werkzeug,[2]
zum bloßen Instrument[3] des herrschaftlichen Willens: Dies

---

1 Vgl. dazu auch jenes Bild der "Aktenbündel ..., welche
  rund gebunden waren, so wie man Brennholz zu binden
  pflegt", und den anschließenden Kommentar des Gemeinde-
  vorstehers: SCH, S. 53: "Viel Arbeit ist geleistet worden."

2 Vgl. dazu Redlich, Joseph: Das österreichische Staats-
  und Reichsproblem, S. 411, wo er darauf hinweist, daß die
  wiederbelebte Idee vom Absolutismus als einzig mögliche
  Staatsform Österreichs "... die Minister nur als unver-
  antwortlich beherrschte Werkzeuge des Monachen ansieht".

3 Vgl. P, S. 66, wo es heißt, der "Schrei" des Wächters
  Franz "... schien nicht von einem Menschen, sondern von
  einem gemarterten Instrument zu stammen." Vgl. a. fol-

gilt nicht nur für die Untertanen, sondern auch für die Beamten, diese Stellvertreter der Herrschaftsposition, denen im Rahmen ihres streng abgegrenzten "Kompetenzbereiches"[1] tatsächlich die Funktion der "Verkörperung absoluter Macht"[2] zukommt, welcher letzteren gegenüber sie jedoch ebenso machtlos sind: Dieses Prinzip, den Beamten in ihrem Bereich größtmöglichste Exekutivgewalt zu geben, sie jedoch zugleich über die Grundlagen der Ordnung, über die Theorie im unklaren zu lassen, ist gleichsam das Grundgesetz eines Systems, das nur auf Herrschaftsanspruch beruht: Die einzige Aufgabe dieses streng hierarchisch gegliederten Verwaltungsapparates ist es, den Herrschaftsanspruch zu verteidigen, "die dynastische Machtfülle des Kaisers" unvermindert zu erhalten, rein defensiv vorzugehen:[3]

> "So läuft ... die Rechtsstaatsidee im wesentlichen darauf hinaus, daß die jeweils normgemäß gesicherte Über- und Unterordnung der Instanzen, d.h. die Kompetenz der Behörden vorsorglich gewahrt wird ... Der auch sonst im altösterreichischen Beamtentum vorhandene Mangel an Initiative und Entschlußkraft, und im Zusammenhang damit der Trieb, sachliche Entscheidungen durch formell-rechtliche Erörterungen hinauszuschieben oder ganz zu umgehen, hat von hier aus ... kräftigste Förderung erfahren." 4

---

gende Stelle aus DAS SCHLOSS, wo die Brückenhofwirtin die Funktion des Sekretärs Momus wie folgt erklärt: SCH, S. 99: "... ich rede nicht von seiner selbständigen Persönlichkeit, sondern davon, was er [Momus] ist, wenn er Klamms Zustimmung hat,...: Dann ist er ein Werkzeug, auf dem die Hand Klamms liegt, und wehe jedem, der sich ihm nicht fügt." Dasselbe gilt, auf einer höheren Stufe der Hierarchie, für Klamm, der ja selbst nur einer jener Beamten ist, die im Schloß in einem engen Kanzleiraum dicht gedrängt nebeneinander stehen. (SCH, S. 152, vgl. Anm. 1, S. 126.)

1 Vgl. Keller, Karin: a.a.O., S. 19, wo die Rolle der Beamten wie folgt charakterisiert wird: "Der Bereich legitimer Befehlsgewalt ist umgrenzt als 'Kompetenz'; der Beamte ist Fachbeamter."

2 Beicken, Peter U.: a.a.O., S. 165.

3 Vgl. Althaus, Horst: a.a.O., zitiert S. 84, Anm. 2.

124

Eine Analyse der die Erzählwelten Kafkas bestimmenden
gesellschaftlichen Konfigurationen zeigt, daß die Macht dieser Beamten eigentlich nur in der "Verkörperung absoluter
Macht"[1] und dementsprechender mechanischer Ausführung eines
bestimmten Auftrags liegt, daß sie aber darüber hinaus über
keinerlei weitere Information verfügen, die ihnen die eigene
Arbeit verstehen ließe:

> "Die Belehrung also, die man aus dem Studium der ein-
> zelnen Prozeßstadien, der schließlichen Entscheidung
> und ihrer Gründe schöpfen kann, entgeht diesen Beam-
> ten. Sie dürfen sich nur mit jenem Teil des Prozesses
> befassen, der vom Gesetz für sie abgegrenzt ist..."
> (P, S. 88)

Dieser Aspekt der gesellschaftlichen Rolle der Beamten bringt
es mit sich, daß die Macht der Beamten auf den für sie abgegrenzten Aufgabenbereich beschränkt bleibt, allein darin
besteht, daß sie im Rahmen der für sie festgesetzten Funktion, der Herrscherposition stellvertretend Geltung zu verschaffen haben; das Fehlen einer allgemeinen "theoretischen
Unterweisung"[2] als Grundlage der Ordnung hat zur Folge, daß
die Arbeit der Beamten jeder begründeten Entscheidung ent-

---

4 Redlich, Joseph: a.a.O., S. 445 f. Vgl. dazu die Frage
  der "Zuständigkeit" wie sie K. Bürgel darlegt: SCH, S.
  222: "Das Geheimnis steckt in den Vorschriften über die
  Zuständigkeit. ... Es ist ... so, daß einer die Hauptzustän-
  digkeit hat, viele andere aber auch zu gewissen Teilen
  eine, wenn auch kleinere Zuständigkeit haben. Wer könnte
  allein ... alle Beziehungen auch nur des kleinsten Vor-
  falles auf seinem Schreibtisch zusammenhalten?"

1 Beicken, Peter U.: a.a.O., S. 165.

2 Im Sinne Cohens: vgl. Zitat S. 94; vgl. dazu auch die
  Abneigung, die der für das damalige Österreich gleichsam
  exemplarische Taaffe gegen theoretische Grundsätze heg-
  te: Redlich, Joseph: Kaiser Franz Joseph, S. 375: "Weit-
  ausgreifende, auf unverbrüchlichen Grundsätzen beruhende
  politische Konzepte schienen ihm [Taaffe] in ... Österreich ... ganz unnatürlich und aussichtslos"; vgl. dazu
  auch die "Bildung" der Beamten in DAS SCHLOSS, S. 181:
  "Die Beamten sind sehr gebildet, aber doch nur einseitig,
  ..., aber Dinge aus einer anderen Abteilung kann man ihm
  [einem Beamten] stundenlang erklären, er wird vielleicht
  höflich nicken, aber kein Wort verstehen."

behrt, daß sie "bloß ... Vollstrecker des kaiserlichen Willens" sind,[1] Handlanger der Macht, der absoluten Herrschaftsposition, der gegenüber sie "'nicht minder unfrei, gebunden, ohnmächtig'" sind "als jene, 'die in ehrfürchtigem Schauder zu ihnen aufblicken'".[2] Dies stimmt mit dem von Beicken selbst festgestellten Prinzip "Herrschaft und Macht haben Unterwerfung und Unterdrückung zur Folge"[3] überein, demzufolge das System eigentlich nur mehr in Befehlen faßbar ist, wie dies der Landvermesser K. gegen Ende des Romans erkennt, wenn er betroffen "die Nutzlosigkeit aller seiner Bestrebungen" einsehen muß:

> "Über ihn hinweg gingen die Befehle, die ungünstigen und die günstigen, ... er war viel zu tief gestellt, um in sie einzugreifen ... und für seine Stimme Gehör zu bekommen." (SCH, S. 228)

Dabei ist dieses Nicht-eingreifen-Können in die Befehle, die von "oben" kommen, nicht nur für die Position der Untertanen kennzeichnend, sondern gilt ebenso für alle Beamten, wie dies u.a. am Beispiel des Obersten aus DIE ABWEISUNG deutlich wird, von dem es heißt, er habe "zuerst eine sehr schnelle Karriere gemacht, dann scheint sie aber gestockt zu haben" - anscheinend ohne sein Zutun, aufgrund bestimmter höherer Anweisungen, gegen die der Oberst machtlos war, obwohl er andererseits eine "Stadt beherrscht" (E, S. 31o), oder vielmehr beauftragt ist, sie zu beherrschen.

Angesichts dieser Rolle der Beamten, die nur insofern mächtig sind, als sie eine bestimmte Funktion zu erfüllen haben, scheint es angebracht, sie nicht mit Herrschenden bzw. Mächtigen schlechthin gleichzusetzen:[4] Die "Mächtigen,

---

1 Redlich, Joseph: Kaiser Franz Joseph, S. 371.

2 Beicken, Peter U.: a.a.O., S. 165.

3 Ebda., S. 164.

4 Wie dies u.a. in folgender Darstellung der Arbeits Kobs bei Beicken, Peter U.: a.a.O., S. 165, geschieht, wenn es heißt: "Diese Funktionalität innerhalb der sozialen Rolle und dem System der totalen Abhängigkeit macht die Mächtigen gleichzeitig zu Ohnmächtigen..."; ebenso scheint Keller, K.: a.a.O., S. 197, zu wenig auf die

die gleichzeitig Ohnmächtige" sind, sind eben nicht die In-
haber dieser Macht, nicht die Herrschenden, sondern nur Stellvertreter der herrschaftlichen Gewalt, Handlanger der Macht,
nicht eigentlich Mächtige;[1] diese Präzisierung der semantischen Konfiguration erscheint umso wichtiger, als davon die
genaue Definition der dargestellten gesellschaftlichen Verhältnisse abhängt.

Es ist nun gerade diese Schwäche der Beamten gegenüber
der jeweiligen ominösen Machtposition, gegenüber der Regierung der Hauptstadt im Fall des Obersten in DIE ABWEISUNG,
gegenüber dem hohen, unsichtbaren Gericht, im Fall des Advokaten in DER PROZESS sowie der Beamten gegenüber dem Schloß,
die sie als bloße Verwalter der Interessen anderer zeigt.[2]

> "... die Behörden hatten... immer nur im Namen entle-
> gener, unsichtbarer Herren entlegene, unsichtbare
> Dinge zu verteidigen ..." (SCH, S. 51)

Diese Herren, deren Interessen die Beamten vertreten, liegen
außerhalb der Erzählperspektive Kafkas sowie ja auch Infor-
mationen darüber außerhalb der Reichweite der Beherrschten

Konfigurationen der fiktiven Welt und die damit evozier-
ten Ordnungsprinzipien einzugehen, wenn sie feststellt:
"Am Beginn des [SCHLOSS-]Romans erscheint die politische
Struktur der Dorfwelt bestimmt durch personale Herrschaft
feudalen Charakters. In seinem Fortgang wird immer deutlicher die politische Struktur einer von personaler Herrschaft befreiten rechtsstaatlichen Ordnung, innerhalb de-
rer formal das Volk der Souverän ist." Und an anderer
Stelle heißt es ausdrücklich: "Subjekt der Herrschaft ist
... im Schloßroman kein Fürst, sondern der Beamtenapparat ..." (Keller: a.a.O., S. 14o)

1 Wie dies u.a. auch aus Kontextuierungen wie der folgenden
hervorgeht: SCH, S. 152: Die Beamten stehen alle in einem
einzigen Kanzleiraum, wobei sie sich "wegen der Enge des
Raumes" geradezu "aneinander vorbeidrücken müssen":
Auch Klamm ist unter diesen Beamten, deren Macht sich darauf beschränkt, ihre Untergebenen, in diesem Fall die
Schreiber, zu unterdrücken.

2 In diesem Sinne ist für K. nicht Klamm, sondern das Schloß
das "Erstrebenswerte" (SCH, S. 96: "... nicht Klamms Nähe an sich war ihm das Erstrebenswerte, sondern daß er,
K., ... an ihn herankam, nicht um bei ihm zu ruhen, sondern um an ihm vorbeizukommen ..., ins Schloß.")

liegen, nicht nur der Untertanen, sondern auch der Beamten,
denen gleichfalls der Überblick über die Ziele und Inhalte
gänzlich fehlt: An der Spitze der Hierarchie bleibt weiterhin der Herrschaftsanspruch einer Minderheit, die sich immer mehr von der Gesellschaft abschließt, den Beamtenapparat vorschiebt, dazwischen schiebt, um damit den Verlust
an Hegemonie[1] zu kompensieren: Der Verwaltungsapparat soll
das wettmachen, was an Unmittelbarkeit des Volkskonsensus
und damit an Autorität der Ordnung verlorengegangen ist;[2]
in einer derartig kritischen Situation wird die Angst der
Bevölkerung vor dem Staatsapparat zum entscheidenden Garanten der Ordnung:[3] Dazu ist es vor allem nötig, "die Lücken-
losigkeit der amtlichen Organisation" (SCH, S. 22o), die

---

1 Vgl. Gramsci, Antonko: Gli intellettuali e l'organizzazione della cultura, Roma 1975, S. 21, wo er Hegemonie
  wie folgt definiert: "... consenso 'spontaneo' dato dal-
  le grandi masse della popolazione all'indirizzo impresso
  alla vita sociale dal gruppo fundamentale dominante, consenso che nasce 'storicamente' dal prestigio (e quindi
  dalla fiducia) derivante al gruppo dominante dalla sua
  posizione e dalla sua funzione nel mondo della produ-
  zione."

2 Bei ebda., S. 21, heißt es über den Staatsapparat u.a.:
  "... che è costituito ... in previsione dei momenti di
  crisi nel comando e nella direzione in cui il consenso
  spontaneo vien meno."

3 Dieses Prinzip der Angst als grundlegender Ordnungsfaktor läßt sich immer wieder in Kafkas Werk finden: Ein
  eindrucksvolles Beispiel ist der Kaufmann Block in DER
  PROZESS; dieses Motiv läßt sich ferner auch in DIE AB-
  WEISUNG feststellen, wenn es heißt (E, S. 312): "...
  auch damals wollte der zum Reden Bestimmte nicht anfan-
  gen, er stand schon dem Obersten gegenüber, aber dann
  verließ ihn der Mut und er drängte sich wieder unter verschiedenen Ausreden in die Menge zurück." Dieses Prinzip
  der Angst erweist sich als derartig massiv, daß es sich
  gegen moralische Bedenken bzw. Werte jeder Art durchsetzt:
  Dies wird besonders auch an der Geschichte Amalias deutlich, so u.a. wenn Olga zu K. sagt (SCH, S. 164: "...
  daß sie [Amalia] aber nicht gegangen ist [in den Herren-
  hof], war heldenhaft. Was mich betrifft, ich gestehe es
  dir hoffen ..., ich wäre gegangen. Ich hätte die Furcht
  vor dem Kommenden nicht ertragen ..."

Bürgel K. gegenüber hervorhebt, zu garantieren, um alle
gleichzeitig unter Kontrolle zu haben:

> "Aus dieser Lückenlosigkeit aber ergibt sich, daß jeder,
> der irgendein Anliegen hat oder aus sonstigen Gründen
> über etwas verhört werden muß, sofort, ohne Zögern,
> meistens sogar noch ehe er selbst sich die Sache zu-
> rechtgelegt hat, ja, noch ehe er selbst von ihr weiß,
> schon die Vorladung erhält." (SCH, S. 221) 1

Im darauffolgenden enthüllt Bürgel auch Sinn und Zweck dieser amtlichen Organisation, wenn er feststellt, daß alle
"voll beschäftigt sind",

> "... wenn sie neben ihrem sonstigen Berufe den Vorla-
> dungen und Winken der zuständigen Stellen entsprechen
> wollen,..." (SCH, S. 221)

Es zeigt sich, daß die Hauptaufgabe der Beamten im wesentlichen darin besteht, Zeit und Raum möglichst lücken-
los auszufüllen mit irgendwelchen an sich ganz sinnlosen
Verhören, Vorladungen und Protokollen, die einzig und allein dazu bestimmt sind, die Aktensammlungen anwachsen zu
lassen,[2] ihre Aufgabe ist es, die gesellschaftliche Realität und die in ihr aufkommenden konkreten Bedürfnisse und
Anforderungen (vgl. konkretes Anliegen K.'s) zu negieren,
um so den status quo möglichst lange erhalten zu können.[3]
   Die Konsequenzen einer derartigen "Ordnung" werden auf

---

1 Ein ähnliches Prinzip scheint auch für die Verhaftung
  Josef K.'s verantwortlich zu sein.

2 Vgl. a. jene Stelle in DAS SCHLOSS, wo die Brückenhofwirtin K. die Bedeutung des Verhörs wie folgt erklärt: SCH,
  S. 99: "Das Protokoll kommt in die Dorfregistratur Klamms,
  ..., mehr kann darüber mit Bestimmtheit nicht gesagt werden."

3 Vgl. Fischer, Ernst: a.a.O., S. 337: "Aktenbündel und
  Bajonette garantierten die Herrschaft über die riesige
  slawische Mehrheit; wie lange noch? Die niedergehaltenen
  Völker wurden diesem Staat [Habsburg-Monarchie] mehr und
  mehr entfremdet; doch nicht nur sie. Auch im 'Herrenvolk'
  nahm das Unbehagen überhand, das Gefühl, daß dieser Staat
  ein Provisorium, daß ohne Rückendeckung von außen das pri-
  vilegierte Dasein nicht zu sichern sei."

der Ebene der Fiktion anhand der Gegenwerte des Landvermes-
sers aufgedeckt, besonders klar wird diese Kritik in folgender Antwort K.'s auf jenen Brief Klamms, in dem ihn dieser
für die nicht durchgeführten Landvermesserarbeiten lobt
(SCH, S. 1o1):

> "Der Landvermesser K. bittet den Herrn Vorstand, ihm
> zu erlauben, persönlich bei ihm vorzusprechen;... Zu
> seiner Bitte ist er deshalb gezwungen, weil bisher alle
> Mittelspersonen vollständig versagt haben, zum Beweis
> führt er an, daß er nicht die geringste Vermesserar-
> beit bisher ausgeführt hat ... mit verzweifelter Be-
> schämung hat er deshalb den letzten Brief des Herrn
> Vorstandes gelesen, nur die persönliche Vorsprache
> beim Herrn Vorstand kann hier helfen." (SCH, S. 1o4) 1

Die hier aufgezeigten gesellschaftlichen Ordnungsfaktoren
lassen folgende These Kellers unhaltbar erscheinen:

> "Anstelle der heiligen Autorität des Monarchen tritt
> die heilige Autorität des Gesetzes die Herrschaft
> an." 2

Gesetz und Recht sind alles andere als Grundpfeiler der Ordnung, sie werden vielmehr nach Belieben gehandhabt, sie werden "mißbraucht", wie K., nachdem, was er hört und sieht,
allen Grund hat anzunehmen (SCH, S. 6o).[3]

Die Beamten erscheinen als eine besondere Form von Ord-
nungshütern, die ausschließlich damit beschäftigt sind, die
Fäden der Korruption bzw. Protektion zu ziehen: Ein einziges Mal bekommt K. eine Vorladung, und zwar deshalb, weil
ihm der Sekretär Erlanger folgendes mitzuteilen hat:

> "'Es handelt sich um folgendes', sagt er [Erlanger].
> 'Im Ausschank war früher eine gewisse Frieda be-

---

1 Womit wiederum jener Gegenwert der Beteiligung aller an
  der Gestaltung des gesellschaftlichen Lebens ins Treffen
  geführt wird, bzw. vielmehr als notwendige Voraussetzung
  hervorgehoben wird.

2 Keller, Karin: a.a.O., S. 63.

3 SCH, S. 6o f., wo K. im Gespräch mit dem Gemeindevorsteher sagt: "... noch besser aber verstehe ich, daß hier
  ein entsetzlicher Mißbrauch mit mir, vielleicht sogar
  mit den Gesetzen getrieben wird."

dienstet ... Diese Frieda hat manchmal Klamm das Bier
serviert. Jetzt scheint dort ein anderes Mädchen zu
sein. Nun ist diese Veränderung natürlich belanglos
..., für Klamm ganz gewiß ... Nicht seinetwegen ...
beseitigen wir diese Störungen, sondern unseretwegen,
unseres Gewissens und unserer Ruhe wegen. Deshalb muß
jene Frieda sofort wieder in den Ausschank zurückkeh-
ren ... Sie leben mit ihr, wie man mir gesagt hat, ver-
anlassen Sie daher sofort ihre Rückkehr. Auf persönliche Gefühle kann dabei keine Rücksicht genommen werden
... Ich tue schon viel mehr, als nötig ist, wenn ich er-
wähne, daß Ihnen, wenn Sie sich in dieser Kleinigkeit
bewähren, dies in Ihrem Fortkommen gelegentlich nützlich sein kann ..." (SCH, S. 227)

Hier zeigt sich ganz deutlich, daß sich die Ordnung, für die
diese Beamten zu sorgen haben, allein auf Protektion[1] und
Befehle stützt, keine weiteren Inhalte[2] kennt; dabei scheint
diese Darstellung des Prinzips der Protektion jenen Versuch der
herrschenden Klasse in der untergehenden Habsburgmonarchie
zu reflektieren, ihre Position, den Herrschaftsanspruch
künstlich - gegen die Entwicklung der Geschichte - zu behaupten, indem sie den Beamtenapparat dazu einsetzen, den
Verlust an authentischer Autorität durch ein System persön-
licher Abhängigkeiten[3] zu kompensieren, um auf diese Weise
den gefährdeten Konsensus zu erzwingen: Dazu ist es notwendig, die Beamten - wie wir es in den fiktiven Welten Kafkas

---

1 Vgl. a. SCH, S. 2o5, wo ausdrücklich das Wort "Protektion" gebraucht wird: "Ich [Frieda] bin auch gleich wieder für den Ausschank aufgenommen worden ...;freilich hatte ich jetzt Protektion ."

2 Vgl. P, S. 129, wo es über die Eingaben bei Gericht heißt:
  "Sie waren zwar gelehrt, aber eigentlich inhaltslos. Vor
  allem sehr viel Latein ..., dann Schmeicheleien für einzelne bestimmte Beamte, ..."

3 Vgl. Johnston, William M.: Österreichische Kultur- und
  Geistesgeschichte, S. 6o: "Der Titel Hofrat ... garantier-
  te schließlich die Macht, Protektion auszuspielen." Vgl.
  a. ders.: a.a.O., S. 63: "Bestechung war in gewissen Institutionen geradezu epidemisch. Im Gefängnis des Landes-
  gerichtes Wien konnte sich der Gefangene jeden Wunsch -
  von Büchern bis zu einer Geliebten - erfüllen, wenn es
  ihm nur gelungen war, Geld einzuschmuggeln, um die Wa-
  chen zu bestechen." Vgl. Korruption des Gerichtswesens
  in DER PROZESS.

finden - mit besonderer Macht auszustatten, ihnen stellvertretend, im Rahmen ihres abgegrenzten Kompetenzbereiches,
Befehlsgewalt zu verleihen, was jedoch nicht mit Herrschaft
der Beamten gleichgestellt werden kann.

Die Beamten Kafkas sind nur insofern mächtig, als sie
"Schutz" geben können, als die Protektion, dieses Grundgesetz der dargestellten Ordnung, in ihren Händen liegt:[1] Sie
arbeiten jedoch nicht in ihrem eigenen Interesse, da sie das,
was sie tun, oft selbst nicht verstehen, nur Befehle weiter-
leiten oder ausführen, wie z.B. auch Momus, von dem es heißt,
daß er "wahrscheinlich selbst nicht weiß", was das Verhör
mit dem Landvermesser zu bedeuten hat:

> "Er sitzt ruhig hier und tut seine Pflicht, der Ord-
> nung halber ..." (SCH, S. 99)

Diese anhand der Analyse der Beamten erarbeiteten Struktur-
merkmale der dargestellten Herrschaftsverhältnisse bilden
den begrifflichen Kontext, die "verzweifelte Beschämung"
(SCH, S. 1o4)[2] der Kafkaschen Helden als Kritik einer gesellschaftlichen Ordnung, die nur Unordnung und Chaos[3] ist,
zu begreifen: Eine Ordnung, deren einziger Inhalt die Erhaltung der bestehenden Verhältnisse ist, die sich skrupel-

---

1 Vgl. P, S. 41, wo die Frau des Gerichtsdieners betont:
"... mein Mann hat sich schon damit abgefunden [daß sich
seine Frau nicht nur dem Untersuchungsrichter, sondern auch
dem Studenten als Geliebte zur Verfügung stellt]; will er
seine Stellung behalten, muß er es dulden, denn jener Mann
ist Student und wird voraussichtlich zu größerer Macht kommen."

2 S. a. das Ende des Prozesses, P, S. 165: "... es war, als
sollte die Scham ihn überleben."

3 Was auch in den zahlreichen Bildern eines unglaublichen
Durcheinanders zum Ausdruck gebracht wird: So z.B., wenn
die Akten, "welche gebunden waren, so wie man Brennholz zu
binden pflegt" (SCH, S. 53), anschließend auf folgende
Weise auf Ordnung gebracht werden: SCH, S. 61: "Sie [Ge-
hilfen] hatten den Schrank auf den Boden gelegt, alle Akten hineingestopft, hatten sich dann mit Mizzi auf die
Schranktür gesetzt und suchten jetzt so, sie langsam nie-
derzudrücken."

los über die gesellschaftliche Wirklichkeit und ihre konkreten Probleme hinwegsetzt, mißbraucht nicht nur die Gesetze, die den konkreten Bedürfnissen der Gemeinschaft entsprechen sollten, sondern auch den Menschen, dem sie Gewalt antut, indem sie ihm sinnlose, falsche Werte aufzwingt, die seiner Würde und seinen Interessen widersprechen; Kafkas Literatur ist voll von derartig gedemütigten, verinstrumentalisierten Gestalten. In diesem Zusammenhang ist auf den Kaufmann Block zu verweisen, der sich ganz der Willkür und Laune des Advokaten ausliefert und auch sein Geschäft einem aussichtslosen Prozeß opfert, aber z.B. auch auf den Advokaten selbst, von dem der Kaufmann Block Josef K. erzählt, daß er sich in seinen Eingaben

> "... auf geradezu hündische Weise vor dem Gericht demütigte ..." (P, S. 129).

Wo allein Beziehungen und Protektion entscheiden, erscheint Demütigung als entsprechende Form gesellschaftlicher Interaktion. Demütigung als solche erkennen zu lassen, ist jener entscheidende kritische Beitrag, den Kafkas Werk leistet, indem in den poetischen Konfigurationen gegensätzliche Wertvorstellungen verbunden werden. Im folgenden soll nun dieser Aspekt der verfälschten menschlichen Beziehungen anhand der Frauengestalten und ihrer besonderen Rolle untersucht werden.

2. Die Frauengestalten: Ihre Verbindungen zu

den Mächtigen

In einer Gesellschaft, die, wie wir im vorausgehenden
aufgezeigt haben, allein auf Protektion, Befehlen, Angst
und dementsprechend falschen Werten aufgebaut ist, wird es
geradezu unmöglich, ehrliche, konstruktive menschliche Beziehungen aufrechtzuerhalten, ja es mißbraucht vielmehr nur
der eine den anderen: Für wirkliche Begegnung zwischen zwei
Menschen, so wie sie in folgender Entgegnung K.'s auf Friedas Feststellung, er mißbrauche sie, gezeichnet wird, ist
hingegen kaum Raum:

> "Mißbrauche ich dich, so mißbraucht sie [die Brücken-
> hofwirtin] dich ähnlich. Nun aber, Frieda, bedenke:
> auch wenn alles ... so wäre, wie es die Wirtin sagt,
> wäre es sehr arg nur in einem Falle, nämlich, wenn du
> mich nicht lieb hast ... Wenn es aber nicht der arge
> Fall ist ..., sondern du mir entgegenkamst, so wie ich
> dir entgegenkam und wir uns fanden, selbstvergessen
> beide, sag, Frieda, wie ist es denn dann? Dann führe
> ich doch meine Sache so wie deine ;" (SCH, S. 135).

Im Laufe des fiktiven Geschehens zeigt es sich, daß die
Schwierigkeit, dieses Ideal einer konstruktiven Gemeinschaft[1] zu realisieren, darin begründet liegt, daß die dargestellte Ordnung, die gesellschaftliche Wirklichkeit sowie

---

1 Vgl. dazu a. folgende Stelle am Beginn des Romans, wo
  K. auf ganz ähnliche Weise die Bedeutung ihrer Beziehung
  zu erklären versucht: SCH, S. 35: "... die Widerstände
  der Welt sind groß ... und es ist keine **Schande**, sich
  die Hilfe selbst eines kleinen, einflußlosen, aber ebenso kämpfenden Mannes zu sichern."

die konkreten Bedürfnisse der Gemeinschaft ignoriert, sodaß der Mensch, sich selbst und der Welt entfremdet, zum Opfer jener falschen Werte wird, die ihm die "Ordnung" aufzwingt:[1] Besonders deutlich wird dies in jenem Gespräch zwischen K. und Frieda, als diese ihn schon verlassen hat und
wieder in den Herrenhof zurückgekehrt ist, wenn sie ihm zunächst erklärt:

> "...'wie brauche ich deine Nähe; wie bin ich, seit
> ich dich kenne, ohne deine Nähe verlassen; deine Nähe
> ist, glaube mir, der einzige Traum, den ich träume,
> keinen anderen.'" (SCH, S. 212)

Im folgenden distanziert sie sich jedoch sofort von diesem
ehrlichen Bekenntnis und wirft ihm vor:[2]

---

1 Ähnlich wie Frieda erscheint auch die Frau des Gerichtsdieners als Opfer des Systems und seiner falschen Werte,
wenn sie sich Josef K. anvertraut: "... denken Sie ...
nicht schlecht von mir, ich muß jetzt zu ihm [Untersu-
chungsrichter] gehen, zu diesem scheußlichen Menschen
... Aber ich komme gleich zurück, und dann gehe ich mit
Ihnen ..., ich gehe, wohin Sie wollen ..., ich werde
glücklich sein, wenn ich von hier für möglichst lange
Zeit fort bin, am liebsten allerdings für immer". (P, S.
45), diese kritische Haltung jedoch nicht durchsteht,
"nicht befreit werden" will, wie Josef K. ihr vorwirft,
(P, S. 46), was sie bestätigt: "'...nein, nein, nur das
nicht ...! Das wäre mein Verderben. Lassen Sie ihn doch
... Er führt ja nur den Befehl des Untersuchungsrichters
aus und trägt mich zu ihm.'" (P, S. 46)

2 Ganz ähnlich heißt es bei Politzer, Heinz: a.a.O., S. 3o4,
über Leni: "... ohne es zu merken, ändert sie im Sprechen
ihre Meinung"; wobei zu bemerken ist, daß die Tatsache,
daß für sie der "Wirklichkeitsgehalt" dessen, was sie
sagt, "keinerlei Rolle spielt", genau den Ordnungsprinzipien der dargestellten Welt entspricht (s.a. Politzer,
Heinz: a.a.O., S. 31o: "Diese Zweischneidigkeit, diese
Zweideutigkeit ihrer Mittel und Absichten schließt die
Frauen im 'Prozeß' zu einer Einheitsfront mit dem Gericht
zusammen..."), in der es gilt, die jeweiligen gesellschaftlichen Probleme möglichst zu übergehen, eindeutige Stellungnahmen und klare Auskünfte möglichst zu vermeiden,
wie das u.a. aus folgender Zurechtweisung des Kaufmanns
Blocks seitens des Advokaten hervorgeht: P, S. 143 f.: "Was
habe ich denn gesagt? Ich habe die Äußerung eines Richters wiedergegeben. Du weißt, die verschiedenen Ansich-

"'... Du verfolgst mich, ach K., warum verfolgst du
mich? Niemals, niemals werde ich zu dir zurückkommen,
ich schaudere, wenn ich an eine solche Möglichkeit
denke." (SCH, S. 212) 1

Unter den gegebenen Bedingungen kann kein Gemeinschafts-
gefühl aufkommen: Das Prinzip der Zusammenarbeit und der
damit verbundene Wert des verantwortungsbewußten, entschie-
denen Handelns des einzelnen, des Einstehenwollens für sein
Tun, wie wir es bei K. finden, setzt ein Selbstverständnis
voraus, das auszubilden bei den dargestellten Herrschaftsbe-
dingungen geradezu unmöglich ist: Wer dennoch Identität bewahrt und sich infolgedessen gegen die absurden Wertvorstellungen auflehnt, wird brutal überwältigt bzw. abgeurteilt,
wie Amalia, oder aber auch Josef K.

Im folgenden soll nun versucht werden, die verkehrten
Werte, die die fiktive Ordnung der Kafkaschen Welt bestimmen, anhand der Frauengestalten aufzuzeigen. Tatsächlich
läßt sich feststellen, daß den Frauen eine sehr wichtige
Rolle zukommt: Immer wieder werden sie mit den Beamten in
Verbindung gebracht, erscheinen ihnen gleichsam als Stützen
zur Seite gestellt.[2] Sie "arbeiten" sozusagen zusammen, wo-

---

ten häufen sich um das Verfahren bis zur Undurchdringlich-
keit. Dieser Richter zum Beispiel nimmt den Anfang des
Verfahrens zu einem anderen Zeitpunkt an als ich. Ein
Meinungsunterschied, nichts weiter."

1 In diesem Zusammenhang ist auch darauf hinzuweisen, daß
Frieda als einzige Chance für ihre Beziehung die Auswan-
derung sieht: vgl. SCH, S. 211; s.a. S. 118: "Willst du mich
behalten, müssen wir auswandern, irgendwohin, nach Süd-
frankreich, nach Spanien", wobei im darauffolgenden deutlich ausgesprochen wird, daß es die gegebene Ordnung ist,
die der Realisierung ihrer Beziehung im Wege steht: "...
um ihm [Klamm] zu entgehen, will ich fort. Nicht Klamm,
sondern du fehlst mir, deinetwegen will ich fort; weil
ich mich an dir nicht sättigen kann, hier, wo alle an
mir reißen." (SCH, S. 119).

2 So heißt es z.B. vom Gemeindevorsteher, er "könnte keinen
Tag in seiner Stellung bleiben, wenn nicht seine Frau wäre, die alles führt" (SCH, S. 75).

bei es Aufgabe der Frauen ist, die für die Durchsetzung des Prinzips der Protektion unumgänglich notwendigen Verbindungen aufzunehmen bzw. Intrigen einzufädeln: In diesem Sinne gibt der Landvermesser folgendes Urteil über die Brückenhofwirtin:

> "Eine intrigante Natur, scheinbar sinnlos arbeitend wie der Wind, nach fernen, fremden Aufträgen, in die man nie Einsicht bekam." (SCH, S. 1o1) 1

Für eine nähere Bestimmung dieses Verhältnisses Beamte - Frauen erscheinen folgende einander sehr ähnliche Bilder aus DER PROZESS und DAS SCHLOSS als signifikante Kontextuierungen sehr aufschlußreich:

> "Zeig dem Untersuchungsrichter eine Frau aus der Ferne, und er überrennt, um nur rechtzeitig hinzukommen, den Gerichtstisch und den Angeklagten" (P, S. 154).

Ganz ähnlich heißt es in DAS SCHLOSS, als Olga K. vom Feuerwehrfest erzählt: Sortini

> "... blickte der Reihe nach von einem zum andern, müde; es war, als seufzte er darüber, daß neben dem einen immer wieder noch ein zweiter sei, bis er dann bei Amalia haltmachte ... Da stutzte er, sprang über die Deichsel, um Amalia näher zu sein ..." (SCH, S. 162)

Die Aggressivität und unverblümte Zielstrebigkeit dieser Annäherungen läßt keinen Zweifel an der übergeordneten Position der Beamten, die aufgrund der in der dargestellten Ordnung gültigen Wertvorstellungen von vornherein ihres Sieges sicher sein dürfen: Sei es, daß sie die Frauen überfallen, wie z.B. auch der angehende Beamte, der Student der Rechtswissenschaften die Frau des Gerichtsdieners im Sitzungssaal

---

1 Dabei ist interessant festzustellen, wie sehr dieses Urteil jenem über die Arbeit der Behörden gleicht, in dem es heißt: "... die Behörden hatten ... immer nur im Namen entlegener ... Herren ... entlegene ... Dinge zu verteidigen ..." (SCH, S. 51).

(P, S. 38), sei es, daß sie sie zu sich rufen lassen, wie
Klamm oder Sortini:

> "Klamm ist doch wie ein Kommandant über den Frauen,
> befiehlt bald dieser, bald jener, zu ihm zu kommen,
> duldet keine lange, und so wie er zu kommen befiehlt,
> befiehlt er auch zu gehen ... Das Verhältnis der Frau-
> en zu den Beamten ist ... sehr schwer oder vielmehr
> immer sehr leicht zu beurteilen. Hier fehlt es an
> Liebe nicht." (SCH, S. 166)

In einer Ordnung, deren einziger Inhalt und letztes Ziel
es ist, die bestehenden Herrschaftsverhältnisse zu sichern
bzw. zu schützen und die demgemäß folgerichtig Protektion
als Grundgesetz entwickelt hat, sind menschliche Beziehungen in jedem Fall nur Mittel zum Zweck:[1] Liebe widerspricht
ebenso wie Sinn für Zusammenarbeit und konstruktive menschliche Gemeinschaft den geltenden Wertvorstellungen oder wird
vielmehr mit Beziehung zu Höhergestellten, d.h. zu Beamten,
gleichgesetzt: Dieses Prinzip der Umkehrung der Werte wird
auf der Ebene der Fiktion dadurch darstellbar, daß der Landvermesser, der als typischer Held Kafkas relativierende gesellschaftliche Gegenwerte in den fiktiven Zusammenhang
bringt, auf dem Begriff Liebe beharrt: Besonders deutlich
geht dies aus folgendem Gespräch zwischen dem Gehilfen Jeremias und K. hervor, als dieser zur Kenntnis nehmen muß,
Frieda an den Gehilfen verloren zu haben:

> "'Sag, hast du sie denn lieb?' [fragt K.] - 'Lieb?'
> sagte Jeremias. 'Sie ist ein gutes, kluges Mädchen,
> eine gewesene Geliebte Klamms, also respektabel auf
> jeden Fall.'" (SCH, S. 198)

Diese Frauen, die auf erniedrigende Weise den Beamten
untergeordnet sind bzw. zugeteilt werden, sind jedoch gerade wegen dieser Beziehungen zu Beamten gesellschaftlich hö-

---

1 Wie dies u.a. auch aus folgender Feststellung Jeremias'
  K. gegenüber hervorgeht: SCH, S. 196: "... Frieda ist
  wieder im Ausschank. Es ist für Frieda besser. Es lag
  für sie keine Vernunft darin, deine Frau zu werden."

her gestellt als die männlichen Untertanen, über die sie verfügen: So braucht Leni "nur einen Teller gegen die Mauer" zu werfen, um Josef K. zu sich herauszuholen (P, S. 79) und Frieda versteckt K. hinter dem Ausschankpult, wobei sie "K. ihren kleinen Fuß auf die Brust" setzt (SCH, S. 37) als Zeichen ihrer siegessicheren Überlegenheit. Aufgrund ihres Ranges als ehemalige Geliebte Klamms beherrscht auch die Brückenhofwirtin ihren Mann, den sie nach Belieben für ihre Zwecke einsetzt,[1] was K. zu folgender Kritik an ihrer Beziehung veranlaßt:

> "... er [der Wirt] wäre mit einem einfachen Mädchen, dessen erste große Liebe er gewesen wäre, gewiß viel glücklicher geworden; wenn er ... manchmal in der Wirtsstube wie verloren dasteht, so deshalb, weil er sich wirklich wie verloren fühlt - ... gewiß ist es, daß dieser hübsche, verständige Junge mit einer anderen Frau glücklicher, womit ich gleichzeitig meine, selbständiger, fleißiger, männlicher geworden wäre."
> (SCH, S. 74)

Auch diese kritische Stellungnahme K.'s erweist sich wiederum von Wertvorstellungen getragen, die dem Denken des Dorfes fremd sind, den Dorfbewohnern unbegreiflich, ja verworren erscheinen: Ähnlich wie Jeremias, der mit der Frage "Hast du sie denn lieb?" nichts anzufangen weiß und sogleich in seine gedanklichen Bahnen lenkt (s. S.137), d.h. auf den in der Schloßordnung gültigen Wertmaßstab zurückgreift, um die Orientierung nicht zu verlieren, reagiert auch die Brückenhofwirtin auf K.'s kritische Einwände:

> "Unsinn, völliger Unsinn; man verwirrt sich selbst, wenn man mit diesem Unsinn spielt." (SCH, S. 73)

Die bereits wiederholt festgestellte Unvereinbarkeit der

---

1 So schickt sie ihn zuerst, K. zu holen, und erwidert ihm, als er mit den Worten "Ich will auch fortgehen" taktvoll kundtut, daß er die Aussprache zwischen ihr und K. nicht stören will, mit folgender Frage, die ihn brüsk in seine Schranken verweist: "Warum solltest denn gerade du bleiben?" (SCH, S. 67)

beiden widerstreitenden Positionen tritt durch dieses
gleichsam beschwörende Zurückweisen der Einwände K.'s besonders deutlich hervor: K.'s Vorstellungen gefährden die
dargestellte Ordnung, insofern sie den Menschen zum Subjekt
des Geschehens machen, ihn aus der Knechtschaft der Befehle und Aufträge befreien wollen, ihn als selbständig und
verantwortungsbewußt Handelnden begreifen.

Diese Thematisierung des Identitätsverlustes erschließt
sich nun mit besonderer Deutlichkeit in den Frauengestalten
und ihren flüchtigen "Liebes"-Beziehungen, die entgleiten,
ohne daß man sie festhalten könnte;[1] auffällig ist, besonders im Roman DAS SCHLOSS, daß die Frauen nicht als denkende
Individuen behandelt werden: Sie werden gerufen bzw. nicht
mehr gerufen, je nach Laune des jeweiligen Beamten.[2] Die
Frauen haben nicht das Recht, Stellung zu nehmen, Überlegungen anzustellen und zu entscheiden, sondern haben diesem
Ruf in jedem Fall zu folgen, wie dies die Strafe Amalias
deutlich macht: Im Kontext eben dieser gesellschaftlichen
Norm ist auch folgende erklärende Feststellung Olgas als
bedingungsloses Untergeordnetsein zu verstehen:

"Wir aber wissen, daß Frauen nicht anders können,

---

1 Dies nicht zuletzt deshalb, weil dabei nie die Begegnung
  der beiden Menschen im Vordergrund steht, sondern damit
  immer ein anderes, davon unabhängiges Ziel verfolgt wird:
  So soll Leni Josef K. davon überzeugen, sich dem Gerichts-
  system zu fügen (P, S. 81): "... gegen dieses Gericht kann
  man sich nicht wehren ..."; andererseits beginnt auch Josef K., sich für Fräulein Bürstner zu interessieren, weil
  in ihrem Zimmer seine Verhaftung stattgefunden hat; dieser Aspekt der menschlichen Beziehungen, die nur Mittel
  zum Zweck sind, wird auch durch folgende Erklärung, die
  Pepi für die Beziehung Friedas zu Josef K. bereithält,
  bestätigt: SCH, S. 247: "Frieda entschloß sich, Skandal
  zu machen, sie, die Geliebte Klamms, wirft sich irgend-
  einem Beliebigen, womöglich dem Allergeringsten, hin ...,
  endlich wird man sich wieder daran erinnern, was es bedeutet, Klamms Geliebte zu sein, diese Ehre im Rausche
  einer neuen Liebe zu verwerfen."

2 In diesem Sinn erklärt die Brückenhofwirtin: SCH, S. 71:
  "... daß ich nicht mehr zu Klamm durfte, war eben Klamms
  Entscheidung, war also korrekt..."

als Beamte lieben, wenn sich diese ihnen einmal zu-
wenden ..." (SCH, S. 167)

Die Frauen erscheinen als Spielzeug[1] der Beamten bzw. Diener wie diese Werkzeug der Herrschenden sind. Diesen Aspekt der Verdinglichung betont auch Politzer, wenn er von
Leni sagt:

> "Sie ist seelenlos, eine Sache, die von einem Ange-
> klagten zum anderen gleitet. Selbst ihre Erscheinung
> macht sie zu einem Ding ..." [2]

Nur übersieht er den mit der Verdinglichung notwendig verbundenen Aspekt der Verinstrumentalisierung,[3] wenn er anschließend folgert:

> "Leni sammelt die Angeklagten; von wahrer Sammellei-
> denschaft besessen, scheut sie kein Mittel, um ihre
> Kollektion zu vergrößern." [4]

Damit setzt er Eigenständigkeit und Entscheidungskraft voraus, was in grobem Widerspruch zu der von ihm selbst hervorgehobenen Verdinglichung der Gestalt steht. Die Frauen erscheinen vielmehr als Teil des Machtapparates,[5] wobei ihnen

---

1 Das man wegwirft, wenn es nicht mehr gefällt, das jedoch,
  insofern Ding, jederzeit verfügbar ist: vgl. z.B. die Geschichte der Brückenhofwirtin.

2 Politzer, Heinz: Franz Kafka, Der Künstler, S. 3o5.

3 Dieser Aspekt klingt zwar auch bei ihm flüchtig an, wenn
  es heißt: "Sie [Frauen] sind Werkzeuge, deren sich die
  Obrigkeit bedient, um die Widerstandskraft ihrer Opfer zu
  untergraben ..." (Politzer, Heinz: a.a.O., S. 315); dies
  wird aber gleich darauf wieder zurückgenommen: "So führen
  sie ihren eigenen Zermürbungskrieg gegen den Mann ..."
  (ebda., S. 315 f.), womit eine von den Interessen der
  Frauen getragene Zielsetzung angenommen wird, was mit
  ihrer Rolle als "Werkzeuge" durchaus nicht zu vereinbaren ist.

4 Politzer, Heinz: a.a.O., S. 3o5.

5 Eine derartige Rolle der Frauen wird u.a. auch durch folgende poetische Kontextuierungen nahegelegt: Die Verhaftung im Zimmer Fräulein Bürstners sowie die Erscheinung
  Fräulein Bürstners am Ende des Romans als sie, wie es
  Josef K. scheint, den Weg zur Hinrichtung anzeigt, aber
  auch Leni als sie Josef K. warnt: "Sie hetzen dich." (P,
  S. 148).

die sehr wichtige Funktion zukommt, die für die Aufrechterhaltung der verkehrten Ordnung unbedingt erforderliche Lük-
kenlosigkeit des Systems zu garantieren: Ihre Aufgabe ist
es, "Neue" anzulocken bzw. unter Kontrolle zu bekommen, in
das System einzubeziehen. Dabei ist wichtig, darauf hinzuweisen, daß auch die Frauen - ähnlich wie die Beamten - nur
insofern mächtig sind, als sie im Umkreis ihres Einflußbereiches stellvertretend Befehlsgewalt haben: Wie z.B. Frieda über die Diener[1] oder auch Leni über den Kaufmann Block.
Ihre Macht beschränkt sich nur jeweils auf ihre Schützlinge;[2] dies gilt sowohl für die Frauen als auch für die Beamten: Leni und der Advokat beherrschen ihren gemeinsamen
Schützling, Kaufmann Block, jeder auf seine Art entsprechend der jeweils gewährten Form von Protektion; zugleich
bangen sie beide, ihren anderen Schützling, Josef K., zu
verlieren und damit Macht einzubüßen.

Angesichts dieser poetischen Konfiguration scheint folgende These Politzers von der problematisierten Gegenüberstellung der Geschlechter[3] unhaltbar:

"Platos Suche des männlichen Prinzips nach dem weiblichen, die Suche nach der vollkommenen Einheit des
Menschlichen, wird jedoch bei ihm [Kafka], nicht minder prinzipiell, zur Anklage des Weiblichen durch das
Männliche." 4

1 Vgl. SCH, S. 36: "'Im Namen Klamms' rief sie [Frieda],
'in den Stall! Alle in den Stall!'"

2 Dieser Logik der Ordnung entspricht auch die Heftigkeit,
mit der sie den Anspruch auf diese Schützlinge verteidigen: Darauf weist Politzer hin, wenn er in bezug auf Leni feststellt: "... die helfende Hand ballt sich zur
Faust (gegen Josef K.), sobald der Schützling sich ihrer
Macht zu entziehen trachtet" (die Verteidigung selbst in
die Hand nehmen will); ganz ähnlich verhält sich auch
der Advokat,als Josef K. ihm den Dienst aufsagt.

3 Die er im Anschluß an Weininger im Roman DER PROZESS
feststellen zu können glaubt: vgl. Politzer, Heinz:
a.a.O., S. 311 ff.

4 Ebda., S. 311.

Er bleibt mit dieser Interpretation außerhalb des übergreifenden poetischen Kontextes, in dem sich nicht Mann und Frau antithetisch gegenüberstehen, sondern vielmehr die von den Kafkaschen Helden eingebrachten gesellschaftlichen Werte - bewußter, verantwortlicher Einsatz des einzelnen, sowie, darauf aufbauend, konstruktive Zusammenarbeit - den Ordnungsprinzipien Herrschaft und Befehl, die Protektion und Prostitution nach sich ziehen, kontrastierend gegenübergestellt werden. Bezugnehmend auf das Kapitel "Die Handlanger der Macht" läßt sich feststellen, daß Protektion als Ordnungsfaktor ihre Entsprechung in der gesellschaftlich sanktionierten Prostitution findet; wie am Beispiel der Brückenhofwirtin deutlich wird, gilt Prostitution tatsächlich gleichsam als Wert: Sie genießt Ansehen, ist mächtig, weil sie Klamm dreimal zu sich gerufen hat, wobei sie sich jedesmall etwas ausbitten durfte (SCH, S. 7o).

So gesehen werden die Frauen jedoch weder besser noch schlechter als die übrigen "Teile" des enormen Herrschaftsapparates (Beamte, Advokaten, Diener etc.)[1] gezeigt: Sie erscheinen als ein Element der unendlichen, hierarchischen Kette, die - wie alle übrigen, Advokaten, Beamte und Diener auch - im Auftrag handeln und damit nicht nur der Verantwortung enthoben, sondern auch um ihre Identität betrogen sind.

---

1 Dies wird u.a.auch durch folgende Feststellung Josef K.'s bestätigt: P, S. 42: "... sie [die Frau des Gerichtsdieners] ist verdorben, wie alle hier rings herum ..." (Gerichtsbeamte etc.); vgl. dazu auch die Andeutungen auf die Möglichkeit einer Bestechung dieser "Handlanger der Macht" durch Frauen: So heißt es z.B. auch in DIE VERWANDLUNG: E, S. 67: "Wäre doch die Schwester hier gewesen! ... gewiß hätte der Prokurist, dieser Damenfreund, sich von ihr lenken lassen", womit wiederum insbesondere die Willkür der Ordnung unterstrichen wird.

3. Der Vater als Komplice der Mächtigen

Die Untersuchung der dargestellten gesellschaftlichen
Interaktionsbedingungen soll nun durch eine nähere Bestimmung der Vatergestalt ergänzt werden. Zunächst ist festzustellen, daß der Vater sozusagen der einzig wirklich Mächtige ist, der - im Gegensatz zu den ominösen Machthabern,
zu den verborgenen Verantwortlichen[1] - von der Kafkaschen
Erzählperspektive direkt erfaßt wird: Seine Macht besteht
darin, als Vater nach seinem Gutdünken über den Sohn verfügen zu können, wie das in der Erzählung DAS URTEIL besonders eindrucksvoll dargestellt wird, wenn der Vater
seinen Sohn richtet. Dabei erscheint dieses Urteil im gegebenen Erzählzusammenhang ebenso ungerechtfertigt und willkürlich wie jenes, das Josef K. trifft[2]. Damit sinkt die
mythisch-biblische Autorität des gerechten Vaters[3] auf das

---

1 Vgl. u.a.: das "unerreichbare Gericht" (P, S. 116), jene
  entlegenen, unsichtbaren Dinge, die die Behörden "im Namen entlegener, unsichtbarer Herren" verteidigen (SCH,
  S. 51), oder der Chef Gregors sowie die Arbeitgeber des
  Vaters, der Mutter und der Schwester, aber auch der "to-
  te, frühere Kommandant" aus IN DER STRAFKOLONIE.

2 Vgl. folgende endgültige Urteilsbegründung des Vaters: E,
  S. 32: "Ein unschuldiges Kind warst du ja eigentlich,
  aber noch eigentlicher warst du ein teuflischer Mensch! -
  Und darum wisse: Ich verurteile dich jetzt zum Tode des
  Ertrinkens!"

3 Die mit Formeln wie den folgenden evoziert wird: E, S.
  3o f.: "... Sag' - und für den Augenblick der Antwort
  sei du noch mein lebender Sohn - ... Glaubst du, ich
  hätte dich nicht geliebt, ich, von dem du ausgingst?"

Niveau des korrupten und willkürlichen Gerichtes aus DER
PROZESS ab, wird zum weiteren, schmerzlichen Ausdruck der
fehlenden, verlorengegangenen Ordnung:

> "Hier [in der Welt Kafkas] gebiert sich nur immer
> von neuem der Schmerz über den erlittenen Wert- und
> Substanzverlust. Das ganze Werk ist ständig sich er-
> neuernde ... Variation über dies höllische Thema:
> 'So ist es'. Nur bleibt ... ein fernes, dunkles Ah-
> nen einer anderen, glücklicheren Lebensmöglichkeit,
> eines anderen, sinnvolleren Judentums." 1

Tatsächlich schwingt die Sehnsucht nach einem jüdischen
Vater im althergebrachten Sinn, der aufgrund seines Wissens und seiner auf universalen Werten beruhenden Autorität dem Sohn tatsächlich wegweisender Anhaltspunkt sein
kann,[2] auch in DAS URTEIL mit, ja ist die implizite Vor-

---

1 Kurzweil, Baruch Benedikt: Franz Kafka - jüdische Existenz ohne Glauben, in: Neue Rundschau, 77 (1966), S.
434 f.

2 Zur Vergegenwärtigung dieser Rolle des jüdischen Vaters
scheint es angebracht, auf folgende Widmung in hebräi-
scher Sprache zu verweisen, mit der der Vater Freuds
seinem Sohn zum 35. Geburtstag die Familienbibel über-
reicht: "Mein geliebter Sohn. Es war in deinem sieben-
ten Lebensjahr, daß der Geist des Allmächtigen dich über-
kam und dich drängte zu lernen ... Es ist das Buch der Bücher; es ist der Brunnen, den die Weisen gegraben haben,
aus dem die Gesetzgeber das Wasser ihrer Weisheit schöp-
fen ... Heute, an deinem 35. Geburtstag, hole ich diese
Bibel wieder ans Licht und schicke sie dir als einen Be-
weis der Liebe von deinem alten Vater..." (zitiert nach:
Robert, Marthe: Sigmund Freud - zwischen Moses und Ödipus, Frankfurt, Berlin, Wien 1977, S. 24); die Sehnsucht
nach einer derartigen Vaterfigur drückt Kafka in seinem
BRIEF AN DEN VATER ganz deutlich aus: "... Hier [im Ju-
dentum] wäre ja an sich Rettung denkbar gewesen, aber noch
mehr, es wäre denkbar gewesen, daß wir uns beide im Judentum gefunden hätten oder daß wir gar von dort einig ausgegangen wären. Aber was war das für ein Judentum, das ich
von dir bekam." (Kafka, Franz: Brief an den Vater, Frankfurt 1975, S. 44 f.) Vgl. a. Cohen, Hermann: Religion der Vernunft,
S. 522: "Für das jüdische Familienrecht ist die Pflicht
des Vaters charakteristisch, seinen Sohn Thora zu lehren
... Und die Pflicht des Unterrichts liegt dem Vater ob,
noch bevor sie vom Staate übernommen wird."

aussetzung für die Annahme des Urteils seitens des Sohnes.

Selbstsüchtig und eigennützig mißbraucht jedoch der Vater Georg Bendemanns seine Autorität und opfert den Sohn seiner kaufmännischen Eitelkeit,[1] seinem persönlichen geschäftlichen Ehrgeiz:

> "'Ich bin noch immer der viel Stärkere ..., mit deinem Freund habe ich mich herrlich verbunden, deine Kundschaft habe ich hier in der Tasche!'" (E, S. 31)

In grobem Widerspruch zu dieser skrupellosen, rein interessegebundenen Verbindung[2] stehen Georgs Vertrauen zu seinem Vater wie auch das einfühlende Verständnis für den Freund: Damit erscheint der Sohn als poetische Variante des Kafkaschen Helden, jenes Untertanen,[3] der, wie wir aufzeigen konnten, Wahrheit und Gerechtigkeit voraussetzt, wo allein

---

1 So wenn er sich u.a. beklagt: E, S. 3o: "Und mein Sohn ging im Jubel durch die Welt, schloß Geschäfte ab, die ich vorbereitet hatte,..."

2 Im Erzählkontext finden sich auch ausdrückliche Hinweise darauf, daß mit dem Vater ausschließlich geschäftliche Beziehungen möglich sind: E, S. 26: "... denn er verkehrte mit seinem Vater ständig im Geschäft ..." E, S. 27: "'Im Geschäft ist er [der Vater] doch ganz anders', dachte er [Georg], 'wie er hier breit sitzt und die Arme über der Brust kreuzt.'"

3 Der Sohn unterscheidet sich darin, daß er nicht einmal den, wenn auch aussichtslosen, Kampf der Untertanen führt, sondern einfach alles hinnimmt, was der Vater verfügt: Dies gilt sowohl für Georg als auch für Gregor, dessen bedingungslose Unterlegenheit noch bildlich durch die Verwandlung verstärkt erscheint: vgl. dazu folgende signifikante Stellen aus den beiden Erzählungen: E, S. 3o: "Georg stand in einem Winkel möglichst weit vom Vater. Vor einer langen Weile hatte er sich fest entschlossen, alles vollkommen genau zu beobachten, damit er nicht irgendwie auf Umwegen, von hinten her, von oben herab überrascht werden könne." E, S. 69 (DIE VERWANDLUNG): "Unerbittlich drängte der Vater und stieß Zischlaute aus, wie ein Wilder ..., und jeden Augenblick drohte ihm [Gregor] doch von dem Stock in des Vaters Hand der tödliche Schlag auf den Rücken oder auf den Kopf."

Willkür und Korruption gelten: Tatsächlich entspricht dieser Vater, der den Freund seines Sohnes benützt, um diesen
im Geschäft auszuheben, jener Kafkaschen Beamtenwelt, die
wir in den vorausgehenden Kapiteln analysierten:

> "Viel deutet darauf hin, daß die Beamtenwelt und die
> Welt der Väter für Kafka die gleiche ist. Die Ähnlich-
> keit ist nicht zu ihrer Ehre. Sumpfheit, Verkommen-
> heit, Schmutz macht sie aus ..." 1

Diese hier von Benjamin aufgezeigte Gemeinsamkeit trifft
unbestreitbar einen sehr wichtigen Aspekt der Vaterfigur,
die sich jedoch in anderer Hinsicht sehr wesentlich von
den Beamten unterscheidet: Insofern nämlich als er nicht
im Auftrag handelt, sondern im eigenen Interesse, wodurch
er sozusagen zum natürlichen Verbündeten der ominösen Machtposition wird, zum Komplicen der Mächtigen, wie dies in DIE
VERWANDLUNG deutlich zum Ausdruck gebracht wird: Der Chef
Gregors ist ein ehemaliger Gläubiger von Gregors Vater,
dem dieser die Arbeitskraft seines Sohnes verkauft hat,
damit er die Schuld seines Vaters abarbeite; die Tatsache, daß der Vater der unmittelbare Anlaß für diese Ent-
würdigung und Demütigung des Sohnes ist und die menschen-
unwürdige Behandlung seitens des Chefs[2] die eigennützige
Zustimmung des Vaters findet, macht die Verdinglichung des
Menschen im kapitalistischen Arbeitsprozeß[3] besonders au-

---

1 Benjamin, Walter: Franz Kafka. Zur zehnten Wiederkehr
seines Todestages, in: Gesammelte Schriften II.2, S. 411.

2 Deren sich Gregor an diesem Morgen besonders gut erinnert: vgl. die Hinweise auf das Von-oben-herab-Behan-
deln seitens des Chefs (E, S. 57) sowie auf den "Ge-
schäftsdiener", der nichts anders mehr war als "eine
Kreatur des Chefs, ohne Rückgrat und Verstand" (E, S.
58), und schließlich die Botschaft, die Gregor den Prokuristen bittet, "wahrheitsgetreu" zu überbringen: E,
S. 66: "Man kann im Augenblick unfähig sein zu arbeiten,
aber dann ist gerade der richtige Zeitpunkt, sich an die
früheren Leistungen zu erinnern ..."

3 Dazu ist anzumerken, daß von den verschiedensten Kritikern auf den kapitalistischen Wertzusammenhang besonders
dieser Erzählung verwiesen wird: vgl. z.B. Beicken, Pe-

genfällig: Damit wird die Wertkrise in ihrem schwerwiegenden Ausmaß erfaßt und die Vergewaltigung des Menschen durch
die die gegebene Gesellschaftsordnung bestimmenden Werte
noch dadurch besonders auffällig, als selbst die elementar-
sten Familienbeziehungen vom Prinzip der Verdinglichung
bestimmt erscheinen:

> "Gregors Sorge war damals nur gewesen, alles daranzu-
> setzen, um die Familie das geschäftliche Unglück ...
> möglichst rasch vergessen zu lassen. Und so hatte er
> damals mit ganz besonderem Feuer zu arbeiten angefan-
> gen und war fast über Nacht aus einem kleinen Kommis
> ein Reisender geworden ..., ... dessen Arbeitserfolge
> sich sofort in Form der Provision zu Bargeld verwan-
> delten, das der erstaunten und beglückten Familie zu
> Hause auf den Tisch gelegt werden konnte ... Man hatte
> sich eben daran gewöhnt, sowohl die Familie, als auch
> Gregor, man nahm das Geld dankbar an, er lieferte es
> gern ab, aber eine besondere Wärme wollte sich nicht
> mehr ergeben." (E, S. 75)

Ähnlich wie Gregor Bendemann bereit wäre, das Geschäft sofort aufzulassen, wenn dies dem Wohlergehen des Vaters zu-
gute käme,[1] harrt Gregor nur aufgrund seines ausgeprägten
Verantwortungsgefühls für die Familie in diesem verhaßten
Beruf aus:

> "'Wenn ich mich nicht wegen meiner Eltern zurückhiel-
> te, ich hätte längst gekündigt, ich wäre vor den Chef
> hin getreten und hätte ihm meine Meinung ... gesagt.'"
> (E, S. 57)

Damit begegnen wir auch in diesen beiden Erzählungen
jener Polarisierung widerstreitender Wertvorstellungen, die

---

ter U.: a.a.O., S. 265, wo er betont, daß "... die Ent-
fremdungsproblematik ..., die Verdinglichung, das Aus-
beutungsprinzip und die Herrschaftsstrukturen der 'kapitalistischen Weltordnung' nur zu deutlich ihre Spuren in
der 'Verwandlung' hinterlassen haben."

[1] E, S. 28: "..., wenn das Geschäft deine [des Vaters] Ge-
sundheit bedrohen sollte, sperre ich es noch morgen für
immer."

in den vorausgehenden Kapiteln als grundlegendes Aufbauprinzip der Kafkaschen Erzählstrukturen herausgearbeitet
werden konnten: Diese Söhne setzen voraus, daß Wahrheit und
Verantwortlichkeit die menschlichen Beziehungen bestimmen
und erwarten sich vor allem ein diesen Werten entsprechendes
Verhalten ihrer Väter, setzen es uneingeschränkt in ihnen
voraus, während sich diese ausschließlich von ihrem persönlichen Interesse und der Profitsteigerung leiten lassen:
Dieses absolute und unumstößliche Vertrauen der Söhne in
die Väter läßt die Skrupellosigkeit der Väter umso schwer-
wiegender erscheinen, wie dies u.a. folgende Stelle aus
DIE VERWANDLUNG eindrucksvoll belegt:

> "Gregor erfuhr nun zur Genüge ..., daß trotz allen
> Unglücks ein allerdings ganz kleines Vermögen aus der
> alten Zeit noch vorhanden war, das die nicht ange-
> rührten Zinsen in der Zwischenzeit ein wenig hatten
> anwachsen lassen. Außerdem ... war das Geld, das Gregor
> ... nach Hause gebracht hatte ..., nicht vollständig
> aufgebraucht worden und hatte sich zu einem kleinen
> Kapital angesammelt ... Eigentlich hätte er [Gregor]
> ja mit diesen überschüssigen Geldern die Schuld des
> Vaters gegenüber dem Chef weiter abgetragen haben kön-
> nen, und jener Tag, an dem er jenen Posten hätte los-
> werden können, wäre weit näher gewesen, aber jetzt
> war es zweifellos besser so, wie es der Vater einge-
> richtet hatte." (E, S. 75)

Insofern für Gregor die Autorität des Vaters ein unumstöß-
licher positiver Wert ist, wird ihm dieser so ganz anders
geartete Vater zum unüberwindlichen Hindernis, an dem er
scheitert, ja bei derart ungleichen Voraussetzungen scheitern muß:[1] Dies geht besonders deutlich aus der oben zitierten Stelle hervor, in der die Autorität der Vaterfigur
trotz allem nicht in Frage gestellt wird, ja vielmehr als

---

1 Vgl. dazu a. Benjamin, Walter: Franz Kafka, II.2, S.
411 f.: "So fristet ... der Vater in den sonderbaren Fa-
milien Kafkas von dem Sohn sein Leben, liegt wie ein un-
geheurer Parasit auf ihm. Er zehrt nicht nur an seiner
Kraft, er zehrt an seinem Rechte dazusein."

grundlegender positiver Wert erscheint.

Es läßt sich somit feststellen, daß die Vaterfigur nicht
zusammen mit der bürgerlichen Tradition bekämpft und liqui-
diert wird, sondern nur angeklagt wird, insofern sie in ihrer ursprünglichen Rolle als gerechte Autorität versagt bzw.
den Prinzipien des bürgerlichen Wettkampfes zwischen den Individuen verfallen ist. In diesem Zusammenhang ist auf Baioni zu verweisen, der betont, daß die in der expressionistischen Dichtung allgemein bekannte Thematisierung des Vater-
konfliktes für die Juden der Generation Kafkas andere Formen annahm:[1] Für sie brachte dieser Konflikt eine Aufwer-
tung ihrer eigenen antiken Tradition mit sich:

> "L'Anarchismo espressionista insomma trovava facilmen-
> te la base della sua utopia nell'equazione di padre-
> imperatore-Dio-tradizione. Per Kafka invece combatte-
> re il padre non poteva significare combattere la tra-
> dizione, bensì implicitamente restaurarla o per lo me-
> no evocarla inconsciamente alla memoria perché il pa-
> dre era per Kafka il rappresentante addirittura tipico
> di quella generazione di ebrei che aveva perfezionato
> e concluso il processo di assimilazione e con ciò spez-
> zato ogni legame con la tradizione di Israele." [2]

Damit unterscheidet sich ihre Kritik von der eines Groß-
teils ihrer Zeitgenossen dadurch, daß sie nicht bloß de-
struktiv ist, sondern auf positiven gesellschaftlichen Gegenwerten beruht, die geeignet sind, die Unzulänglichkeit

---

1 Vgl. Sokel, Walter H.: Franz Kafka, Tragik und Ironie, S.
  63: "Allerdings predigt Kafka - und darin unterscheidet
  er sich grundlegend von den in seinen Tagen berühmten Ex-
  pressionisten - keine Rebellion der Söhne, keinen VATER-
  MORD." Vgl. a. Pollitzer, Heinz: a.a.O., S. 98: "In der
  Gestalt des alten Bendemann vereinigte Kafka Züge aus dem
  Bildnis seines eigenen Vaters und versuchte, sie zu einer
  jener monströsen Erscheinungen umzustilisieren, in denen
  die expressionistischen Dichter ihre Väter zu Trägern der
  Zeit- und Weltschuld werden ließen. Es gelang ihm nicht
  zur Gänze. Denn gleichzeitig wurde er von der Größe dieses Vaterbildes überwältigt, und zwar dadurch, daß er den
  alten Bendemann mit geradezu gottähnlichen Attributen der
  Allwissenheit, der Allmacht und der letzten Instanz aus-
  stattete."

2 Baioni, Giuliano: Kafka, romanzo e parabola, S. 64.

und Ungerechtigkeit der modernen bürgerlichen Gesellschaft
zu entlarven und darzustellen: So beruht die Konfiguration
der fiktiven Welt in DIE VERWANDLUNG auf der Polarisierung
der Vorstellung von der gerechten Autorität des Vaters, die
für Gregor bestimmend ist, einerseits und dem fiktiven Handeln des Vaters, das in Übereinstimmung mit der dargestellten Arbeitswelt ganz im Bann der Prinzipien der Ausbeutung
und Unterdrückung gezeigt wird, andererseits. Aufgrund der
sich ergebenden begrifflichen Überlagerungen wird die Kritik an der Anpassung - bzw. im gegebenen geschichtlichen
Kontext Assimilation - des Vaters zugleich zur Kritik am
Kapitalismus, in dem die Arbeitskraft des Menschen zur Ware
wird und der Mensch, zum Ding degradiert, als "Zeug von ne-
benan" (E, S. 99) zugrunde geht.[1] In diesem Sinne wird die
Verwandlung im ersten Teil der Erzählung indirekt als Folge
der Entfremdung und Verdinglichung im Arbeitsprozeß erklärt,
wie dies aus folgender Entgegnung Gregors dem Prokuristen
gegenüber hervorgeht:

> "Sie aber, Herr Prokurist, Sie haben einen besseren
> Überblick ... ja sogar ... als der Chef selbst, der
> in seiner Eigenschaft als Unternehmer sich in seinem
> Urteil leicht zu Ungunsten eines Angestellten beirren
> läßt. Sie wissen auch sehr wohl, daß der Reisende,
> der fast das ganze Jahr außerhalb des Geschäfts ist,
> so leicht ein Opfer von Klatschereien, Zufälligkeiten
> und grundlosen Beschwerden werden kann, gegen die sich
> zu wehren ihm ganz unmöglich ist ..., und nur dann,...,
> zu Hause die schlimmen, auf ihre Ursachen hin nicht
> mehr zu durchschauenden Folgen am eigenen Leib zu spü-
> ren bekommt." (E, S. 67)

Die Verwandlung versinnbildlicht damit die extremen Folgen
einer Arbeit, die nur Knechtschaft und Abhängigkeit bedeutet: Im Bild des Tieres wird die mit einer derartigen Organisation der Arbeit notwendig verbundene, arge Verstümmelung des Menschen festgehalten, der in seiner Rolle als blo-

---

1 Um anschließend vom Vater als "alte Sache" abgetan zu
  werden: E, S. 99: "Laßt schon die alten Sachen."

ße Arbeits<u>kraft</u> die den Menschen auszeichnenden geistigen
Fähigkeiten einbüßt und zu jener "Kreatur des Chefs, ohne
Rückgrat und Verstand" (E, S. 58) wird, die Gregor am Ge-
schäftsdiener kritisiert.

Als dann im zweiten und besonders im dritten Teil der
Erzählung der Vater nicht mehr seinen Sohn für sich arbeiten läßt, sondern er, sowie die Schwester und die Mutter
auch, im Arbeitsprozeß gezeigt werden, wird auch in diesem
Fall ausdrücklich auf die Demütigung und Erniedrigung hingewiesen, die in der dargestellten Ordnung mit dem Arbeiten
verbunden ist:

> "Was die Welt von armen Leuten verlangt, erfüllten sie
> bis zum äußersten, der Vater holte den kleinen Bank-
> beamten das Frühstück, die Mutter opferte sich für
> die Wäsche fremder Leute, die Schwester lief nach dem
> Befehl der Kunden hinter dem Pulte hin und her ..."
> (E, S. 87)

Da das Geschehen aus der Sicht Gregors dargestellt wird, ergibt sich jene kritische Distanz zur fiktiven Ordnung, die
es erlaubt, mit Hilfe der Gegenwerte Gregors, eines tragischen Opfers dieses Systems, die Fragwürdigkeit desselben
bewußt werden zu lassen: Der Vater, der eingangs als Kom-
plice der Mächtigen gezeigt wird, erscheint nun - als Ar-
beitnehmer - in derselben Situation erniedrigender Unterwürfigkeit, deren vernichtende Konsequenzen im Bild der Verwandlung Gregors festgehalten sind; im Gegensatz zu Gregor[1]
billigt der Vater jedoch diese Auffassung von Arbeit, die,
anstatt den Menschen zu erhöhen, ihn für Geld verknechtet,

---

1 Am deutlichsten wird die Kritik Gregors in folgender
  Stelle: E, S. 61: "Warum war nur Gregor dazu verurteilt,
  bei einer <u>Firma</u> zu dienen, <u>wo man bei der kleinsten Ver-</u>
  <u>säumnis gleich den größten Verdacht faßte</u>? ... Genügte
  es wirklich nicht, einen Lehrjungen nachfragen zu lassen - <u>wenn überhaupt diese Fragerei notwendig war</u> - mußte da <u>der Prokurist selbst kommen</u>, und mußte dadurch der
  ganzen unschuldigen Familie gezeigt werden,daß die Untersuchung dieser verdächtigen Angelegenheit nur dem Verstand des Prokuristen anvertraut werden konnte? ...": daß
  diese Interpretation des "Besuches" des Prokuristen,
  die Gregor aufgrund seiner Gegenwerte der Wahrheit, der Verantwortlichkeit und des darauf sich begründenden gegensei-

und macht gegenbenenfalls Gregor für seine Lage verantwortlich[1] und fügt sich im übrigen - gemäß seiner den bestehenden Verhältnissen angepaßten Werte - widerspruchslos in die
gegebene Ordnung:

> "Mit einer Art Eigensinn weigerte sich der Vater,
> auch zu Hause seine Dieneruniform abzulegen ... als
> sei er immer zu seinem Dienste bereit und warte auch
> hier auf die Stimme des Vorgesetzten." (E, S. 86)

Auch hier wird wiederum aus der Sicht Gregors erzählt, sodaß sich seine Erfahrungen mit derartigen Arbeitsbedingun-
gen grotesk überlagern und die Anpassung des Vaters anpran-
gern, ja als Verrat an seinem Sohn erscheinen lassen, der
umso beschämender ist, als sich der Vater dabei auch selbst
demütigt und erniedrigt.

Versucht man nun, diese Vater-Sohn-Konfiguration in den
übergreifenden geschichtlichen Zusammenhang zu stellen, so
läßt sich darin unschwer die Kritik der Generation Kafkas
an ihren Vätern und deren übereifrigen Assimilationsbestrebungen, denen sie leichtfertig die grundlegenden jüdischen
Werte geopfert haben, wiedererkennen: eine Kritik, die sich
u.a. auch bei Elbogen findet (s. S. 2, Anm. 5, Problemstellung):

> "Sie sahen, daß ein Weg vor ihnen offen stand, aber
> sie sahen nicht die Kräfte, die ihn geöffnet hatten,
> sie schauten nicht rückwärts, sondern nur vorwärts,
> maßen ab, welche Strecke noch vor ihnen lag, und
> glaubten, diese im Eilschritt nehmen zu müssen. Sie
> vermeinten sich von dem Gepäck, das die Väter durch
> die Jahrhunderte geschleppt hatten, befreien zu müs-

---

tigen Vertrauens gibt, die einzig richtige ist, beweist
nicht zuletzt die Rede des Prokuristen, die sich mit all
den Anschuldigungen und Verdächtigungen, die sie enthält,
nur schwerlich als "Zeichen der Unentbehrlichkeit" Gregors deuten läßt, wie Politzer vorschlägt: Politzer,
Heinz: a.a.O., S. 112: "Was Gregor als Verfolgung erscheint, könnte von einem selbstbewußteren Beamten durchaus als Zeichen seiner Unentbehrlichkeit gedeutet werden."

1 Wenn er sich der Mutter und der Schwester gegenüber beklagt: E, S. 86: "'Das ist ein Leben. Das ist die Ruhe
meiner alten Tage'", so ist das gegen Gregor gerichtet,
der ihm "das" angetan hat.

sen, und erkannten zu spät, wie viele und welch hohe
Werte sie damit preisgaben." 1

Aufgrund der immer massiveren neuen Formen des Antisemitismus[2] erkennen diese Söhne den Unsinn dieses Opfers und grei-
fen deshalb in ihren Entwürfen einer Neugestaltung der gesellschaftlichen Ordnung auf die ursprünglichen Werte des
Judentums zurück, die allein ihnen in der gegebenen Situation eine Rettung aus der allgemeinen Wertkrise zu gewähren
scheinen.[3]

Diese ihre Kritik erweist sich dem jüdischen Messianis-
mus verpflichtet, wie er sich als geschichtsphilosophische
Kategorie der Rettung bzw. Erlösung u.a. bei Benjamin und
Bloch findet:[4] Zur Klärung des Begriffs scheint es ange-

---

1 Elbogen, Ismar: Ein Jahrhundert jüdischen Lebens, S. 52.

2 Vgl. Fuchs, Albert: Geistige Strömungen in Österreich
  1867 - 1918, Wien 1949, S. 174: "In der innerpolitischen
  Auseinandersetzung wußten sie [die Deutschnationalen]
  die niedrigsten Instinkte der Massen ..., aufzurütteln
  und für ihre Zwecke zu benützen ... ihr Rassenantisemi-
  tismus, der sich noch nicht mit dem Plan der physischen
  Vernichtung, wohl aber mit jenem der ökonomischen Vernichtung und der sozialen Ächtung des Judentums hervor-
  wagte ..., hatte einen vorher kaum für möglich gehalte-
  nen, seither fast zur Selbstverständlichkeit gewordenen
  mobilisierenden Effekt."

3 In diesem Sinne heißt es bei Baioni, Giuliano: a.a.O.,
  S. 68: "Era insomma l'assimilazione che rendeva così
  estranea e perciò così terribile la figura del padre in
  un momento storico particolarissimo in cui l'antisemi-
  tismo respingeva l'anima ebraica secolarizzata verso le
  sue strutture originarie ed i suoi miti più fertili, da
  una parte cioè verso la fede sionista ... e dall'altra
  alla restaurazione del Dio-padre, ma anche del Dio-gui-
  dice."

4 Vgl. dazu Taranto, Domenico: Ernst Bloch, teologo della
  rivoluzione, in Rinascita, 6 (1980), S. 25: "... Bloch
  portò con sé le speranze messianiche ed escatalogiche
  della redenzione, ritenendo che la violenza capitalisti-
  ca - sia che si esprimesse nei rapporti tra gli uomini,
  sia che assumesse la forma del dominio sulla natura -
  avesse prodotto un mondo bisognoso di redenzione, di sal-
  vezza dal peccato di essere stato simmetricamente opposto
  'al sogno di una cosa' che intere generazioni di umili
  e di sconfitti avevano caparbiamente continuato a sogna-
  re." - Vgl. a. Tiedemann, Rolf: Historischer Materialis-

bracht, folgende Zitate aus Cohens Religion der Vernunft
einzubauen:

> "Der messianische Begriff der Weltgeschichte ist ein-
> gestellt auf das Leiden der bisherigen Mehrheit des
> Menschengeschlechts ... Und so wird nun auch der
> Mensch, der Messias, denkbar als Stellvertreter,
> nicht etwa der Schuld der Menschen ... [1], aber
> des Leidens, das sonst ihre Strafe sein müßte. Der
> Messias wird dadurch erst das Idealbild des Menschen
> der Zukunft, der Menschheit, als der Einheit der Völ-
> ker: daß er das Erdenleid des Menschen auf seine Schul-
> tern nimmt ... wird der Messias zum Stellvertreter
> des Leidens und als solcher bringt er mit seinem dun-
> kelen Schatten das hellste Licht über die Geschichte
> der Menschheit." 2

Eine ähnliche Dialektik läßt sich auch im Werk Kafkas
feststellen, derzufolge - wie wir im vorausgehenden des öf-

---

mus oder politischer Messianismus? Politische Gehalte in
der Geschichtsphilosophie Walter Benjamins, in: Materialien zu Benjamins Thesen "Über den Begriff der Geschichte" (Hrsg. Peter Bulthaup), Frankfurt 1975, S. 84: "Vom
'Paradies' spricht Benjamin in der neunten These kaum anders als der jüdische Messianismus, dem das 'ganz Alte'
auch 'gar nicht das realiter Vergangene [ist], sondern
ein vom Traum Verklärtes und Verwandeltes, auf das der
Strahl der Utopie gefallen ist'; so aber hat schließlich
auch der junge Marx in einer berühmten Formulierung davon
gesprochen, 'daß die Welt längst den Traum von einer Sache besitzt, von der sie nur das Bewußtsein besitzen muß,
um sie wirklich zu besitzen'."

1 In diesem Zusammenhang betont Cohen den Unterschied zur
christlichen Deutung des Messias: Cohen, Hermann: a.a.O.,
S. 311: "Die christologische Deutung des Gottesknechtes
hat dadurch den Geschichtsbegriff verfehlt, daß sie den
Stellvertreter des Leidens zum Stellvertreter der Schuld
gemacht hat. Einen solchen gibt es nicht, und kann es
nicht geben, sofern die Ethik die methodische Norm der
Religion bleibt. Die Schuld kann nur Gott allein auf
sich nehmen ... Aber das Idealbild des Menschen würde
entstellt durch die Übernahme der Schuld, welche zugleich
die Entlastung des Menschen von Schuld wäre ... Es wird
sonach durch diesen Stellvertreter der Schuld nicht allein Gottes Wesen verkürzt, sondern auch das des Menschen
entstellt. In der Christologie wird der Messias ja auch
zum Gott, indessen auch von dieser Differenz abgesehen,
kann er, als Stellvertreter der Schuld, nicht das Ideal
des Menschen sein."

2 Ebda., S. 31o.

teren aufzeigen konnten - den "negativen" Helden, den Untertanen, zugleich eine bewußtseinserhellende, kritische
Funktion zukommt. So gesehen erscheinen die Protagonisten
Kafkas als Varianten dieses Stellvertreters des Leidens,
der die Demütigung und Unterdrückung der Menschheit ver-
körpert und damit den entscheidenden Anstoß gibt zur Vision einer Lösung. Dieser positive Aspekt,der sich trotz
allem im Werk Kafkas findet, beruht im wesentlichen darauf, daß der Verfall der gesellschaftlichen Werte aus der
Sicht eines Opfers und seiner enttäuschten Hoffnung auf eine gerechte, auf gegenseitigem Vertrauen begründete Ordnung erzählt wird.

In gleicher Weise wird auch die Kritik des Sohnes am Vater als Bestürzung über die fehlende Autorität bzw. Inte-
grität des Vaters zum Ausdruck gebracht: Der Sohn erscheint
damit als Variante jenes Untertanen, der im Laufe der Untersuchung als typischer Held Kafkas herausgestellt werden
konnte, als jener Pol der fiktiven Konfiguration, der als
Unterdrückter, Verfolgter und Gedemütigter zugleich auch
das Zentrum der Erzählperspektive ist, sodaß er mit seinen gegenteiligen Erwartungen den Rahmen der gegebenen
Ordnung sprengt und aufgrund seines tragischen Schicksals
die beunruhigende Ungerechtigkeit der dargestellten Welt
und ihrer verkehrten Werte bewußt macht; dies gilt nicht zuletzt auch für die Vater-Sohn-Konfiguration: Auch hier ist
es das Opfer, der Sohn, der die Welt des Vaters demaskiert,
indem er an seiner Vorstellung vom Vater als maßgebender
Autorität festhält und gerade dadurch die wahre Situation
umso deutlicher erkennen läßt: Aus seiner Sicht wird klar,
daß der Vater seine Würde und damit seine Persönlichkeit
einer Ordnung geopfert hat, die allein auf den Prinzipien
der Herrschaft und Unterdrückung aufgebaut ist, sodaß
letztlich auch ihm jede Eigenständigkeit bzw. Einsicht in
sein eigenes Tun versagt bleibt. Bezugnehmend auf das Zitat von Elbogen (s. S.152) läßt sich feststellen, daß
auch die Vaterfigur in Kafkas Werk als Opfer jener "Kräf-

te" gezeigt wird, die zu hinterfragen er unterlassen hat.
In diesem Sinne relativieren am Schluß der Erzählung die
Werte des toten Gregor den scheinbar friedlichen Ausgang,
was z.B. auch folgende Ausführungen Krusches nahelegen:

> "Insofern als die Käferexistenz Gregors von den Mit-
> figuren als eine 'Menschenmöglichkeit' akzeptiert
> wird ..., läßt sich sagen ..., daß die gesamte Welt
> der 'Verwandlung' eine Käferwelt ist - d.h. eine Welt,
> in der Menschen zu Käfern werden können ... So gese-
> hen ist die Welt der Familie auch nach dem Tode Gre-
> gors noch von dem Käfer-Motiv beherrscht: ... Und un-
> ter dem Schatten dieses Motivs steht es, wenn erzählt
> wird, daß die Schwester Gregors 'ihren jungen Körper
> dehnte'." 1

---

1 Krusche, Dietrich: a.a.O., S. 125.

B. GERECHTIGKEIT UND RECHTSSPRECHUNG

Im Anschluß an die Analyse der dargestellten Herrschaftsverhältnisse gilt das Untersuchungsinteresse nun
der Gerechtigkeit als weiterer zentraler gesellschaftlicher Kategorie. In diesem Kapitel geht es darum, die für
die im ersten Großkapitel herausgearbeiteten Pole der fiktiven gesellschaftlichen Ordnung ("Untertan" und "Kaiser")
kennzeichnenden Auffassungen von Gerechtigkeit herauszu-
stellen. Diese Analyse der verschiedenen in den einzelnen
Werken reflektierten Aspekte der Gerechtigkeit gewährleistet es, wesentliche weitere Faktoren zur Bestimmung der
dargestellten gesellschaftlichen Problematik zu erschließen und damit das vorliegende Interpretationsprojekt entscheidend zu ergänzen.

Dieses Kapitel baut dabei im wesentlichen auf den vorausgehenden auf, insofern die Vorstellung von Gerechtigkeit
und die Handhabung von Rechtssprechung in enger Verbindung
mit dem jeweiligen Gesellschaftsverständnis steht. Daneben
erlaubt diese Untersuchung der die einzelnen Werkstrukturen
bestimmenden Vorstellungen von Gerechtigkeit am ehesten,
zusammenfassende Thesen zum Werk Kafkas, dessen thematischer Schwerpunkt, wie wir zeigen konnten, im verzweifelten Suchen nach der verlorenen Gerechtigkeit, verstanden
als grundlegender Faktor des gesellschaftlichen Zusammenlebens, liegt.[1]

---

1 Eine derartige Auffassung von Gerechtigkeit und im Zusammenhang damit von menschlicher Gemeinschaft bzw. gesellschaftlicher Verantwortung liegt u.a. auch der Erzählung
AUF DER GALERIE zugrunde, findet sich in der Gestalt des
Zirkusbesuchers wieder, der sich persönlich für die Be-
leidigung der menschlichen Würde dieser zum Schauobjekt
reduzierten Zirkusreiterin verantwortlich fühlt, und
weinend zusammenbricht, darüber bestürzt, daß er in seiner Verpflichtung, dieser Vergewaltigung eines Menschen
Einhalt zu gebieten, versagt.

Im Zusammenhang mit der Frage der Gerechtigkeit soll
hier auch auf die Schuldfrage, die bereits teilweise auf-
gegriffen worden ist, näher eingegangen werden, um ihren
Stellenwert innerhalb der Kafkaschen Erzählwelten zu klären.

Dabei läßt sich zunächst feststellen, daß seitens der
Kafkaschen Protagonisten davon ausgegangen wird, daß der
einzelne seine Schuld verstehen muß bzw. daß sie ihm erklärt werden müsse:[1] In diesem Zusammenhang ist auch auf
den Forschungsreisenden aus IN DER STRAFKOLONIE zu verweisen, der, als er hört, daß der Verurteilte sein eigenes Urteil nicht kennt, dies kaum fassen kann und trotz
der Selbstverständlichkeit, mit der der Offizier das abtut,
darauf beharrt:

> "'Er muß doch Gelegenheit gehabt haben, sich zu ver-
> teidigen,' ..." (E, S. 1o4)

In den fiktiven Gesellschaften Kafkas, in denen, wie wir
feststellen konnten, als grundlegender Ordnungsfaktor allein das Prinzip der Herrschaft gilt, steht dementsprechend
die Schuld des einzelnen jeweils unzweifelhaft fest (vgl.
u.a. S.111); in diesem Sinne betont z.B. der Offizier aus
IN DER STRAFKOLONIE:

> "'Der Grundsatz, nach dem ich entscheide, ist: Die
> Schuld ist immer zweifellos. Andere Gerichte können
> diesen Grundsatz nicht befolgen, denn sie sind viel-

---

1 Vgl. dazu folgende Textstelle: P, S. 4o: "'Ach so', sagte K., ... es gehört zu der Art dieses Gerichtswesens,
daß man nicht nur unschuldig, sondern auch unwissend verurteilt wird.'" Dabei erweist sich diese Kritik Josef
K.'s der jüdischen Tradition und ihrer Handhabung der .
Rechtssprechung verpflichtet; vgl. dazu u.a. Singer,
Isaac B.: Der Kabbalist vom East Broadwy, München 1979,
S. 22o: "Siebzig Richter brauchte man im Sanhedrin, um
einen Menschen zum Tode zu verurteilen. Ihm mußte Rechts-
belehrung erteilt werden, und man brachte wenigstens zwei
Zeugen. In der Germara heißt es: ein Gericht, das in siebzig Jahren nur einen einzigen Menschen zum Tode verurteil-
te, wurde ein blutrünstiges Gericht genannt."

köpfig und haben auch noch höhere Gerichte über sich.'"
(E, S. 1o4)

Dieser Grundsatz liegt auch folgender Definition des Gerichtswesens, die der Wächter dem verwunderten Josef K.
gleich zu Beginn des Romans gibt, zugrunde:

"Unsere Behörde, soweit ich sie kenne..., sucht doch
nicht etwa die Schuld in der Bevölkerung, sondern
wird, wie es im Gesetz heißt, von der Schuld angezogen ..." (P, S. 1o)

Diese mystifizierende Umschreibung des Gerichtswesens enthüllt zugleich die wahre Funktion dieses Gerichtes, das
ausschließlich im Dienste des Herrschaftsanspruches steht
und im Interesse der uneingeschränkten Aufrechterhaltung
desselben willkürlich Schuldige ausfindig zu machen hat,[1]

1 Für ein derartig leichtfertiges und willkürliches Vorgehen der Gerichte fehlt es keineswegs an eklatanten historischen Beispielen aus jener Zeit: Im Rahmen dieser Untersuchung soll vor allem auf jene Ritualmordprozesse
hingewiesen sein, die in der Zeitschrift "Selbstwehr"
in den Jahren 1911 bis 1913 ausführlich dokumentiert
wurden; gemeinsam ist diesen "Prozeßverfahren", daß der-
jenige, den sozusagen das Los getroffen hat, zugleich
auch schon verurteilt ist: In diesem Sinn heißt es z.B.
in einer der zahlreichen empörten Stellungnahmen zum Ri-
tualmordprozeß in Kiew, der, wie immer wieder in den verschiedensten Artikeln betont wird, nicht als innerrus-
sische Angelegenheit abgetan werden dürfe (vgl. Leitartikel, in: Selbstwehr, Nr. 12, vom 22. März 1912, S. 1:
"Und die russischen Verdächtigungen, die sich auf west-
europäische Gerichtsurteile zu stützen gedenken, kommen
wieder zu uns herüber. Auch nach Böhmen wird zurückim-
portiert, was von Polna [wo noch zur Jahrhundertwende ein
gewisser L. Hilsner wegen Ritualmord abgeurteilt worden
ist] aus exportiert worden ist."): Selbstwehr, Nr. 45
vom 7. November 1913, S. 2: "Aber der Staatsanwalt und
seine Hintermänner haben ja gar kein Interesse an der
Aufklärung der Wahrheit. Es handelt sich ihnen ja gerade darum, die Dinge so geheimnisvoll und verdächtig als
möglich darzustellen."
Vgl. weiter a. Leitartikel in: Selbstwehr, Nr. 15, vom 12.
April 1912, S. 1: "Es ist wie damals, als Dreyfuß' Name
in aller Munde war und die Juden allüberall sich auf
der Anklagebank glaubten. Diesmal heißt er Beilis und ist
vom Kiewer Staatsanwalt angeklagt, den Knaben Juszezynski

oder, wie es bei Bloch heißt:

> "Gewiß also war gerade der absoluten Monarchie ...
> die Majestät des Gesetzes, das heißt hier: die Nul-
> lität aller Untertanen vorm königlichen Gerichtshof,
> besonders gelegen. Die Staatsräson fiel dadurch auf
> täuschende Weise mit Rechtsradikalismus zusammen, auch
> dort, wo genau das Gegenteil ..., nämlich Despotie,
> sich seiner bediente." 1

In derartigen gesellschaftlichen Bedingungen steht die
Schuld aller Untertanen von vornherein fest, braucht erst
gar nicht festgestellt bzw. bewiesen zu werden, sodaß
sich die Überprüfung des einzelnen Falles eigentlich er-
übrigt: Dies gilt auch für das Gerichtswesen des Romans
DER PROZESS, wie es Josef K. durch den Advokaten erklärt
wird:

> "K. möge nicht außer acht lassen, daß das Verfahren
> nicht öffentlich sei, es kann, wenn das Gericht es
> für nötig hält, öffentlich werden, das Gesetz aber
> schreibt Öffentlichkeit nicht vor ..." "Die Vertei-
> digung ist nämlich durch das Gesetz nicht eigentlich
> gestattet ... Das Verfahren ist nämlich im allgemei-
> nen nicht nur vor der Öffentlichkeit geheim, sondern
> auch vor dem Angeklagten." (P, S. 85 f.)

Verblüffend ist nun die Entsprechung, die diese Definition
des dargestellten Strafsystems in folgender Analyse Blochs
der Strafprozesse im ausgehenden Mittelalter, d.h. gleichfalls in einem geschichtlichen Moment gesellschaftlicher
Umwälzungen, die eine Gefährdung des Herrschaftsanspruches
mit sich bringen, findet:

> "Der Strafprozeß, ..., lieferte den Inkulpaten völlig
> schutzlos einem Offizium aus, das Untersuchungsrichter
> und Strafrichter in einer einzigen, grundparteiischen
> Person war. Der Angeklagte war lediglich Objekt des
> Verfahrens, nur bestimmt, Beweise gegen sich selber

'in qualvoller Weise' gemordet zu haben ... Und zynisch
und rücksichtslos geht die russische Justiz zu Werke,
um nur ja die Verurteilung des beschuldigten Juden zu
erzielen."

1 Bloch, Ernst: Naturrecht und menschliche Würde, Frankfurt
1972, S. 97.

zu liefern und im Verweigerungsfall oder gar beim
Versuch, sich zu verteidigen [wie im Fall Josef K.'s!],
Objekt der Folter zu werden. Der Strafprozeß verlief
von der Außenwelt völlig abgeschlossen, finster, un-
heimlich ... mit dem Ausgang auf Verstümmelung oder
Tod und dem Freispruch als Mirakel." 1

Titorellis Bild der Göttin der Gerechtigkeit als Siegesgöt-
tin (P, S. 1o7) bzw. Göttin der Jagd (P, S. 1o8), die als
solche ihre Opfer erlegt, scheint damit das für die fiktive Ordnung bestimmende Rechtsverständnis zutreffend darzustellen; andererseits wird diese Darstellung natürlich von
Josef K. - im Sinne der von den Kafkaschen Helden vertrete-
nen Auffassung von Gerechtigkeit - entschieden abgelehnt:

> "'Das ist keine gute Verbindung' [Gerechtigkeit -
> Siegesgöttin], sagte K. ..., 'die Gerechtigkeit muß
> ruhen, sonst schwankt die Waage und ist kein gerech-
> tes Urteil möglich.'" (P, S. 1o7) 2

In dieser Kritik Josef K.'s schwingt zugleich jenes universale Gerechtigkeitsverständnis der Protagonisten mit, das
Gerechtigkeit als ruhenden Pol begreift, der eindeutig und
unverrückbar als oberste gesellschaftliche Instanz feststeht, auf die sich jedes Mitglied der Gemeinschaft unter-
schiedslos berufen kann, der aber andererseits auch alle
ausnahmslos unterstehen; die Vorstellung von einer derartigen Eindeutigkeit bzw. Autorität der Ordnung bestimmt das
Streben der Kafkaschen Helden (vgl. die Gegenwerte der Antihelden, S. 28 ff.), wie dies u.a. auch aus folgender Präzisierung K.'s dem Gemeindevorsteher gegenüber deutlich hervorgeht:

---

1 Bloch, Ernst: Naturrecht und menschliche Würde, S. 278.

2 Vgl. dazu ebda., S. 57: "So hat auch die bildende Kunst
des Mittelalters Gerechtigkeit gefeiert, in den Allegorien der Justitia, die erst hier eben mit Schwert und
Waage erscheint [im Sinne "der organisch-hierarchischen
Gesellschaftsideologie"], mit dem richtenden, doch auch
verteilenden Suum cuique der Waage." Josef K.'s Einwand richtet sich nun gerade gegen eine derartige Auffassung von Gerechtigkeit, die "schwankt", d.h. die nicht
immer den gleichen Maßstab anlegt.

"... ich will keine Gnadengeschenke vom Schloß,
sondern mein Recht." (SCH, S. 64)

Kafkas Protagonist wehrt sich damit gegen jene Form von
Gerechtigkeit, die Bloch als "eine von oben" charakterisiert und von der es bei ihm weiterhin heißt:

> "Die Gerechtigkeit ist ohnedies schon ein Prinzip der
> Abstufung; indem sie jedem das Seine gibt - sei es
> vergeltend, als Strafe oder Lohn, sei es verteilend
> nach Maßgabe der Würdigkeit -, drückt sie von der höch-
> sten Macht herab Graduierung aus, das heißt eben ...
> architektonische Hierarchie ..." 1

Dabei entspricht dieses Gerechtigkeitsverständnis genau
jener streng hierarchischen Abstufung, die wir besonders
im Kapitel II. 1. (Die Handlanger der Macht) als grundlegendes Ordnungsprinzip der fiktiven Welt herausstellen
konnten; im groben Widerspruch dazu vertritt der Kafkasche
Held eine Auffassung von Gerechtigkeit, die Angelegenheit
bzw. Aufgabe jedes einzelnen ist:[2] Dies zeigt sich z.B. bei
Josef K., wenn er im Prügler-Kapitel folgende Überlegungen
anstellt:

> "... er [K.] gelobte sich, aber ... die wirklich
> Schuldigen, die hohen Beamten, von denen sich ihm
> noch keiner zu zeigen gewagt hatte, soweit es in
> seinen Kräften war, gebührend zu bestrafen." (P, S. 67)

---

1 Bloch, Ernst: a.a.O., S. 41 f.

2 Vgl. dazu folgende Stelle aus der Erzählung DER HEIZER:
  "'Dem Heizer wird geschehen, was er verdient', sagte der
  Senator, 'und was der Kapitän für gut erachtet. Ich glaube, wir haben von dem Heizer genug und übergenug, wozu
  mir jeder der anwesenden Herren sicher zustimmen wird.'
  'Darauf kommt es doch nicht an, bei einer Sache der Gerechtigkeit,' sagte Karl. Er stand zwischen dem Onkel
  und dem Kapitän und glaubte, vielleicht durch diese Stellung beeinflußt, die Entscheidung in der Hand zu haben."
  (E, S. 52)
  Dabei verweist diese Vorstellung deutlich auf die jüdische Tradition: Vgl. Kagan, Kahana K.: a.a.O., S. 127:
  "In Hebrew law very great stress was laid on the concept
  of justice. The command 'In righteousness shalt thou judge
  thy neighbour' of Liviticus and 'Justice, justice, shalt
  thou follow' of Deuteronomy greatly influenced the Jewish
  people throughout the generations ..."

Diese Vorstellung von Gerechtigkeit weist nun wiederum
auf die jüdische Rechtstradition, die sich auf ein derartig universales Gerechtigkeitsverständnis begründet:

> "The Jewish notion of justice is very wide ...; it
> is unlimited and, of course, unqualified. ... There-
> fore the jurisprudence and the positive law, which
> is the body of the Jewish system, is also not con-
> stricted and is therefore not confined or divided
> into different aspects such as analytical, ethical
> and like." 1

Demgegenüber handelt es sich in der dargestellten Ordnung
um eine rein formale Rechtssprechung, die das Juristische
streng vom Moralischen trennt, wie dies folgende Stelle
aus dem Prügler-Kapitel belegt:

> "... wir [die Wächter] werden nur gestraft, weil du
> uns angezeigt hast, sonst wäre uns nichts geschehen,
> selbst wenn man erfahren hätte, was wir getan haben.
> Kann man das Gerechtigkeit nennen?" (P, S. 64)

Im Kontext der relativierenden Gegenwerte Josef K.'s erweist sich diese Klage des Wächters als Kritik an einer
Rechtssprechung, in der das Kriterium des "Wahren", das
im Falle einer absoluten und universalen Gerechtigkeit,
wie sie die Kafkaschen Helden immer wieder voraussetzen,
allein ausschlaggebend ist, gänzlich dem Aspekt des "Notwendigen" der jeweiligen amtlichen bzw. formal-technischen
Maßnahme Platz gemacht hat.[2] Auf diesen Aspekt der Trennung
der beiden Bereiche in den modernen Rechtstraditionen[3]

---

1 Kagan, Kahana K.: a.a.O. S. 137.

2 Vgl. S. 88: Die Analyse der beiden für den Diskurs zwischen dem Geistlichen und Josef K. zentralen Begriffe
  "notwendig" und "wahr" und des darin jeweils reflektierten Verständnisses von Recht und Gesetz s.a. S. 95 f.

3 Vgl. dazu Kagan, der wiederholt betont, daß die jüdische
  Rechtstradition im Gegensatz zur römischen und englischen
  keine derartigen Unterteilungen kennt: vgl. S. 98,
  sowie Kagan, Kahana K.: a.a.O., S. 135: "In Jewish law
  the legal concepts and the ethical notions are very closely interwoven."

weist auch Bloch hin:

> "Nun aber haben sich [im Gegensatz zum archaischen
> Rechtsverständnis] Recht und Sitte-Sittlichkeit weit-
> gehend getrennt, nicht zuletzt durch die außerordent-
> liche juristische Versachlichung ... wurde das Recht
> ein eigenes Gebiet ... Seine Normen wurden zunehmend
> geschäftlich-technische, mit einem bloßen Seitenblick
> auf moralische." 1

In Kafkas Werk wird nun mit besonderem Nachdruck auf die
Gefahren hingewiesen, die eine derartige Trennung von moralischem Inhalt und formalem Recht mit sich bringt: In einem
derartigen Rechtssystem geht es - wie Josef K. erkennen
muß - nicht darum, daß der einzelne sich vor der Gemeinschaft zu verantworten hat, wie Josef K. ursprünglich seinem Gesetzesverständnis zufolge annahm,[2] sondern das Überwiegen der rein formal juridischen Praxis zwingt den Angeklagten vielmehr, sich ausschließlich damit zu beschäftigen,
wie er sich in diesem Prozeß am besten durchschlagen kann.
In diesem Sinne stellt Josef K. fest:

> "Vor allem war es, wenn etwas erreicht werden sollte,
> notwendig, jeden Gedanken an eine mögliche Schuld
> von vornherein abzulehnen. Es gab keine Schuld. Der
> Prozeß war nichts anderes als ein großes Geschäft ...,
> innerhalb dessen ... verschiedene Gefahren lauerten,
> die eben abgewehrt werden mußten. Zu diesem Zwecke
> durfte man allerdings nicht mit Gedanken an ir-
> gendeine Schuld spielen, sondern den Gedanken an den
> eigenen Vorteil möglichst festhalten." (P, S. 93)

Diese Handhabung der Rechtssprechung bzw. Auffassung von

---

1 Bloch, Ernst: a.a.O., S. 26o.

2 Vgl. Josef K.'s Idee einer Eingabe bei Gericht, in der er
  "eine kurze Lebensbeschreibung vorlegen und bei jedem irgendwie wichtigeren Ereignis erklären [wollte], aus wel-
  chen Gründen er so gehandelt hatte, ob diese Handlungs-
  weise nach seinem gegenwärtigen Urteil zu verwerfen oder
  zu billigen war und welche Gründe er für dieses oder jenes anführen konnte." (P, S. 84).- Vgl. a. Cohen, Hermann:
  a.a.O., S. 51o: "Auch für den Verbrecher selbst ist die
  Gerechtigkeit die wahre Liebe. Die Gerechtigkeit rettet
  dem Verbrecher seine Verantwortlichkeit und in dieser
  seine Menschenwürde."

167

Gerechtigkeit bringt es mit sich, daß der einzelne sich
jeder Verantwortung enthoben fühlt und nur mehr auf seinen Vorteil bedacht ist; die damit verbundenen negativen
Auswirkungen auf das gesellschaftliche Zusammenleben[1] erschließen sich ebenfalls aus dem fiktiven Zusammenhang: Besonders deutlich wird das Überwiegen ausschließlich egoi-
stischer Überlegungen am Beispiel der Dorfgemeinschaft im
Roman DAS SCHLOSS, wobei vor allem die Geschichte der
Familie Barnabas erkennen läßt, daß die dargestellten gesellschaftlichen Verkehrsformen letztlich auf ein "jeder
gegen jeden" hinauslaufen: So z.B. wenn sich die Dorfbewohner von der Familie Barnabas zurückziehen, einzig und
allein deshalb, weil "hier etwas geschehen war, von dem
man sich auf das sorgfältigste fernzuhalten hatte" (SCH,
S. 176), wobei, wie Olga ausdrücklich betont, auf das persönliche Schicksal ihrer Familie keine Rücksicht genommen
werden konnte:

> "Nicht wir kamen hier als Familie in Betracht, son-
> dern nur die Sache und wir nur der Sache wegen, in
> die wir uns verflochten hatten." (SCH, S. 176)

Dieser Verdinglichung des Rechts und der damit verbundenen
rein formalen Pflicht des einzelnen hält der Kafkasche Protagonist seine Vorstellungen von Gerechtigkeit als gesellschaftliche Verpflichtung entgegen, wenn K. in seinen Ent-
gegnungen Olga gegenüber davon ausgeht, daß es Aufgabe der
Dorfbewohner gewesen wäre, sich mit der Sache auseinanderzusetzen und gerecht zu urteilen. Dies geht u.a. aus folgendem Gespräch zwischen Olga und K. hervor:

> "' ...;daß Amalias Verhalten gegenüber Sortini der
> erste Anlaß dieser Verachtung [der Familie] war,

---

1 Vgl. dazu besonders das Kapitel II. 2. (Die Frauengestalten und ihre Verbindungen zu den Mächtigen), in dem
  besonders auf diesen Aspekt der verstümmelten menschlichen Beziehungen und das Fehlen einer Gesellschaft im
  Sinne einer Gemeinschaft eingegangen worden ist.

kannst du das auf keine Weise verstehen?"; [fragt
Olga]. 'Das wäre doch zu sonderbar', sagt K., 'be-
wundern oder verurteilen könnte man Amalia deshalb,
aber verachten? Und wenn man, aus mir unverständli-
chem Gefühl, wirklich Amalia verachtet, warum dehnt
man die Verachtung auf euch aus, auf die unschuldige
Familie? ...'" (SCH, S. 169 f.)

Seinen gesellschaftlichen Werten zufolge ist es K. unbegreif-

lich, daß diese Leute nur mechanisch ihre "Pflicht" erfül-

len, ohne sich die Frage zu stellen, ob das, was sie tun,

auch moralisch zu verantworten ist, d.h. auch gerecht bzw.

richtig ist. Bei Kagan heißt es in diesem Sinne über das

jüdische Gerechtigkeitsverständnis:

> "It is written in the Torah 'And thou shalt do that
> which is right and good' ... From this is deduced that
> it is not sufficient for the people to act only in ac-
> cordance with the strict letter of the law (i.e., to
> limit themselves to keeping within their rights in
> the narrow legalistic sense of the word) ... This
> idea that ohne should do not only what is right but
> also that which is good is mentioned in the Talmud
> very frequently in relation to neighbourliness." 1

Diese Vorstellung, daß der einzelne die Pflicht hat, seinem

Mitmenschen gegenüber aktiv Gerechtigkeit zu üben, d.h.

über die von Gesetz und Ordnung festgesetzten Bestimmungen

hinaus Verantwortung trägt für seinen Nächsten, erscheint

gleichsam als thematischer Schwerpunkt der Erzählung AUF

DER GALERIE, findet sich z.B. aber auch IN DER STRAFKOLO-

NIE:

> "Der Reisende wollte schon verstummen [keine weitere
> Einwände gegen die vom Offizier dargelegte Rechts-
> sprechung vorbringen], da fühlte er, wie der Verur-
> teilte seinen Blick auf ihn richtete; er schien zu
> fragen, ob er den geschilderten Vorgang billigen
> könne." (E, S. 1o4)

In diesem Zusammenhang ist vor allem auch auf das Ende

des Prozesses zu verweisen, wo noch einmal, gleichsam zu-

---

1 Kagan, Kahana K.: a.a.O., S. 155 f.

sammenfassend, die gesellschaftlichen Gegenwerte des Kafkaschen Protagonisten und die damit verbundene Auffassung
von Gerechtigkeit der dargestellten Ordnung und ihrer Ge-
richtsbarkeit eindrucksvoll entgegengehalten werden (vgl.
S. 1oo):

> "Seine Blicke [Josef K.'s] fielen auf das letzte Stock-
> werk des an den Steinbruch angrenzenden Hauses. Wie
> ein Licht aufzuckt, so fuhren die Fensterflügel eines
> Fensters dort auseinander, ein Mensch ... beugte sich
> mit einem Ruck weit vor und streckte die Arme noch
> weiter aus. Wer war es? ... Ein guter Mensch? Einer,
> der teilnahm? ... War es ein einzelner? Waren es al-
> le? ... Gab es Einwände, die man vergessen hatte?"
> (P, S. 165)

Dabei ist interessant, auf die Parallele zu folgender Vorstellung vom verborgenen Gerechten in der jüdischen Tradition hinzuweisen:

> "Der verborgene Gerechte, wenn er irgend etwas ist,
> ist eben dein und mein Nachbar, dessen wahre Natur
> uns ewig unergründlich bleibt ... Der Mitmensch mag
> der verborgene Gerechte sein." 1

Auf der Ebene der Fiktion wird nun dieser Aspekt der Gerechtigkeit im Bild der ausgestreckten Hände festgehalten,
das sich zum Beispiel auch in IN DER STRAFKOLONIE im entscheidenden Moment der Urteilsvollstreckung wiederfindet:

> "Als ihn [den Verurteilten] die Spitzen [der Maschine]
> berührten, ging ein Schauer über seine Haut; er streck-
> te ... die linke [Hand] aus, ohne zu wissen wohin; es
> war aber die Richtung, wo der Reisende stand." (E, S.
> 1o9)

In diesen Bildern wird jenes Vertrauen auf den Mitmenschen
zum Ausdruck gebracht, das in Kafkas Werk eindrucksvoll mit
der dargestellten Ordnung und den dieser entsprechenden gesellschaftlichen Verkehrsformen kontrastiert.

Im Rahmen dieser Polarisierung widerstreitender Wertvor-

---

1 Scholem, Gershom: Judaica I, Frankfurt 1977, S. 225.

stellungen erscheint nun nicht die Schuld des einzelnen,
sondern vielmehr die Unzulänglichkeit des Systems als thematischer Schwerpunkt, wobei der aussichtslose Kampf dieser
Kafkaschen Antihelden der verzweifelten Suche nach der verlorenen Gerechtigkeit bzw. Autorität der Ordnung gilt. Angesichts dieses die fiktiven Welten bestimmenden Aufbau-
prinzips findet sich also keine "ursächliche Schuld", die
"durch Tun und Unterlassen des Helden zustande kommt",[1]
sondern wird vielmehr auf die Willkür einer Rechtssprechung
hingewiesen, die ganz im Dienste des Herrschaftsanspruches
steht: In diesem Sinne wird in Kafkas Werk die Schuld des
einzelnen zugleich als Befehl der Herrschaftsposition, der
als solcher unumstößlich ist, dargestellt: So fällt die
Schuld Josef K.'s mit dem an ihn ergangenen Haftbefehl zusammen, ist die Schuld Amalias an den Befehl, in den Herrenhof zu kommen, gebunden, aber auch die Schuld des Soldaten
in IN DER STRAFKOLONIE wird aus einem ganz ähnlichen Herr-
schaftszusammenhang erklärt:

> "Der Hauptmann wollte in der gestrigen Nacht nachse-
> hen, ob der Diener seine Pflicht [bei jedem Stunden-
> schlag aufzustehen und vor der Tür des Hauptmanns
> zu salutieren] erfülle. Er öffnete Schlag zwei Uhr
> die Tür und fand ihn zusammengekrümmt schlafen. Er
> holte die Reitpeitsche und schlug ihm über das Ge-
> sicht. Statt nun aufzustehen und um Verzeihung zu bit-
> ten, faßte der Mann seinen Herrn bei den Beinen, schüt-
> telte ihn und rief: 'Wirf die Peitsche weg, oder ich
> fresse dich.' - Das ist der Sachverhalt. Der Hauptmann
> kam vor einer Stunde zu mir, ich schrieb seine Anga-
> ben auf und anschließend gleich das Urteil." (E, S.
> 1o5) 2

---

1 Wenn Walter Sokel (a.a.O., S. 17) im Werk Kafkas "ursächliche Schuld" im Sinne der klassischen Tragödie feststellen zu können glaubt, so läßt er m.E. außer acht, daß das
bestimmende Strukturprinzip der Kafkaschen Erzählwelten
nicht die Entwicklung einer Handlung ist, sondern vielmehr in der Aneinanderreihung verschiedener Situationen/
Bilder von "Reaktion auf grenzenlose Macht" liegt (vgl.
a. S. 85.)

2 Vgl. a. hier wiederum das Attribut der Peitsche als Zeichen der Herrschaftsausübung.

Dabei wird hier das Auseinanderklaffen von moralischem Inhalt und formalem Recht besonders augenfällig; zugleich
legt diese Stelle einen Vergleich mit folgender Kritik
Blochs am fortgeschrittenen Rechtsformalismus nahe:

> "Der Rechtsinhalt selber wird ... aus dem Recht hin-
> ausgeworfen;..., [sodaß] der juristische Formalismus
> zu einer solchen Verdinglichung vorschreitet, daß
> ihm das 'rein Juristische' sogar mit dem Unrecht ver-
> träglich wird ... [so] bezieht sich der gefügige For-
> malismus lediglich auf den kruden, den beliebigen Be-
> fehl des Gesetzgebers ..." 1

Dies gilt auch für die "Schuld" Amalias, die, ebenso unverständlich wie willkürlich von der Herrschaftsposition
festgesetzt, jeder Moral widerspricht.

Durch diese und ähnliche fiktive Kontextuierungen, die
Schuld immer an den herrschaftlichen Willen gebunden zeigen,[2] ist die Schuldfrage immer eng mit der zentralen Thematik der problematisierten gesellschaftlichen Ordnung verbunden. Dementsprechend scheint es angebracht, die Schuldfrage nicht isoliert für sich zu behandeln, sondern sie
aus dem übergreifenden fiktiven Zusammenhang zu entwickeln.
Dabei zeigt es sich, daß jeder Versuch, die Schuld eindeutig
definieren zu wollen, Gefahr läuft, dem grundlegenden ambivalenten Strukturprinzip, dem folgerichtig auch die Darstellung der Schuld unterliegt, nicht gerecht zu werden; so
erscheint es vor allem wichtig festzustellen, daß die
Schuld zwar einerseits für die Machtposition unzweifelhaft
und unumstößlich feststeht, jedoch andererseits - im Lichte
der Gegenwerte der Antihelden - gerade deshalb umso zwei-
felhafter erscheint. Dazu kommt, daß die Schuld in Kafkas

---

1 Bloch, Ernst: a.a.O., S. 156 f.

2 Ähnlich verhält es sich z.B. auch mit Gregor, dessen
  "Schuld" darin besteht, einmal am Morgen verschlafen zu
  haben und damit den Forderungen des Chefs nicht entspro-
  chen zu haben, d.h. im weitesten Sinn, ähnlich wie der
  Soldat in IN DER STRAFKOLONIE Gehorsam verweigert zu haben.

Werk nicht eindeutig dargestellt wird, d.h. nicht aus dem
fiktiven Handlungsverlauf entwickelt wird, sondern ausschließlich dem Ermessen der Mächtigen überlassen erscheint, die sie den Untertanen bzw. Unterdrückten nach
ihrem Gutdünken zuschreiben. Die Schuldfrage scheint damit
untrennbar mit der dargestellten Herrschaftsproblematik
verbunden, erschließt sich nur aus dieser.

Zusammenfassend läßt sich feststellen: Alle Spekulatio-
nen darüber, worin nun die eigentliche Schuld der einzelnen
Gestalten bestehe, setzen eine Eindeutigkeit der dargestellten Ordnung voraus, die jedoch, wie wir zeigen konnte, vielmehr als Problematisierung gegensätzlicher gesellschaftlicher Werte gestaltet ist. So bleibt die Schuld unklar bzw.
unverständlich, während zugleich in der prinzipiellen Bereitschaft der Opfer, sich dem Urteil zu unterziehen, ein
gleichsam elementares Bedürfnis nach Gerechtigkeit thematisiert wird. Auf diese Weise wird in Kafkas Werk vor allem
Bestürzung über die fehlende Autorität der Ordnung zum Ausdruck gebracht.

I. DIE AUTORITÄT DER ORDNUNG

Wie in den einzelnen Kapiteln immer wieder festgestellt
werden konnte, liegt die Vorstellung von der Autorität
der Ordnung als gesellschaftliche Erwartung der Kafkaschen
Antihelden einem Großteil der fiktiven Konfigurationen zugrunde; das mit dieser Überzeugung in den dargestellten
Herrschaftsverhältnissen unweigerlich verbundene Dilemma
geht aus folgender Stelle aus DAS SCHLOSS deutlich hervor,
wenn K. Olga folgendes zu bedenken gibt:

> "Die Ehrfurcht vor der Behörde ist euch hier einge-
> boren, wird euch weiter während des ganzen Lebens
> auf die verschiedensten Arten und von allen Seiten
> eingeflößt, und ihr selbst helft dabei mit, wie ihr
> nur könnt. Doch sage ich im Grunde nichts dagegen;
> wenn eine Behörde gut ist, warum sollte man vor ihr
> nicht Ehrfurcht haben." (SCH, S. 156)

In diesem Sinn wird seitens der Protagonisten in den verschiedensten Werken eine direkte Kontaktnahme mit der Au-
toritätsposition angestrebt,[1] um sie eben jener Verifika-

---

1 Vgl. im besonderen die Einzelanalysen von EINE KAISER-
LICHE BOTSCHAFT, BEIM BAU DER CHINESISCHEN MAUER, EIN
ALTES BLATT, wo wir diesen Aspekt in Form von Wunsch-
vorstellungen wiederfinden, vor allem aber scheint das
aussichtslose Streben der Romanhelden Josef K. und K.
von diesem unbedingten Verlangen nach Kenntnis der Ordnung bestimmt.

tion bzw. Kontrolle zu unterziehen, die,wie K. zu verstehen gibt, Voraussetzung für die Anerkennung der Ordnung
ist: So wird z.B. auch in BEIM BAU DER CHINESISCHEN MAUER
die Notwendigkeit von Klarheit und Unmittelbarkeit der
Institutionen betont, als Voraussetzung für das Funktionieren des Kaisertums genannt: Das Volk folgt "der Weisung
und Warnung aus alten Zeiten" (E, S. 298),[1] weil es sich
vom Kaiser bzw. vom Kaisertum keine Vorstellung machen
kann, was nicht zuletzt Schuld der Regierung ist, die, wie
es heißt:

> "... nicht imstande war oder dies über anderem ver-
> nachlässigte, die Institution des Kaisertums zu sol-
> cher Klarheit auszubilden, daß sie bis an die fernsten
> Grenzen des Reiches unmittelbar und unablässig wirke"
> (E, S. 298).

Diesem Autoritätsverständnis zufolge wird anschließend
auch Kritik an einem "Volk" geübt, das in der Aufgabe, sich
mit der Ordnung auseinanderzusetzen, versagt:

> "Andererseits aber liegt doch auch darin eine Schwä-
> che der Vorstellungs- oder Glaubenskraft beim Volke,
> welches nicht dazu gelangt, das Kaisertum aus der
> Pekinger Versunkenheit in aller Lebendigkeit und Ge-
> genwärtigkeit an seine Untertanenbrust zu ziehen ..."
> (E, S. 298 f.)

JOSEFINE, DIE SÄNGERIN ODER DAS VOLK DER MÄUSE

Zum besseren Verständnis dieser Vorstellung von Autorität soll hier kurz auf die Erzählung JOSEFINE, DIE SÄNGERIN
ODER DAS VOLK DER MÄUSE eingegangen werden, die in diesem
Zusammenhang insofern von besonderem Interesse ist, als
sich in ihr zwar die Problematik gesellschaftlichen Zusammenlebens findet, aber ausnahmsweise kein Konflikt zwischen

---

1 Wobei es wichtig erscheint, darauf hinzuweisen, daß im
  Text ausdrücklich die Nähe dieser Weisung betont wird,
  wenn es heißt: "... die aus alten Zeiten zu uns herüberreicht."

Autorität und Herrschaft: Es wird vielmehr sehr eindrucksvoll das Modell einer Gesellschaft bzw. Gemeinschaft vorge-
führt, dessen Ordnung ganz in den Händen des Volkes liegt,
von ihm verwaltet wird: Die Autorität der Ordnung liegt im
Gesetz begründet, dem alle in gleicher Weise unterstehen,
was im Text ausdrücklich hervorgehoben wird:

> "Daraus könnte man schließen, daß Josefine fast au-
> ßerhalb des Gesetzes steht, daß sie tun darf, was sie
> will, selbst wenn es die Gesamtheit gefährdet ... Nun
> das ist allerdings ganz und gar nicht richtig ..., ...
> wie es [Volk] bedingungslos vor niemandem kapituliert,
> also auch nicht vor ihr." (E, S. 181)

Eine Sonderstellung außerhalb des Gesetzes, wie sie Josefine anstrebt, wenn sie fordert, nicht mehr arbeiten zu müssen, ist innerhalb dieser Ordnung unmöglich, ja undenkbar,[1] wird entschieden abgelehnt:

> "Das Volk hört sie an und geht darüber hinweg. Die-
> ses so leicht zu rührende Volk ist manchmal gar nicht
> zu rühren." (E, S. 182)

Wenn es darum geht, das Gesetz zu wahren, dann zeigt sich
"das Volk in seiner kalten richterlichen Haltung" (E, S.
182). Das Entscheidende ist, daß die "Verehrung für Josefine" (E, S. 183) nicht zur bedingungslosen Unterwerfung[2]
führt, daß sie immer dem Gesetz, das das gesellschaftliche Zusammenleben steuert, untergeordnet bleibt: Dies
macht auch jene außerordentliche Stärke dieses Volkes aus,
die am Ende der Erzählung ausdrücklich gewürdigt wird:

> "Sie [Josefine] versteckt sich und singt nicht, aber
> das Volk, ruhig, ohne sichtbare Enttäuschung, her-
> risch, eine in sich ruhende Masse, die förmlich,
> auch wenn der Anschein dagegen spricht, Geschenke
> nur geben, niemals empfangen kann, auch von Josefine

---

1 Um die Unsinnigkeit eines solchen Ansinnens zu betonen,
  heißt es u.a.: E, S. 183: "... daß jedes unbefangene
  Kind ihr [Josefine] den Ausgang hätte voraussagen können", wodurch zugleich zum Ausdruck gebracht wird, daß
  das Gesetz allen bekannt ist.

2 Vgl. E, S. 176: "... das Volk ist Josefine doch ergeben,
  nur nicht bedingungslos."

nicht, dieses Volk zieht weiter seines Weges."
(E, S. 185) 1

In diesem Bild klingt zugleich jenes Ideal einer Gesellschaft an, in der "das Gesetz nur dem Volk gehört", wie es
in ZUR FRAGE DER GESETZE heißt (E, S. 316): Zu einem ähnlichen Urteil über die dargestellte Ordnung kommt auch Politzer, wenn er feststellt:

> "Die Nation hat weder ein geistliches noch ein weltli-
> ches Oberhaupt; sie besitzt nur Josefine." 2

In die Terminologie dieser Studie übertragen heißt das
nichts anderes, als daß es in dieser Erzählung weder eine
Herrschaftsposition noch Untertanen gibt, daß sozusagen
"alles klar geworden ist" (vgl. ZUR FRAGE DER GESETZE, E, S.
315), d.h. das Volk die Ordnung selbst verwaltet: Dies wird
gerade am Beispiel des Verhältnisses zu Josefine und ihrer
Position innerhalb der Gemeinschaft besonders deutlich:
Sie kommen zwar, wenn sie singt bzw. pfeift, sie scharen
sich um sie, aber hauptsächlich, um sich zu versammeln:

> "Es ist nicht so sehr eine Gesangsvorführung als
> vielmehr eine Volksversammlung ..." (E, S. 177)

Josefine bedeutet damit für sie in erster Linie Zuflucht,[3]

---

1 Dabei ist interessant festzustellen, daß diese Darstellung
der Souveränität des Volkes genau jenem kritischen Beitrag entspricht, der aus der Analyse des Konfliktes zwischen Herrschaft und Autorität und der damit verbundenen
gegensätzlichen Wertvorstellungen für einige Werke sozusagen in Form einer dialektischen Synthese rekonstruiert
werden konnte: vgl. dazu vor allem die Ergebnisse der Untersuchungen von BEIM BAU DER CHINESISCHEN MAUER (S. 6o)
und EIN ALTES BLATT (S. 75).

2 Politzer, Heinz: a.a.O., S. 48o.

3 Ohne weiters auf die einzelnen Bezüge dieser Erzählung
zur jüdischen Gesellschaftstradition einzugehen, die sich
im übrigen aus den vorangestellten Kapiteln gleichsam von
selbst ergeben, soll hier nur kurz auf folgende Tagebuchstelle verwiesen sein: Kafka, Franz: Tagebücher 191o -
1928, S. 133: "... so ist es für sie [die Juden] noch ei-
gentümlicher, daß sie so oft, bei jeder möglichen Gelegen-

ja Sicherheit vor den Gefahren, die dieser Gesellschaft
von außen drohen, und wird auf diese Weise gleichsam zur
Stimme des Volkes:

> "Dieses Pfeifen ... kommt fast wie eine Botschaft des
> Volkes zu dem einzelnen; das dünne Pfeifen Josefinens
> mitten in den schweren Entscheidungen ist fast wie
> die armselige Existenz unseres Volkes mitten im Tu-
> mult der feindlichen Welt." (E, S. 178)

Mit ihrem Gesang gibt Josefine dem Volk die Gegelenheit,
sich zu versammeln und auf diese Weise ihre Identität konkret zu erleben: Ausschlaggebend dafür ist nicht so sehr
ihr künstlerisches Können als vielmehr der spontane Volkskonsensus um ihre Person, der aber - und das ist das Entscheidende - nicht "bedingungslose Ergebenheit" bedeutet:
So begegnet ihr das Volk zwar mit Respekt und Ehrfurcht,
ist sich aber zugleich immer dessen bewußt, daß Josefine
eine von ihnen ist, ein Mitglied der Gemeinschaft, für das
dieselben Gesetze gelten wie für alle anderen auch: Dieses
Volk tanzt eben nicht nach ihrer Pfeife und denkt nicht daran, ihrer Forderung, nicht mehr arbeiten zu müssen, nachzu-
kommen.

Im Rahmen des gegebenen Untersuchungsschwerpunktes ist
diese Erzählung hauptsächlich deshalb von besonderem Interesse, als am Beispiel dieser Autoritätsfigur, die Josefine für das Volk der Mäuse darstellt, deutlich wird, daß
Autorität zum Unterschied von Herrschaft nicht mit Privi-

---

heit zusammenkommen, sei es zum Beten oder zum Studieren
oder zur Besprechung göttlicher Dinge ... Sie fliehen
förmlich zueinander." Weiters sei auch auf die "Hunde-
schaft" in FORSCHUNGEN EINES HUNDES verwiesen, die in
gewissem Sinn dem Volk der Mäuse entspricht (insofern
auch in dieser Erzählung der für einen Großteil der
Werke kennzeichnende Konflikt zwischen Herrschaft und
Autorität wegfällt), und von der es heißt: E, S. 325:
"Es drängt uns zueinander ..., alle unsere Gesetze und
Einrichtungen ... gehen zurück auf die Sehnsucht nach
dem größten Glück, dessen wir fähig sind, dem warmen
Beisammensein."

legien verbunden ist; damit nimmt diese Erzählung eine
Sonderstellung ein, insofern in ihr die fiktive Ordnung
nicht einfach mit Herrschaftsanspruch zusammenfällt, sondern vielmehr ein allgemeingültiges, universales Gesetz
als theoretische Grundlage bzw. Inhalt der Ordnung erscheint.

II. AUTORITÄT VERSUS HERRSCHAFT

Diese Darstellung eines derart souveränen Volkes, wie
wir sie in JOSEFINE, DIE SÄNGERIN ODER DAS VOLK DER MÄUSE
finden, entspricht genau den Vorstellungen der Kafkaschen
Anti-Helden bezüglich ihrer Rechte und Pflichten innerhalb
der fiktiven Welten: Auch sie postulieren die Kenntnis des
Gesetzes und die Teilnahme aller an der Organisation der
Gemeinschaft, das Entscheidende dabei ist jedoch, daß sie
damit die fiktive Ordnung, die sich allein auf Herrschaft
begründet, grob verkennen und deshalb unterliegen: Es
zeigt sich, daß der grundlegende Widerspruch im Kafkaschen Werk, auf den immer wieder hingewiesen wird, auf
dieser Kollision Herrschaft – Autorität beruht;[1] dies
gilt z.B. auch für folgendes Paradoxon, das Richter aufzeigt:

---

1 Auf diesen für den Aufbau der fiktiven Welten bestimmenden Widerspruch ist z.B. auch folgender "unlösbarer Konflikt" zurückzuführen, auf den Sokel hinweist: Sokel,
  Walter H.: a.a.O., S. 437: "Mit der Rebellion paart sich
  die Sehnsucht nach der Autoritätsgestalt. Im Schloß und
  im Urteil stehen die beiden Tendenzen in unlösbarem Konflikt miteinander"; dabei ist festzuhalten, daß sich die
  Thematisierung dieses Konfliktes – wie im Rahmen dieser
  Arbeit gezeigt werden konnte – in einem Großteil der
  Werke wiederfindet, ja als das bestimmende Aufbauprinzip erscheint.

"Kafka möchte in einer Welt, die er grundsätzlich für
verfehlt hält, das Gesetz dennoch in lebendiger Wirk-
samkeit zeigen." 1

Anliegen der vorliegenden Untersuchung ist es, über die
Feststellung dieses Paradoxons hinaus diesen Konflikt interpretativ zu verwerten; in diesem Sinne wird versucht, das
kritische Potential eben dieser grundlegenden Widersprüchlichkeit der fiktiven Welten Kafkas freizusetzen, indem
die widerstreitenden, wertenden Komponenten auf entsprechende ideologische Faktoren und deren geschichtlichen bzw.
kulturellen Zusammenhang hin untersucht werden. Dieses methodische Vorgehen, das wir eingangs als "historische Dekodierung" umschrieben haben, löst das Paradoxon in seine spezifische historische Bedingtheit auf und erlaubt damit einen
interpretativen Zugang zu der in der Verbindung des Widersprüchlichen angelegten Kritik.[2] Nur auf diesem Umweg wird
es möglich, den von Richter aufgezeigten Widerspruch aufzulösen und festzustellen, daß die Kritik an der Verworfen-
heit des Systems und seiner willkürlichen Herrschaft von
einer ideologischen Gegenposition aus geführt wird, für die
die Autorität der Ordnung unabdingbar ist, gleichsam als
deren notwendige Voraussetzung verstanden wird; so ist es
eben gerade die Insistenz, mit der diese Untertanen die Autorität der Ordnung voraussetzen, d.h. nach dem Inhalt der
Ordnung fragen und nicht müde werden, die theoretischen
Grundlagen bzw. das Gesetz zu erforschen, die die Inhaltslosigkeit einer Ordnung, die nichts als willkürliche Herrschaft ist, besonders schwerwiegend erscheinen läßt, ja
gleichsam tragisch erleben läßt.

Eine Interpretation, die diesem besonderen Aufbau gerecht
werden will, muß sozusagen über die Feststellung der Re-

---

1 Richter, Helmut: a.a.O., S. 2o8.
2 Dies entgeht Richter, der letztlich doch "einen Mangel
  an wesentlichem Gehalt" feststellen zu können glaubt
  (Richter, Helmut: a.a.O., S. 291).

signation bzw. Niederlage dieser Anti-Helden hinausgehen,
die ja in der besonderen Konfiguration der Handlungspole -
herrschaftliche Willkür einerseits und unbedingtes Vertrauen in die Autorität andererseits - unweigerlich angelegt ist (vgl. u.a. S. 28 f.). Wie im Laufe dieser Untersuchung aufgezeigt werden konnte, erschließt sich die spezifische, im Werk angelegte Kritik an Herrschaft nicht aus
der fiktiven Handlung, sondern aus den allegorischen Bildern, aus der Dialektik der darin reflektierten begrifflichen Inhalte, als Ideologiekritik.

Bevor nun im folgenden versucht werden soll, die wichtigsten Ergebnisse dieses Interpretationsansatzes zusammen-
zufassen, scheint es angebracht, die grundlegende Arbeits-
hypothse des Widerstreits zwischen dem Autoritätsverständnis der Kafkaschen Antihelden und den dargestellten Herrschaftsverhältnissen noch einmal aufzugreifen.

IN DER STRAFKOLONIE

Diese Erzählung erscheint dafür insofern besonders geeignet, als in ihr dieser Widerstreit in der Allegorie des
Hinrichtungsapparates besonders komplex gestaltet wird; das
Bild dieser Maschine vereinigt die wichtigsten im Laufe dieser Untersuchung aufgezeigten gegensätzlichen Vorstellungen
von Gesetz, Gerechtigkeit und Rechtssprechung auf sich: In
erster Linie ist das Bild vom Hinrichtungsapparat jener Auffassung von Rechtssprechung verpflichtet, die diese ausschließlich als Angelegenheit der Exekutive begreift und
als bloße Exekution betreibt (vgl. S. 1o1):

"Dieser Egge aber ist die eigentliche Ausführung des
Urteils überlassen." (E, S. 1o3)

Mit dieser Rechtssprechung, für die jede Urteilssprechung
eine Verurteilung bedeutet, wird nun auf der Ebene der Fiktion das von den Kafkaschen Helden erwartete Verstehen der

eigenen Schuld verbunden, wenn es vom Funktionieren dieses Apparates im Text weiters heißt:

> "Wie still wird dann aber der Mann um die sechste
> Stunde! Verstand geht dem Blödesten auf ..., der
> Mann fängt ... an, die Schrift zu entziffern ..."
> (E, S. 1o8)

Daß dies jedoch keineswegs dem Mechanismus dieser Rechtssprechung und ihrer Maschine, die als Werkzeug der Herrschenden ausschließlich ihren Befehl ausführt,[1] entspricht,
wird ebenfalls im allegorischen Bild gestaltet: Der Apparat
hält einer Überprüfung der Inhalte bzw. der zugrundeliegenden Theorie nicht stand: Er löst sich auf, zerfällt; damit
wird die Inhaltslosigkeit bzw. Willkür dieser Rechtssspre-
chung besonders eindrucksvoll zum Ausdruck gebracht: Diese Rechtssprechung ist nichts anderes als brutale Vergewaltigung seitens der Herrschaftsposition, wie dies auch im
Text ausdrücklich betont wird:

> "Der Reisende wollte eingreifen, möglicherweise das
> Ganze zum Stehen bringen, das war ja keine Folter,
> wie sie der Offizier erreichen wollte, das war unmit-
> telbarer Mord." (E, S. 121)

Das Bild der Maschine, die "in Trümmer" geht (E, S. 121),
sobald es darum geht, den theoretischen Inhalt der Ordnung,
d.h. mit anderen Worten ihre Autorität festzustellen, wird
zur eindrucksvollen Anklage der Verdinglichung der Rechtssprechung sowie des Machtmißbrauchs: Das Bild des Apparates,
der da in Stücke zerfällt und damit deutlich macht, daß jede theoretische Grundlage fehlt, daß der Apparat nichts als
Herrschaftsmechanismus ist, läßt zugleich den infamen Betrug
am Volk sowie auch am Offizier mit aller Deutlichkeit be-

---

1 Wie dies u.a. folgende Stelle über die Vorbereitungen
  zur Exekution nahelegt: E, S. 111: "... früh am Morgen
  erschien der Kommandant mit seinen Damen ... die Gesellschaft - kein hoher Beamter durfte fehlen - ordnete sich
  um die Maschine;".

wußt werden: Das blinde Vertrauen des Volkes[1] und des Offiziers in die Autorität der Ordnung wird damit auf tragische Weise Lügen gestraft: Im Gesicht des toten Offiziers war "kein Zeichen der versprochenen Erlösung" zu entdecken (E, S. 121), was den folgenden Nachsatz entscheidend relativiert, wenn nicht aufhebt:

> "... was alle anderen in der Maschine gefunden hatten,
> der Offizier fand es nicht." (E, S. 121)

So endet auch diese Erzählung – ähnlich wie BEIM BAU DER CHINESISCHEN MAUER, DIE ABWEISUNG und DER PROZESS (vgl. u.a. S.1oo) – mit einer zusammenfassenden Gegenüberstellung der gegensätzlichen Vorstellungen; dies bestätigt wiederum die im Laufe dieser Untersuchung entwickelte These, die Kafkas Werk im wesentlichen als Thematisierung von Bewußtseinskonflikten begreift, die, als Allegorien gestaltet, gegensätzliche einander ausschließende Wertvorstellungen reflektieren: So ist im Fall des allegorischen Bildes dieses Hinrichtungsapparates die Komponente der Gesetzesblätter, die der Urteilsvollstreckung zugrunde gelegt werden, an jene Vorstellung von der Autorität der Ordnung und entsprechender universaler Gerechtigkeit gebunden, die der Position der Antihelden im allgemeinen sowie im konkreten Fall dieser Erzählung den Erwartungen des Volkes und auch des Offiziers[2] entspricht, während jedoch das Auseinanderfallen der Maschine am Ende der Erzählung den Herrschaftscharakter der dargestellten Rechtssprechung versinnbildlicht, die – wie damit gezeigt wird – mit Gerechtigkeit nichts zu tun hat, sondern nur den von der Herrschafts-

---

1 Vgl. dazu folgende Stelle: E, S. 111: "'Manche sahen nun gar nicht mehr zu, sondern lagen mit geschlossenen Augen im Sand; alle wußten: Jetzt geschieht Gerechtigkeit.'"

2 Vgl. Kap. Die Handlanger der Macht, S. 126 ff., wo ausdrücklich darauf hingewiesen wird, daß die Beamten ähnlich wie das Volk/die Untertanen die Grundlagen der Ordnung nicht kennen, darüber im unklaren gelassen werden.

position programmierten Befehl brutal durchführt. Damit
wird in dieser Erzählung die wiederholt festgestellte Bestürzung über die fehlende Autorität der Ordnung besonders eindrucksvoll in dieser zentralen Allegorie der ent-
arteten Rechtssprechung zum Ausdruck gebracht.

Eine Interpretation, die dieser Widersprüchlichkeit des
Bildes nicht Rechnung trägt, läuft hingegen Gefahr, sich
vielmehr selbst in Widersprüche zu verstricken, wie dies
z.B. Sokel passiert, wenn er zwar einerseits selbst feststellt, daß die Versprechung von der Verklärung am Ende
der Erzählung widerlegt wird,[1] jedoch andererseits zu dem
Schluß kommt:

> "... während die Konzentrationslager auf Unterdrük-
> kung und Vernichtung des Individuums ausgingen, ist
> es der Strafkolonie um die Verklärung des Individuums
> zu tun. Diese Verklärung ist das eigentliche Anliegen
> des Systems." 2

Damit setzt Sokel eine Einheitlichkeit der dargestellten
Ordnung voraus, die dem Aufbau der Erzählung widerspricht
und der folglich auch die Dialektik der gegensätzlichen
wertenden Komponenten, in die wir das Bild vom Hinrichtungsapparat hier zerlegen konnten, entgeht.

Demgegenüber erschließt sich hier, im vorliegenden methodischen Versuch, die Widersprüchlichkeit der Texte als Ausdruck einer akuten Wertkrise zu begreifen und sie einer
"historischen Dekodierung" zu unterziehen, die im Zusammenhang der Thematisierung von Recht und Gerechtigkeit in
den Einzelanalysen bereits hervorgehobene Kritik am interessierten, bloßen Formalismus des Rechts im sogenannten
"Rechtsstaat" (P, S. 9)[3] und der damit verbundenen Inhalts-

---

1 Sokel, Walter: a.a.O., S. 119.

2 Ebda., S. 127.

3 Vgl. dazu Bloch, Ernst: a.a.O., S. 158: "Denn wie kein
  anderer ist der Begriff Rechtsstaat dazu tauglich, dem
  interessierten Formalismus auch noch den Anschein einer

losigkeit der gegebenen Ordnung als Synthese der Gegensätze in Form einer Klage über die fehlende Autorität der
Ordnung: Dabei kontrastiert die ausschließlich auf Befehl
und Herrschaftsgewalt begründete Ordnung der fiktiven Welten mit dem verzweifelten Suchen der Antihelden nach einer würdigen Autorität, einem Anhaltspunkt und Bezugspunkt
für den einzelnen sowie für die Gemeinschaft im Sinne einer vernünftigen, überprüfbaren Ordnungsgrundlage, d.h. einer Theorie, die als solche Aufgabe aller ist. Auffällig
dabei ist, daß hier im Werk Kafkas die Kritik an der Un-
rechtmäßigkeit und Willkür des Herrschaftsanspruches, der
in jenem Moment der politischen Krise der Habsburgmonarchie
und den entsprechenden Maßnahmen zur Behauptung der Vorherrschaft[1] gegen alle patriarchalischen Züge der gegebenen
Ordnung mit aller Deutlichkeit als solcher hervortrat, mit
den der antiken jüdischen Tradition verpflichteten gesellschaftlichen Gegenwerten der Protagonisten gestaltet wird.
Angesichts der sich ergebenden Überlagerungen der einander
ausschließenden gesellschaftlichen Wertungen erweist sich
dieser Rückgriff auf das Vergangene, und zwar im konkreten
auf die antike jüdische Gesellschaft, als geeignet, moderne Unzulänglichkeiten aufzuzeigen; dabei ist es sehr wichtig, darauf hinzuweisen, daß in Kafkas Werk nicht unkri-
tisch nach Instauration bzw. Wiederherstellung der althergebrachten Ordnung verlangt wird, sondern daß vielmehr ganz
bestimmte verlorengegangene gesellschaftliche Werte für eine konstruktive Kritik der modernen Gesellschaften einge-
setzt werden.

---

besonderen Objektivität zu verleihen, den der Unpartei-
ischkeit und ihrer Gerechtigkeit."
1 Vgl. Fischer, Ernst: a.a.O., S. 337: "Aktenbündel und
Bajonette garantierten die Herrschaft ..."

ZUSAMMENFASSENDE THESEN

Mit den vorangstellten Ausführungen zur spezifischen
Ordnungsthematik bei Kafka scheint die vorliegende Untersuchung einen weiteren Beitrag zu der von Weiss erarbeiteten "literarischen Reihe"[1] innerhalb der österreichischen
Tradition und der diese kennzeichnenden Thematisierung der
Ordnung[2] leisten zu können; Kafkas Werk stellt m.E. insofern eine Variante zu der von Weiss gezeichneten Reihe dar,
als bei ihm diese zweifellos zentrale Thematik der Problematisierung der Ordnung eine andere Gestalt erfährt: Wie in
den einzelnen Untersuchungen immer wieder gezeigt werden
konnte, sind es ganz bestimmte Gegenwerte einer anderen gesellschaftlichen Organisationsform, die den dargestellten
Herrschaftsverhältnissen entgegengehalten werden, sodaß
nicht einfach die "Idee einer höheren "Weltordnung"[3]

---

1 Weiss, Walter: Thematisierung der Ordnung in der österreichischen Literatur, a.a.O., S. 1.

2 Ebda., S. 1o, wo die verschiedenen Variationen dieser
Ordnungsthematik wie folgt zusammengefaßt werden: "...
der unangefochtene Fortbestand oder die Erneuerung (Re-
stauration) eines universalen ordo, der zwischen 'über-
zeitlich (ewig)' und 'alt' schillert, die engagierte
Antithese dazu; die Problematisierung der Ordnung als
Oppression, als Negativum ..., Vergangenes, Abwesendes,
und dabei doch wieder und trotz allem als ein allgegen-
wärtiger letzter Maßstab."

schlechthin als vergleichender Maßstab fungiert, sondern
vielmehr konkrete Prinzipien eines idealen gesellschaftlichen Gegenmodells, die als solche ein wesentliches kritisches Potential darstellen. Weiters ist von Bedeutung, daß
es sich dabei um Ordnungsprinzipien handelt, die eine Ra-
tionalität der Ordnung postulieren und die Auseinandersetzung mit der dieser zugrundeliegenden Theorie als geistige
Aufgabe aller begreifen; dieser Aspekt stellt eine weitere
entscheidende Abweichung von der Thematisierung der Ordnung in der österreichischen Tradition dar, die sich, wie
Weiss, betont, mit dem Moment der "Abwertung des einzelnen
und seiner schöpferischen Möglichkeiten" sowie mit dem
"Ausklammern oder Abwerten der Initiativen von unten"[1]
verbindet.

Es zeigt sich, daß auch Kafka nicht um die Auseinandersetzung mit der gegebenen Ordnung umhinkommt, daß auch seine literarische Produktion von der von Weiss geprägten Formel "Ordnung als Faszinosum"[2] erfaßt wird, nur daß das Problem bei ihm anders in Angriff genommen und entwickelt wird;
so läßt sich auch in Kafkas Werk jenes Zurückgehen hinter
die geschichtlichen Zusammenhänge feststellen, das Höller
in seinen Arbeiten betont: Auch Kafkas Protagonisten bleiben von den Vorgängen im Herrschaftsbereich ausgeschlossen,
aber sie weichen nicht ins "Kreatürliche" aus,[3] suchen nicht
Zuflucht bei einer "in sich ruhenden Seinsordnung der Dinge",[4] sozusagen vor dem Sündenfall, sondern bringen viel-

---

3 Weiss, Walter: a.a.O., S. 15, aber auch S. 13: "Eine höhere Weltordnung bleibt also als geheimes Maß aller Ab-
weichungen in der Realität wirksam, die sie fast verlassen zu haben scheint."

1 Ebda., S. 19.

2 Ebda., S. 18.

3 Zu diesem Begriff vgl. die Überlegungen Höllers zur österreichischen Literaturtradition, im besonderen: Höller,
Hans: Tradition und Gegenwart eines österreichischen The-
mas: Sprache und Leib in Peter Handkes Roman "Die Stunde
der wahren Empfindung", Salzburg, Masch. Schr.

4 Höller, Hans: a.a.O., Masch. Schr., S. 11.

mehr, wie wir gesehen haben, einige grundlegende Werte der
Antiken jüdischen Gesellschaft in den fiktiven Kontext ein,
die ihre aussichtslosen Kämpfe bestimmen und zu jenen Überlagerungen begrifflicher Inhalte führen, aus deren Dialektik sich jene implizite, spezifische und originäre Kritik
des Kafkaschen Werks erschließt, die Ordnung als Herrschaft anklagt, indem sie nach Autorität der Ordnung verlangt.

In diesem Zusammenhang läßt sich auch das die literarische Produktion Kafkas bestimmende Verhältnis zur Geschichte klären; was die Kafkaschen Protagonisten betrifft, liegt
ihr Standort außerhalb der herrschaftlichen Zusammenhänge,
somit gleichsam jenseits der Geschichte; und da ihre Perspektive weitgehend mit der Erzählperspektive zusammenfällt, dominiert in Kafkas Werk in gewissem Sinn diese besondere Form der Geschichtslosigkeit der Ausgeschlossenen,
Unterlegenen, der Untertanen. Daneben bringt jedoch die
Hochschätzung der von Generation zu Generation überlieferten Tradition, die sich in Kafkas Werk immer wieder findet,[1] eine spezifisch geschichtliche Dimension in den fiktiven Kontext ein: Besonders deutlich wird dies z.B. in der
Erzählung JOSEFINE ODER DAS VOLK DER MÄUSE, wo der herkömm-
lichen Geschichte, d.h. der "Geschichtsforschung" (E, S.
177), die Geschichte des ganzen Volkes - im Sinne der jüdischen Idee der Kette der Generationen[2] - kontrastierend

---

1 Vgl. z.B. u.a. FORSCHUNGEN EINES HUNDES, wo diese Traditionsgebundenheit wiederholt in verschiedener Form anklingt: E, S. 33o: "Das ist nun ... natürlich keine ein-
fache Frage, sie beschäftigt uns seit Urzeiten, sie ist
der Hauptgegenstand unseres Nachdenkens ..."; aber auch
die Verweise auf die Situation der "Urväter" (E, S. 341)
und die "Forschung", die mit den "Urvätern" ihren Anfang
genommen hat (E, S. 331), zeugen davon. - Vgl. a. SCHA-
KALE UND ARABER: "' Herr, du sollst den Streit beenden,
der die Welt entzweit. So wie du bist, haben unsere Alten den beschrieben, der es tun wird ...'" (E, S. 134)

2 Zu diesem zentralen Begriff des Judentums vgl. Buber,
Martin: Das Judentum und die Juden, in: Reden über das

gegenübergestellt wird, wenn es heißt:

> "Sie [Josefine] ist eine kleine Episode in der ewi-
> gen Geschichte unseres Volkes ... Josefine aber ...
> wird fröhlich sich verlieren in der zahllosen Menge
> der Helden unseres Volkes, und bald, da wir keine Ge-
> schichte treiben, in gesteigerter Erlösung vergessen
> sein wie alle ihre Brüder." (E, S. 185)

Zunächst einmal zeigt sich, daß im Fall dieser signifikanten Stelle das bloße Feststellen des Paradoxons Gefahr
läuft, den Text grob zu semplifizieren, ihm interpretativ nicht gerecht zu werden, nicht gewachsen zu sein:

> "Das Volk ohne Geschichtsforscher ... scheint nun
> auf einmal eine ewige Geschichte zu besitzen ...
> Aber eine Geschichte, die sich nur unter dem Aspekt
> der Ewigkeit erfahren läßt, hat alle menschliche Per-
> spektive eingebüßt, läßt sich nicht mehr nach Tagen,
> Jahren, Generationen oder Epochen messen. Sie ist,
> mit anderen Worten, entweder das Klischee aus einem
> billigen Sermon oder aber ein Paradox, das nur jener
> zu lösen vermag, der die Ewigkeit mit Augen gesehen
> hat." 1

Da Politzer es unterläßt, das Paradoxon in die es bestimmenden wertenden Komponenten zu zerlegen und nach den jeweiligen kulturellen und gesellschaftlichen Voraussetzun-

---

Judentums, S. 8: "Dieser junge Mensch, den der Schauer
der Ewigkeit angerührt hat, erfährt in sich, daß es ein
Dauern gibt. Und er erfährt es noch nackter und noch
heimlicher zugleich ..., wenn es angesehen wird, in der
Stunde, da er die Folge der Geschlechter entdeckt, die
Reihe der Väter und Mütter schaut, die zu ihm geführt
hat ... Er fühlt in dieser Unsterblichkeit der Generationen die Gemeinschaft des Blutes, und er fühlt sie
als das Vorleben seines Ich, als die Dauer seines Ich
in der unendlichen Vergangenheit." - Welch zentrale Bedeutung dieser Vorstellung von der Kette der Generationen in der Tradition des Judentums zukommt, geht u.a.
auch aus folgendem Zitat, das sich bei Benjamin findet,
hervor; Benjamin, Walter: Franz Kafka, II 2, S. 429:
"'Hier [in der jüdischen Religion] spielt das Gedächtnis als Frömmigkeit eine ganz geheimnisvolle Rolle. Es
ist ... nicht eine, sondern die tiefste Eigenschaft Je-
hovas, daß er gedenkt, daß er ein untrügliches Gedächtnis 'bis ins dritte und vierte Geschlecht', ja bis ins
'hundertste' bewahrt."

1 Politzer, Heinz: a.a.O., S. 486 f.

gen hin zu untersuchen, entgeht ihm die für die Textin-
formation entscheidende subtile Differenzierung zwischen
Geschichtsforschung, die, insofern sie Taten und Helden
aneinanderreiht, Angelegenheit der Herrschenden ist, und
dem ganz besonderen Geschichtsbewußtsein, das dieses "lei-
densgewohnte Volk" (E, S. 177) auszeichnet und jener ty-
pisch jüdischen Vorstellung vom jahrtausendealten Gedächtnis der Generationen verpflichtet zu sein scheint, das in
den verschiedensten poetischen Variationen Kafkas Werk
durchzieht.[1] So gesehen bedeutet "die gesteigerte Erlösung" Josefines das Weiterleben im Volk bzw. das Eingehen
in die ewige Geschichte des Volkes.[2]

Allgemein läßt sich feststellen, daß im Werk Kafkas
Menschheitsgeschichte als Leidensgeschichte der Herr-
schaftsgeschichte entgegengehalten wird. Tatsächlich finden sich die typischen Helden Kafkas im Herrschaftsgefüge
der jeweiligen fiktiven Welten nicht zurecht, setzen Au-

---

1 Besonders deutlich kommt diese Vorstellung in FORSCHUN-
GEN EINES HUNDES zum Ausdruck, wenn es dort heißt: E,
S. 34o f.: "... sie [frühere Generationen] waren ...
jünger, das war ihr großer Vorzug, ihr Gedächtnis war
noch nicht so überlastet wie das heutige,..." Zudem
drängt sich die Frage auf, ob nicht auch "das Wesen Odradek" (E, S. 139) aus DIE SORGE DES HAUSVATERS, das in
den Häusern herumspukt und auf die Frage "... wo wohnst
du denn?" lachend antwortet: "unbestimmter Wohnsitz" (E,
S. 14o), diese Vorstellung vom Gedächtnis der Generationen versinnblichliche, was besonders auch der Schluß dieser kurzen Erzählung nahelegen würde: E, S. 14o: "Vergeblich frage ich mich, was mit ihm geschehen wird. Kann
er denn sterben? Alles, was stirbt, hat vorher eine Art
Ziel, eine Art Tätigkeit gehabt und daran hat es sich
zerrieben; das trifft bei Odradek nicht zu. Sollte er
also einstmals etwa noch vor den Füßen meiner Kinder und
Kindeskinder mit nachschleifendem Zwirnsfaden die Treppe
hinunterkollern? Er schadet ja offenbar niemandem; aber
die Vorstellung, daß er mich auch noch überleben sollte,
ist mir eine fast schmerzliche."
2 Vgl. a. Binder, Hartmut: Franz Kafka und die Wochenschrift Selbstwehr, a.a.O., S. 291, wo es heißt: "Das
'Volksgefühl' Kafkas ..., das aus allen diesen Belegen
spricht, ist mit der Auffassung des Volkes als geheimnis-
voller Generationengemeinschaft, wie sie für den Verein
'Bar Kochba' kennzeichnend war, innerlich verwandt ..."

torität der Ordnung voraus, wo allein Herrschaft entscheidet, und sind somit unweigerlich den brutalen Übergriffen
der Herrschaftsposition ohnmächtig ausgeliefert. Der wesentliche Unterschied zur Traditionsreihe der österreichischen Literatur, deren Ausweichen ins "Kreatürliche", wie
es bei Höller[1] heißt, zugleich eine Negation der geschichtlichen Dialektik und damit geschichtliche Perspektivelo-
sigkeit bedeutet, scheint mir jedoch darin zu liegen, daß
im Werk Kafkas dieser Mangel an historischer Präzision
durch ein ganz besonderes Geschichtsbewußtsein kompen-
siert wird, das im wesentlichen der Menschheit im Laufe
der Jahrhunderte gilt, "auf das Leiden der bisherigen
Mehrheit des Menschengeschlechtes" eingestellt ist, wie
Cohen vom spezifischen Geschichtsverständnis des jüdischen Messianismus betont (vgl. Zitat S. 154); anders als
im Fall der Evozierung des natürlichen Ordnungszustandes
vor dem Sündenfall rückt hier der Mensch in den Mittelpunkt, wird der Mensch zum Maßstab, und erfährt vor allem
auch die menschliche Arbeit eine entsprechende Würdigung:
Es wird also nicht pauschal Herrschaft und Arbeit als "rationale Organisation des Denkens"[2] disqualifiziert, sondern

---

1 Höller, Hans: a.a.O., S. 7: "... dies Zurückweichen vor
  der historisch-politischen Alternative, die nur im Zeichen noch umfassenderer Unterdrückung gesehen wird, gilt
  für die Tradition des 'Lustspiels' wie für die des 'Trauerspiels'. Die ihr eingezeichnete historisch-politische
  Ambivalenz ist selbst ein Teil dieses österreichischen
  Traditionszusammenhangs ..."

2 Vgl. Höller, Hans: Überlegungen zu einem Erklärungsmodell der österreichischen Sprachthematik, Salzburg, Masch.
  Schr., S. 7 f., wo er, ausgehend von Grillparzer, auf
  folgende Tendenz in der österreichischen Tradition hinweist: "Absehbar wird aber auch, daß nicht nur erschli-
  chenes Recht und angemaßte Herrschaft sich in der Sprach-
  form disqualifizieren, sondern Herrschaft und Arbeit
  überhaupt, sei es als rationale Organisation des Denkens
  oder als bewußte Eingriffe in die Natur. Allein ein de-
  mutsvolles Schweigen oder stumme Anklage bewahren dann
  die andere, poetisch kontemplative Form des Denkens und
  der Anschauung, welche die Dinge sein läßt, was sie
  sind und wie sie sind, Dinge für sich."

das verzweifelte Suchen, das aussichtslose Streben der
Kafkaschen Anti-Helden gilt vielmehr, wie wir zeigen konnten, verbesserten gesellschaftlichen Organisationsformen;
diesen Aspekt übersieht m.E. Krusche, wenn es bei ihm
heißt:

> "... ebensowenig hat die Schilderung der Tyrannei
> eines ausufernden Beamtentums ... etwas mit konkre-
> ter auf politische Veränderung abzielender Kritik am
> System des Spätfeudalismus bzw. Frühkapitalismus zu
> tun. Vielmehr werden die der zeitgenössischen Empi-
> rie entnommenen Motive ihrer geschichtlichen Dynamik
> beraubt, in einen fiktiven Weltzusammenhang einge-
> baut, in dem das Individuum mit seinem subjektiven
> Rechtfertigungs- bzw. Erlösungsstreben dominiert." 1

Krusche übersieht die Immanenz dieser Erlösungsbestrebun-
gen der Kafkaschen Protagonisten, die konkrete Fragen der
Organisation des gesellschaftlichen Zusammenlebens betreffen und damit der Tradition des jüdischen Messianismus
verpflichtet erscheinen, dessen spezifisches Erlösungs-
verständnis auf konkrete Veränderung abzielt, wie dies
u.a. Scholem mit aller Deutlichkeit betont:

> "Das Judentum hat in all seinen Formen und Gestal-
> tungen stets an einem Begriff der Erlösung festge-
> halten, der sie als einen Vorgang auffaßte, welcher
> sich in der Öffentlichkeit vollzieht, auf dem Schau-
> platz der Geschichte und im Medium der Gemeinschaft,
> kurz, der sich entscheidend in der Welt des Sichtba-
> ren vollzieht und ohne solche Erscheinung im Sicht-
> baren nicht gedacht werden kann." 2

Der Hinweis auf diesen kulturellen Hintergrund erlaubt
es, die Antihelden Kafkas in einen übergreifenden Traditionszusammenhang einzureihen, der neues Licht auf sie zu
werfen vermag: Kafkas "negative" Helden erscheinen damit
als poetischer Ausdruck jenes Geschichtsverständnisses,
das dem Schicksal der leidenden Mehrheit der Menschheit

---

1 Krusche, Dietrich: a.a.O., S. 115.

2 Scholem, Gershom: Über einige Grundbegriffe des Judentums, S. 121; entsprechend dieses immanenten Erlösungs-
begriffes erscheinen die Kafkaschen Helden nicht als
"Erlöser von der Schuld", sondern als Verkörperung des
Leidens der Menschheit.

194

gilt (vgl. S. 154, Zitat Cohen). So gesehen lassen sie sich mit dem Angelus Novus der geschichtsphilosophischen Thesen Benjamins vergleichen, von dem es bei Tiedemann heißt:

> "Selber ganz menschlich, scheint der Engel Benjamins übermenschliche Verzweiflung vor dem Unmenschlichen der Geschichte auszudrücken. Ohne helfen zu können, vermag er doch den Blick nicht abzuwenden von dem, was ihm vor die Füße geschleudert wird. So aber erfahren die Menschen das Grauen ihrer Geschichte." 1

Eine ähnliche Dynamik kennzeichnet auch die Kafkaschen Erzählwelten, in denen die Perspektive der Unterdrückten, der Ausgeschlossenen dominiert, und aus der Sicht der Nicht-Herrschenden, der Geschichte-Erleidenden die groben Ungerechtigkeiten und Unzulänglichkeiten gezeichnet werden, sodaß auch für die literarische Produktion Kafkas gilt, was Tiedemann vom "Bild der Geschichte in der neunten These" Benjamins sagt:

> "Benjamins Bild der Geschichte, wie es in der neunten These sich abzeichnet, ist Mimesis der Toten und des Zerschlagenen: Zeichen von Solidarität mit den Unterdrückten, obgleich - so scheint es zumindest dem ersten Blick - ohnmächtig wie diese selber in der bisherigen Geschichte und auch der zukünftigen nicht mächtig." 2

---

1 Tiedemann, Rolf: Historischer Materialismus oder politischer Messianismus?, a.a.O., S. 84.

2 Ebda., S. 82. Vgl. dazu folgende Stelle aus der Rede Peter Handkes anläßlich der Verleihung des Kafka-Preises: Handke, Peter: Ich bin ... auf Schönheit aus, auf Klassisches, in: Die Presse, 12. Oktober 1979: "Ich behauptete: Es gibt in den Schriften der Völker seit Anbeginn keinen zweiten Text, der den Machtlosen besser dabei helfen kann, in Würde und zugleich Empörung einer als Todfeind erfahrenen Weltordnung standzuhalten, als der Schluß des Romans 'Der Prozeß' ..."; dabei nimmt auch Handke hier eine Auseinandersetzung mit der "Weltordnung" bzw. "Schöpfung" schlechthin an, während es sich, wie die vorliegende Arbeit aufzeigen zu können glaubt, vielmehr um eine Problematisierung ganz bestimmter Fragen der gesellschaftlichen Organisation handelt.

LITERATURVERZEICHNIS

Primärliteratur

KAFKA, Franz: Amerika. Roman, Frankfurt 1975.

KAFKA, Franz: Das Schloß. Roman, Frankfurt 1976.

KAFKA, Franz: Der Prozeß. Roman, Frankfurt 1976 (nach der Ausgabe von Franz Kafka. Gesammelte Werke, hrsg. von Max Brod, Frankfurt 1958).

KAFKA, Franz: Sämtliche Erzählungen, hrsg. von Paul Raabe, Frankfurt und Hamburg 1974.

KAFKA, Franz: Tagebücher 1910 - 1923, hrsg. von Max Brod, Frankfurt 1973.

KAFKA, Franz: Briefe 1902 - 1924, Frankfurt 1975.

KAFKA, Franz: Briefe an Felice und andere Korrespondenz aus der Verlobungszeit, hrsg. von Erich Heller und Jürgen Born, Frankfurt a.M. 1976.

Sekundärliteratur

_____

ADORNO, Theodor WEiesengrundJ: Aufzeichnungen zu Kafka,
    in: Prismen. Kulturkritik und Gesellschaft, Frank-
    furt 1976, S. 3o2-342.

ALLEMANN, Beda: Kafka. Der Prozeß, in: Der deutsche Roman,
    hrsg. von Benno von Wiese, II, Düsseldorf 1965,
    S. 234-29o.

ALTHAUS, Horst: Zwischen Monarchie und Republik. Schnitz-
    ler, Kafka, Hofmannsthal, Musil, München 1976.

BAIONI, Giuliano: Kafka. Romanzo e parabola, Milano 1976.

BEICKEN, Peter UElrichJ: Franz Kafka. Eine kritische Ein-
    führung in die Forschung, Frankfurt 1974.

BENJAMIN, Walter: Briefe, hrsg. und mit Anmerkungen vers.
    von Gershom Scholem und Theodor W. Adorno, Bd. 1
    u. 2, Frankfurt 1978.

BENJAMIN, Walter: Eduard Fuchs, der Sammler und der Hi-
    storiker, in: Gesammelte Schriften II, 2, hrsg.
    von H. Schweppenhäuser und R. Tiedemann,
    Frankfurt 1977, S. 465-5o5.

BENJAMIN, Walter: Franz Kafka: Beim Bau der chinesischen
    Mauer, in: Gesammelte Schriften II, 2, S. 676-683.

BENJAMIN, Walter: Franz Kafka. Zur zehnten Wiederkehr
    seines Todestages, in: Gesammelte Schriften, II,
    2, S. 4o9-438.

BENJAMIN, Walter: Karl Kraus. Essay, in: Illuminationen,
    hrsg. von Siegfried Unseld, Frankfurt 1961, S.
    374-4o8.

BENJAMIN, Walter: Über den Begriff der Geschichte, in:
Gesammelte Schriften, I,2, Frankfurt 1978, S.
691-7o4.

BENJAMIN, Walter: Über einige Motive bei Baudelaire, in:
Charles Baudelaire. Ein Lyriker im Zeitalter des
Hochkapitalismus, in: Gesammelte Schriften, I, 2,
S. 6o5-653.

BENJAMIN, Walter: Ursprung des deutschen Trauerspiels,
in: Gesammelte Schriften, I, 1, Frankfurt 1978,
S. 2o3-43o.

BENJAMIN, Walter: Zentralpark, in: Charles Baudelaire,
in: Gesammelte Schriften, I, 2, S. 655-69o.

BERMANN, Tamar: Produktivierungsmythen und Antisemitismus. Eine soziologische Studie, Wien 1973.

BIALIK, Chajim Nachman: Halacha und Aggada, in: Der Jude,
4 (1919), S. 61-78.

BINDER, Hartmut: Franz Kafka und die Wochenschrift "Selbstwehr", in: DVJS, 41 (1967), S. 283-3o4.

BINDER, Hartmut: Kafka-Kommentar zu sämtlichen Erzählungen, München 1975.

BINDER, Hartmut: Kafka-Kommentar zu den Romanen, Rezen-
sionen, Aphorismen und zum Brief an den Vater,
München 1976.

BLOCH, Ernst: Naturrecht und menschliche Würde, Frankfurt
a.M. 1972.

BLOCH, Marc: La società feudale, Torino 1977.

BRUDE-FIRNAU, Gisela (Hrsg.): Vision und Politik. Die Tagebücher Theodor Herzls, Frankfurt 1976.

BUBER, Martin: Reden über das Judentum, Frankfurt 1923.

BÜRGER, Peter: Für eine kritische Literaturwissenschaft,
in: Neue Rundschau, 8, 2 (1974), S. 41o-419.

COHEN, Hermann: Die Religion der Vernunft. Aus den Quellen des Judentums, Frankfurt 1919.

DELEUZE, Gilles, und Félix Guattari: Kafka. Per una letteratura minore, Milano 1975.

DELLA VOLPE, Galvano: Critica del gusto, Milano 1971.

DEUTSCHER, Isaac: The non Jewish Jew, Oxford 1968.

ECO, Umberto: La struttura assente, Milano 1968.

ELBOGEN, Ismar: Ein Jahrhundert jüdischen Lebens, Frankfurt 1967.

ELM, Theo: Problematisierte Hermeneutik zur Uneigentlichkeit Kafkas kleiner Prosa, in: DVJS, 5o (1976), S. 477-51o.

EMRICH, Wilhelm: Franz Kafkas Bruch mit der Tradition und sein neues Gesetz, in: Protest und Verheißung. Studien zur klassischen und modernen Dichtung, Frankfurt - Bonn 1963[2], S. 233-248.

ERDMANN, Karl Otto: Die Bedeutung des Wortes. Aufsätze aus dem Grenzgebiet der Sprachpsychologie und Logik, Leipzig 1922.

FASOLI, Gina: Castello e feudo, in: Storia d'Italia, V,1, Torino 1973, S. 261-3o8.

FISCHER, Ernst: Von Grillparzer zu Kafka. Sechs Essays, Frankfurt 1975.

FUCHS, Albert: Geistige Strömungen in Österreich 1867 - 1918, Wien 1949.

GARAUDY, Robert: Kafka, die moderne Kunst und wir, in: Fritz Raddatz (Hrsg.): Marxismus und Literatur, III, Reinbek bei Hamburg 1969, S. 197-2o3.

GOLDMANN, Nahum: Le paradoxe juif. Conversation en français avec Léon Abramowicz, Paris 1976.

GRAMSCI, Antonio: Gli intellettuali e l'organizzazione della cultura, in: Quaderni del Carcere, Roma 1975.

HABERMAS, Jürgen: Zur Logik der Sozialwissenschaften. Materialien, Frankfurt 197o.

HANDKE, Peter: Ich bin ... auf Schönheit aus, auf Klassisches, in: Die Presse, 12. Okt. 1979.

HELLER, Erich, und Joachim BEUG (Hrsg.): Franz Kafka. Der Dichter über sein Werk, München 1977.

HENEL,   Ingeborg: Die Türhüterlegende und ihre Bedeutung
          für Kafkas "Prozeß", in: DVJS, 37 (1963), S. 5o-
          7o.

HERMSDORF, Klaus: Kafka. Weltbild und Roman, Berlin (DDR)
          1961.

HIEBEL, Hans H.: Antihermeneutik und Exegese. Kafkas ästhe-
          tische Figur der Unbestimmtheit, in: DVJS, 52
          (1978), S. 9o-11o.

HÖLLER, Hans: Tradition und Gegenwart eines österreichi-
          schen Themas: Sprache und Leib in Peter Handkes
          Roman "Die Stunde der wahren Empfindung", Salzburg,
          Masch. Schr.

HÖLLER, Hans: Überlegungen zu einem Erklärungsmodell der
          österreichischen Sprachthematik, Salzburg, Masch.
          Schr.

HOFMANN, Werner: Grundelemente der Wirtschaftsgesellschaft,
          Reinbek bei Hamburg 1969.

JANOUCH, Gustav: Gespräche mit Kafka. Aufzeichnungen und
          Erinnerungen, Frankfurt 1968.

JOHNSTON, William M[urray]: Österreichische Kultur- und
          Geistesgeschichte, Wien, Köln, Graz 1974.

KAGAN, Kahana K.: Three great systems of jurisprudence,
          London 1955.

KELLER, Karin: Gesellschaft im mythischen Bann. Studien
          zum Roman "Das Schloß" und anderen Werken Kafkas,
          Wiesbaden 1977.

KLAUS, Georg: Semiotik und Erkenntnistheorie, Berlin
          (DDR) 1963.

KRUSCHE, Dietrich: Kafka und Kafka-Deutung: Die problema-
          tisierte Interaktion, München 1974.

KÜRNBERGER, Ferdinand: Österreichs Grillparzer, in: Lite-
          rarische Herzenssachen. Reflexionen und Kritik,
          Wien 1877.

KURZWEIL, Baruch Benedikt: Franz Kafka - jüdische Exi-
          stenz ohne Glauben, in: Neue Rundschau, 77 (1966),
          S. 418-438.

LEWANDOWSKI, Theodor: Linguistisches Wörterbuch 1, Heidelberg 1973.

LOTMAN, Jurij M[ihailovic]: Die Struktur literarischer Texte, München 1972.

LUKÁCS, Georg: Wider den mißverstandenen Realismus, Hamburg 1958.

MAGRIS, Claudio: Il mito absburgico nella letteratura austriaca moderna, Torino 1976 (Reprint).

MAGRIS, Claudio: Lontano da dove. Joseph Roth e la tradizione ebraico orientale, Torino 1971.

MAGRIS, Claudio: Razionalità del negativo, in: A.A.V.V. Dopo Lukács. Bilancio in quattro conversazioni, Bari 1977, S. 113-142.

MASINI, Ferruccio: Brecht e Benjamin. Scienza della letteratura e ermeneutica materialista, Bari 1977.

PASLEY, Malcolm, und Klaus WAGENBACH: Versuch einer Datierung sämtlicher Texte Franz Kafkas, in: DVJS, 38 (1964), S. 149-167.

PHILIPPI, Klaus Peter: Reflexion und Wirklichkeit. Untersuchungen zu Kafkas Roman "Das Schloß", Tübingen 1966.

POLITZER, Heinz: Franz Kafka. Der Künstler, Frankfurt 1978.

RADDATZ, Fritz J. (Hrsg.): Marxismus und Literatur. Eine Dokumentation in drei Bänden, III, Reinbek bei Hamburg 1969.

REDLICH, Josef: Das österreichische Staats- und Reichsproblem, Wien 192o.

REDLICH, Josef: Kaiser Franz Joseph. Eine Biographie, Berlin 1928.

RICHTER, Helmut: Franz Kafka, Werk und Entwurf, Berlin (DDR) 1962.

ROBERT, Marthe: Sigmund Freud zwischen Moses und Ödipus. Die jüdischen Wurzeln der Psychoanalyse, Frankfurt, Berlin, Wien 1977.

ROTH, Cecil: Storia del popolo ebraico, Milano 1962.

ROTH, Cecil (Hrsg.): The Jewish Encyclopedia, London
    1959.

ROTH, Joseph: Juden auf Wanderschaft, in: Werke, III,
    Köln, Berlin 1956.

SCHAFF, Adam: Sprache und Erkenntnis, Wien, Frankfurt,
    Zürich 1964.

SCHOLEM, Gershom: Die 36 verborgenen Gerechten in der
    jüdischen Tradition, in: Judaica, I, Frankfurt
    1977, S. 216-225.

SCHOLEM, Gershom: Über einige Grundbegriffe des Judentums,
    Frankfurt a. M. 1976.

SELBSTWEHR. Unabhängige jüdische Wochenschrift, Prag 1907-
    1922.

SINGER, Isaac B.: Der Kabbalist vom East Broadway. Ge-
    schichten, München 1979.

SOKEL, Walter: Franz Kafka, Tragik und Ironie, Frankfurt
    1976.

SPERBER, Manès: Die Wasserträger Gottes. All das Ver-
    gangene, München 1978.

STÖLZL, Cristoph: Kafkas böses Böhmen. Zur Sozialgeschich-
    te eines Prager Juden, München 1975.

TARANTO, Domenico: Ernst Bloch, teologo della rivoluzione,
    in: Rinascita, 6 (1980), S. 25.

TIEDEMANN, Rolf: Historischer Materialismus oder politi-
    scher Messianismus? Politische Gehalte in der Ge-
    schichtsphilosophie Walter Benjamins, in: Mate-
    rialien zu Benjamins Thesen "Über den Begriff der
    Geschichte" (hrsg. von Peter Bulthaup), Frankfurt
    1975, S. 77-121.

URZIDIL, Johannes: Da geht Kafka, Zürich und Stuttgart
    1965.

WEISS, Walter: Thematisierung der "Ordnung" in der öster-
    reichischen Literatur, Salzburg, Masch. Schr.

WIESENTHAL, Liselotte: Die Krise der Kunst im Prozeß
    ihrer Verwissenschaftlichung. Zur Beschreibung
    von Krisenprozessen bei Walter Benjamin, in: Text
    und Kritik: Walter Benjamin, 31/32 (1971), S. 59-
    71.

WITTE, Bernd: Walter Benjamin. Der Intellektuelle als
        Kritiker, Stuttgart 1976.

WOLF, Gerson: Die alten Statuten der jüdischen Gemeinden
        in Mähren sammt den nachfolgenden Synodalbeschlüs-
        sen, Wien 188o.

WOLF, Gerson: Zur Culturgeschichte in Österreich-Ungarn,
        Wien 1888.

203

ABKÜRZUNGEN UND BESONDERE VERMERKE

Für die verwendete Primärliteratur werden folgende Abkürzungen verwendet:

A   =   AMERIKA

E   =   Sämtliche Erzählungen

P   =   DER PROZESS

SCH   =   DAS SCHLOSS

Weiters ist darauf hinzuweisen, daß alle Unterstrei-chungen von der Verfasserin sind, während Sperrungen eine Hervorhebung im Original wiedergeben.

STOLTE, GERHARD
FRANZ KAFKA
Eine Geometrie der Wahrheit

Frankfurt/M., Bern, Las Vegas, 1979. 82 S.
EUROPÄISCHE HOCHSCHULSCHRIFTEN: Reihe 1, Deutsche Sprache
und Literatur. Bd. 292
ISBN 3-8204-6387-9   br. sFr. 22.-- *

Der Beitrag zur Kafka-Rezeption nimmt Franz Kafka wörtlich und versteht desse
Dichtung als eine Expedition nach der Wahrheit. Diese Forschungsreise ist der
Nachvollzug des Kafkaschen Versuches, eine bestimmte und bestimmbare Wahrhei
zu vermessen. Als Rüstzeug versichern wir uns zweier Voraussetzungen: die das
Werk bestimmenden Momente des Kafkaschen Lebens und die künstlerischen Mit-
tel Franz Kafkas. Entsprechend dem Ansatz ist die Beschäftigung mit den ausge-
wählten Werken Kafkas keine interpretatorische - mit sinnvoller Ausnahme des
Textes "Die Sorge des Hausvaters", da sich dieser zwingend nur erschließt durch
Interpretation des poetischen Zeichens "Odradek".

Aus dem Inhalt: Die Bäume - Wunsch, Indianer zu werden - Das Urteil - Die Ve
wandlung - In der Strafkolonie - Ein Landarzt - Auf der Galerie - Der Jäger
Gracchus - Ein Bericht für eine Akademie - Die Sorge des Hausvaters - Ein
Hungerkünstler - Der Aufbruch - Das Schloß - Von den Gleichnissen.

MENSE, JOSEF HERMANN
DIE BEDEUTUNG DES TODES IM WERK FRANZ KAFKAS

Frankfurt/M., Bern, Las Vegas, 1978. 278 S.
KASSELER ARBEITEN ZUR SPRACHE UND
LITERATUR. Bd. 4   br. sFr. 43.-- *

Über eine philologische Motivstudie hinausgehend versucht der Autor, die Frage
nach der Bedeutung des Todes bei Kafka hinzuführen auf die Erörterung grundlegender Probleme der Kafka-Deutung. Nach der Erarbeitung einer gesicherten
Materialbasis kommt er in Auseinandersetzung mit der bisherigen Forschung zu
einer Deutung, die der Komplexität des Gegenstandes und dem besonderen Verhältnis des Dichters zu seinem Werk Rechnung trägt und die neue Aspekte zum
Verständnis vor allem des aphoristischen Werkes bietet.

Aus dem Inhalt: Interpretationen - Übersicht und Synthese - Überlegungen zur
Struktur - Versuch einer Deutung - Biografie und Selbstdeutung - Liebesmystik
- Todesmystik? - Die Frage nach Kafkas 'Weltbild'.

---

*) unverbindliche Preisempfehlung
Auslieferung: Verlag Peter Lang AG, Jupiterstr. 15, CH-3015 Bern

EGGERS, INGRID
VERÄNDERUNGEN DES LITERATURBEGRIFFS IM WERK VON HANS
MAGNUS ENZENSBERGER

Frankfurt/M., Bern, Las Vegas, 1981. 152 S.
EUROPÄISCHE HOCHSCHULSCHRIFTEN: Reihe 1, Deutsche Sprache
und Literatur. Bd. 388
ISBN 3-8204-6883-8   br. sFr. 37.-- *)
ANALYSEN UND DOKUMENTE. Bd. 2
ISBN 3-8204-6198-1   br. sFr. 37.-- *)

Die Arbeit untersucht die Schwankungen von Enzensbergers Literaturbegriff zwischen
1955 und 1975, wobei der Schwerpunkt auf den sechziger Jahren liegt. Enzensbergers Konzeption von Literatur kreist in dieser Zeitspanne um die Frage nach ihrer
politischen Funktion und Wirkung. Diese Frage, die die politische Position des Autors ebenso mitreflektieren muß, wie die politischen Verhältnisse, auf deren Veränderung sie zielt, steht im Mittelpunkt dieser Untersuchung.

Aus dem Inhalt: U.a. Enzensberger und Benn - Enzensberger und Brecht - Enzensberger und Adorno - Kursbuchphase - Medientheorie - Literatur und Politik nach
1970.

SCHNEIDER, IRMELA
KRITISCHE REZEPTION. "DIE BLECHTROMMEL" als Modell

Frankfurt/M., Bern, 1975. 196 S.
EUROPÄISCHE HOCHSCHULSCHRIFTEN: Reihe 1, Deutsche Literatur
und Germanistik. Bd. 123
ISBN 3-261-01616-7   br. sFr. 39.60 *)

Die Arbeit entwickelt Ansätze zu einer Theorie der kritischen Rezeption, in
der die Erkenntnisse der Kommunikationstheorie und der Theorie literarischer
Texte aufgearbeitet werden. Diese Ansätze werden in einer exemplarischen Darstellung einer kritischen Rezeption des Romans "Die Blechtrommel" konkretisiert.

Aus dem Inhalt: Das Verhältnis der Literaturwissenschaft zum literarischen Text
- Der Rezipient als Gegenstand der Literaturwissenschaft - Literarische Kommunikation und kritische Rezeption - Der historisch-politische Hintergrund des Ro-
mangeschehens - Modell einer kritischen Rezeption der "Blechtrommel".

---

*) unverbindliche Preisempfehlung
Auslieferung: Verlag Peter Lang AG, Jupiterstr. 15, CH-3015 Bern

OTT, VOLKER
HOMOTROPIE UND DIE FIGUR DES HOMOTROPEN IN DER LITERATUR
DES ZWANZIGSTEN JAHRHUNDERTS

Frankfurt/M., Bern, Cirencester/U.K., 1979. 452 S.
EUROPÄISCHE HOCHSCHULSCHRIFTEN: Reihe 1, Deutsche Literatur
und Germanistik. Bd. 324
ISBN 3-8204-6635-5   br. sFr. 72.-- *)

Homophilie, Homoerotik und Homosexualität, hier unter dem Oberbegriff Homotropie zusammengefaßt, sind ein wichtiges, bislang jedoch von der Forschung ver-
nachlässigtes Thema der Weltliteratur. Der Verfasser zeigt in dieser Arbeit anhand zahlreicher Texte auf, wie Homotropie und männliche Homotrope in der Literatur von 1890 bis zur Gegenwart dargestellt und bewertet und welche spezifischen Fragestellungen und Probleme in den untersuchten Werken behandelt werden.

Aus dem Inhalt: Oscar Wilde und die Viktorianer - Positionen im Werk Andre Gi-
des - Marcel Proust 'A la recherche du temps perdu' - Deutschsprachige Texte
der Zwanziger Jahre - Texte der USA 1947-1960 - Das englische Drama vor und
nach der Abschaffung der Zensur - Emanzipation in den USA und der BRD der
Sechziger Jahre - Ausnahmen: Klaus Mann, Jean Genet, Hans Henny Jahnn.

RADEMACHER, GERHARD
TECHNIK UND INDUSTRIELLE ARBEITSWELT IN DER DEUTSCHEN
LYRIK DES 19. UND 20. JAHRHUNDERTS.
Versuch einer Bestandsaufnahme

Frankfurt/M., Bern, 1976. 241 S.
EUROPÄISCHE HOCHSCHULSCHRIFTEN: Reihe 1, Deutsche Literatur
und Germanistik. Bd. 124

Der Autor analysiert zahlreiche Beispiele zur Thematik aus dem Zeitraum 1830-
1970 (= u.a. von Kerner, Freiligrath, Weerth, Geibel, Zech, Winckler, Heym,
Loerke, Otten, Lersch, Barthel, Bröger, Brecht, Autoren der Dortmunder Gruppe
61; Werkkreis Literatur der Arbeitswelt) nach Intention, Konzeption und Stellung
im Kontext der literarischen Gesamtaussage. In übersichtlich angeordneten "Positionen" erscheinen die den Texten zu "Eisenbahn", "Luftschiff", "Großstadt",
"Industrieller Arbeitswelt" zuzuerkennenden außerliterarischen Bewußtseinslagen.
Der kommunikativ-anthropogene Zugriff der Untersuchung bestimmt die Gedichte
zur Technik als sozial belangvolle 'Nachrichten'.

Aus dem Inhalt: I. Teil: Der Begriff der Technik - II. Teil: A. Die Eisenbahn -
B. Luftschiff, Flugzeug, Raumschiff - C. Die Großstadt - D. Die industrielle
Arbeitswelt - III. Teil: E. Zusammenfassung.

---

*) unverbindliche Preisempfehlung
Auslieferung: Verlag Peter Lang AG, Jupiterstr. 15, CH-3015 Bern